湖北省公益学术著作出版专项资金

Hubei Special Funds for Academic and Public-Interest Publications

法治政府建设背景下
我国行政诉讼运行机制完善研究丛书

丛书总主编 / 林莉红

行政诉讼释明制度研究

刘欣琦　著

WUHAN UNIVERSITY PRESS
武汉大学出版社

图书在版编目(CIP)数据

行政诉讼释明制度研究／刘欣琦著. -- 武汉 ：武汉大学出版社，2025.3. -- 法治政府建设背景下我国行政诉讼运行机制完善研究丛书／林莉红总主编. -- ISBN 978-7-307-24670-6

Ⅰ.D925.310.4

中国国家版本馆 CIP 数据核字第 2024K2Z167 号

责任编辑:张　欣　　　责任校对:鄢春梅　　　版式设计:马　佳

出版发行: **武汉大学出版社** 　（430072　武昌　珞珈山）

（电子邮箱：cbs22@ whu.edu.cn　网址：www.wdp.com.cn）

印刷:湖北金港彩印有限公司

开本:720×1000　1/16　印张:21.75　字数:343 千字　插页:2

版次:2025 年 3 月第 1 版　　2025 年 3 月第 1 次印刷

ISBN 978-7-307-24670-6　　　定价:98.00 元

丛书总主编简介

林莉红，武汉大学法学院教授，博士生导师，中国法学会行政法学研究会常务理事，湖北省法学会行政法学研究会副会长。研究方向为行政法、行政诉讼法、行政救济基本理论等。著有《行政诉讼法学》（第五版，武汉大学出版社）、《行政法治的理想与现实——〈行政诉讼法〉实施状况实证研究报告》（北京大学出版社，主编）、《行政诉讼法问题专论》（武汉大学出版社，合著）、《社会救助法研究》（法律出版社，合著）等著作，在《中国法学》《法学研究》等刊物发表论文90余篇。

作者简介

刘欣琦，女，1987年生，湖南湘阴人，法学博士，湘潭大学法学学部副教授、硕士生导师，湖南勤人坡律师事务所兼职律师。长期致力于行政法与行政诉讼法、数据法的教学与研究。科研方面，主持国家社科基金青年项目"瑕疵行政协议类型重塑及其裁判规则研究"、湖南省社科评审委员会项目"行政协议纠纷多元解决机制研究"等多项课题，在《政治与法律》《行政法学研究》等权威期刊发表学术论文二十余篇。教学方面，曾获湖南省研究生思政教学大赛一等奖第一名等荣誉。社会服务方面，深度参与多项省级地方立法工作。

目　　录

引　言

一、问题的提出

释明又称阐明，最早出现于大陆法系国家的民事诉讼中，是法院为了明确当事人的诉讼请求和案件事实而对当事人的诉讼行为加以引导的一种诉讼上的指挥权。有观点认为，释明植根于民事诉讼中的当事人主义诉讼模式，而在职权主义诉讼模式下，诉讼的进行是法院依职权主导的，收集证据、探明事实也是法院当然的职权，当事人的诉讼声明及举证等提出诉讼资料的行为对法院没有必然的约束力，因此，在职权主义诉讼模式下并不需要释明这种看起来"小心翼翼"的制度。① 大多数域外国家和地区的行政诉讼都采用职权主义诉讼模式，按此观点，行政诉讼并不需要释明制度的存在。然而，在行政诉讼中，同样存在当事人声明和陈述不明确、不充分和不适当的情形，而这些声明和陈述对法院探明案件真实起到了不可或缺的作用，法院不应该忽略；同时，随着两大法系的不断融合，那种极端当事人主义与职权主义已不复存在，特别是在我国行政诉讼制度中，当事人主义与职权主义融合的趋势尤为明显，已呈现出协同主义的诉讼模式。因此，"行政诉讼中不需要释明"的结论似乎过于武断，如何构建一套适合行政诉讼的释明制度成为我们不得不思考的问题。

2014 年，我国新修订的《中华人民共和国行政诉讼法》（下文简称为 2014年《行政诉讼法》）第一次在法律层面对行政诉讼释明作了规定。该法第 51 条规定："起诉状内容欠缺或者有其他错误的，应当给予指导和释明，并一次性告知当事人需要补正的内容。不得未经指导和释明即以起诉不符合条件为由不接收

---

① 参见张力：《阐明权研究》，中国政法大学出版社 2006 年版，前言部分。

起诉状。"2015年最高人民法院颁布的《最高人民法院关于适用〈中华人民共和国行政诉讼法〉若干问题的解释》（以下简称为2015年《司法解释》）第2条第2款进一步明确人民法院对诉讼请求的释明，该款规定："当事人未能正确表达诉讼请求的，人民法院应当予以释明"。追溯之前，2000年《最高人民法院关于执行〈中华人民共和国行政诉讼法〉若干问题的解释》（以下简称2000年《若干问题的解释》）第23条规定："原告所起诉的被告不适格，人民法院应当告知原告变更被告；原告不同意变更的，裁定驳回起诉……"第71条规定："当事人在第二审期间提出行政赔偿请求的，第二审人民法院可以进行调解；调解不成的，应当告知当事人另行起诉。"适格的被告及合理诉讼请求均为原告声明的一部分，因此这两项规定也应当属于相关释明的规定。随着和谐司法理念的提出，最高人民法院陆续颁布了一系列的司法政策，有些司法政策提出要重视释明在审理行政案件中的作用。可以说，行政诉讼释明广泛存在于诉讼程序中，并在一定程度上起到了保护当事人诉权的作用。然而由于立法规定相对简单，释明制度体系不完善以及司法实践积累不足，释明制度在现实中并未充分发挥其应有的作用。与此相对应，关于行政诉讼释明制度的理论研究也明显匮乏，难以回应实践中的诸多难题。行政诉讼释明相对民事诉讼释明有其特殊性，对其研究必须把握好以下几个问题：

第一，如何避免其成为帮强不帮弱的工具。行政诉讼法律关系最主要的主体是法院与当事人（原告、被告和第三人）。就原、被告而言，原告作为行政相对人，天然处于弱势地位，而被告作为管理者，是具有行政职权的行政主体，处于明显的强势地位。原、被告之间的诉讼与攻防能力是极其不对等的，原告要取得胜诉非常难。行政诉讼释明需要把握如何真正做到指引诉讼能力弱的原告进行诉讼，而不是帮助强势一方的行政机关进行诉讼。

第二，如何规范释明的行使。要想规范释明的行使，必须明确释明行使的主体界限、时间界限和内容界限。就主体界限而言，由于行政诉讼是"司法判断权"对"行政判断权"的再判断，法院在对被告释明的过程中，必须严格遵守"权力分立"的原则，以防止权力的僭越；就时间界限而言，释明能否在诉前或者诉后行使都是必须明确的问题；就内容界限而言，哪些情况下，法院应当释明，哪些情况下会构成释明不当，也都是行政诉讼释明必须明确的问题。

第三，如何发挥行政诉讼释明的作用。所谓无监督即无权利，要想发挥行政诉讼释明制度的效力，必须明确释明行使的法律效力，并完善相关的保障措施。行政诉讼释明的法律效力有哪些，如何完善与此相关的保障制度也是行政诉讼释明制度无法回避的问题之一。

第四，行政诉讼除了有保护原告主观公权利的目的外，还承担着客观法秩序维护的重大使命。如何利用释明制度来实现客观法秩序的维护是行政诉讼释明制度无法回避的问题。

第五，一般行政案件、非诉案件以及行政赔偿案件均属于行政诉讼案件。这三类案件的诉讼基理存在很大差别，如何对待它们之间的差异、如何在差异中实现统一也是行政诉讼释明制度必须面对的难题。

解开以上疑问，成为本书写作的缘由。

二、研究意义

（一）理论价值

行政诉讼释明表面上处理的是人民法院与诉讼当事人在诉讼过程中的分工，但根本上解决的是法院审判权与当事人诉权的关系问题，与诉讼模式、诉讼目的、诉讼标的均有着千丝万缕的联系。对行政诉讼释明的研究，对行政诉讼的模式、行政诉讼的目的以及行政诉讼标的理论的发展都具有不可忽略的价值。

1. 助力协同主义诉讼模式的发展。诉讼模式以人民法院与诉讼当事人在（1）诉讼程序的推进（启动、推进与终结），（2）诉讼标的的设定（权利主张），（3）判决资料的收集三方面的分工为标准，分为当事人主义诉讼模式与职权主义诉讼模式。在当事人主义诉讼模式下，诉讼程序的启动、推进和终结依赖当事人（当事人进行主义），诉讼标的的设定由当事人决定（处分权主义），人民法院裁判所依赖的证据资料也只能由当事人提出（辩论主义）。在职权主义诉讼模式下，诉讼程序的启动、推进和终结由人民法院决定（职权进行主义），诉讼标的可由人民法院依职权确定（职权调查主义），人民法院为了查明案件真相，可以依职权调查取证（职权探知主义）。当事人主义很有可能造成那些本应胜诉的当事人由于未能正确、充分陈述自己的主张而败诉，这极大地影响了诉讼的公正，尤其是实质公正。而职权主义则在诉讼效率方面远远没有当事人主义有优势。如何既发挥当事人主义在效率上的优势又保证实质正义的实现，成为诉讼法学者孜孜不倦追求的目标。释明恰好起到联结当事人主义与职权主义的作用。在诉讼程序推进方面，人民法院可以在尊重当事人程序推进权的前提下，释明当事人起诉条件、举证时限制度等，以防止当事人在程序推进上的懈怠。在诉讼标的确定上，一方面，人民法院应当尊重当事人的处分权；但另一方面，人民法院可以通过探求当事人的真意，引导其提出明确、正确的诉讼请求。在事实及判决资料的收集问题上，如果当事人所提出的事实不能满足支持其诉讼请求的要求，或当事人所提交的证据材料不足以让人民法院形成自由心证，此时，人民法院可通过心证的释明，促使其明确事实、补充证据，由当事人与人民法院调查协同进行。这种通过释明使当事人与人民法院在程序推进、诉讼标的选择以及事实主张及证据资料的提交上实现协同的模式即协同主义诉讼模式，可以看出，对释明制度的研究有助于促进协同主义诉讼模式向更纵深处的发展。

2. 缓解行政诉讼多元目的的冲突。目前我国行政诉讼法确定了化解行政争议、保护相对人合法权益、监督行政机关依法行政的多元目的。然而，多元目的并非方向一致，各种目的之间存在冲突。以监督行政与保护相对人合法权益为例，要保护相对人合法权益，则完全应当尊重当事人的处分权与程序推进权，做到严格依诉择判，并严格依据当事人所提交的证据材料作出事实认定。然而，此种处理无疑无法起到监督行政的效果。多元目的体现在行政诉讼的多元价值观，这使法院在审理行政案件时需要考虑多方面的因素，以协调各方利益。为了实现这种多元价值观的统一，法院必须有主观能动性，这个时候就需要释明这种缓冲各种利益间冲突的制度设计。如为了达到解决纠纷的效果，法院有必要作积极的释明；为了维护相对人的合法权益，法院应当注意限制对被告的释明；为了维护公共利益，人民法院又可以突破对被告释明的种种限制。

3. 融合不同诉讼标的理论的间隙。诉讼标的是人民法院审理和裁判的对象已经获得学界的一致认同，然而关于法院审理和裁判的对象具体是指什么，则存在较大分歧。是以实体法还是以诉讼法为分析进路，不同的选择就分别形成了旧诉讼标的理论与新诉讼标的理论。新诉讼标的理论又因各种学说对其构成要素存在不同的认识，产生了一分支说、二分支说和三分支说。释明之行使，可以折中新、旧诉讼标的理论间的立场差距。在旧诉讼标的理论之下，当事人应向法院陈述事实，否则法院无法开展审判工作。当事人作出陈述之后，法院依照当事人陈述的自然事实行使释明，这实质上是采取了新诉讼标的理论的精神。在新诉讼标的理论下，如果采二分支说，诉讼请求和事实主张决定诉讼标的，人民法院通过对自然事实的释明，使原告主张的自然事实与法律规范所规定的要件事实尽量贴合，形式上是采二分支说，但实质上却也吸收了三分支说的精神，将支持诉讼请求的事实和法律规范作为诉讼标的的内容。

(二) 实践价值

1. 助力行政争议的实质化解。纠纷解决的内涵应当是多层次主观效果的综合体，对当事人来说，纠纷解决意味着当事人之间冲突得到化解与消除。从行政纠纷冲突产生的根源上看，要化解当事人之间的冲突必须审查行政相对人想通过诉讼维护的具体权益。行政诉讼制度设计时主要围绕审查被诉行政行为的合法性，这样容易造成虽然对行政行为合法与否判断正确，却忽略对原告诉讼请求的响应，从而无法起到保障当事人的权益的效果。人民法院通过对原告诉讼请求的释明，探求其真意，启发其通过追加或变更诉讼请求的方式，可以一次性满足原告内心所求，做到真正化解纠纷。从当事人与法院的关系上看，当事人要取得对法院判决的信任，人民法院必须让当事人穷尽所有的攻击防御方法，释明即可提醒当事人作出正确的攻击防御。

2. 平衡正义与效率、实体利益与程序利益。释明具有帮助法院发现真实，促进诉讼的作用。其使诉讼在保证效率的同时实现正义，使当事人的程序利益与实体利益均得到保证。作为当事人履行协力义务的前提，释明是帮助法院发现真实的工具。为促进诉讼，使审理集中化，法院也应行使释明，在事实审理之前阶段（调查证据以前），促使当事人的主张具体化，以利于法院整理当事人之间的事实争点，而尽可能减消证据随时提出主义所可能导致之弊害。为防止突袭性裁判，法院必须做到对事件与法律同时进行释明，法院的释明可以促使当事人进行充分的辩论，以保障当事人的程序利益。法院根据当事人充分辩论的结果和自主调查的结果作出判决。

三、研究现状

（一）国内研究现状

从文献检索的情况看，"行政诉讼释明"问题已引起理论界的关注，但关注度还不够，研究该选题的学者非常少，相关研究成果也很少。与此形成鲜明对比的是，关于"民事诉讼释明"的研究成果却很多。究其原因可能有二：第一，认为行政诉讼不存在释明的空间；第二，认为行政诉讼释明相比民事诉讼释明不存在特殊性。因此，本书重大任务之一即证明释明在行政诉讼中存在制度空间以及行政诉讼释明具有特殊性。从现有的研究成果来看，关于行政诉讼释明的研究主要集中在如下几方面：

第一，释明的概念研究。目前，学者多从释明与诉讼模式的关系入手，分析释明的概念。民事诉讼法学者认为释明是为了弥补当事人主义诉讼模式的弊端而被提出的。释明即人民法院对当事人的诉之声明、事实主张和证据资料提交行为进行引导的一种诉讼指挥权。① 部分学者认识到行政诉讼释明与民事诉讼释明在制度根基上的差异，认为在行政诉讼中，虽然当事人的自主权受到限制，但出于实质正义、职权探知的需要，人民法院仍需对当事人的诉之声明、事实主张和证据资料提交行为进行引导。② 然而，如果将释明定义为人民法院对当事人的诉之声明、事实主张和证据资料提交行为进行引导，无法凸显行政诉讼释明与民事诉讼释明的区别，因此，除了对释明进行定义外，还需要从释明的边界等细微处去探寻行政诉讼释明与民事诉讼释明的区别。

第二，行政诉讼释明的容许性研究。民事诉讼的学者普遍认为释明根植于当事人主义，对于与国家公益有关或者与身份关系有关的人事诉讼以及非讼案件，

---

① 骆永家：《阐明权》，载杨建华主编：《民事诉讼法论文辑（上）》，台湾五南图书出版社公司 1984 年版，第 32 页。

② 唐德华：《民事诉讼理念与机制》，中国政法大学出版社 2005 年版，第 261~268 页。

因涉及职权主义不适用释明。同样不适用辩论主义和处分权主义而适用职权主义的实体事项或者直接决定实体内容的程序事项，也不属于法院释明的范围。① 也有少数民事诉讼法学者认为释明并非根植于当事人主义而是职权主义，释明本身即职权主义的体现。② 无论是否定说还是肯定说，均以诉讼模式为基础论证释明制度的容许性。

第三，释明的性质研究。目前关于释明性质并没有形成统一的认识，形成了"权利说""义务说"两种观点。"权利说"认为释明是人民法院的自由，人民法院可自主决定是否释明以及如何释明，释明不当或违法释明也不会导致相应的法律后果；"义务说"认为释明是法院的责任，违法释明是当事人上诉的理由，且上诉审法院能以此为由废弃原裁判。"权利说"是对权利与权力关系的误解；"义务说"只强调释明在保障当事人权利上的保障功能，忽略了人民法院释明需要的保障条件。释明本质上是一种司法职权，一方面释明与否不受当事人意志左右，人民法院享有裁量的空间，另一方面释明作为职权需要受到一定的制约。

第四，释明行使不当的判断标准研究。目前关于这一问题，学者提出了不同的标准。有学者认为：以释明的行使是否会使原判决发生重要变更乃至改变双方当事人的胜败关系为依据，如果释明使该败诉的没败诉，使该胜诉的没胜诉则属于释明不当；有学者认为：如果法官不释明，当事人因难以预测法官的判断导致参加诉讼的机会不能得到富有实质意义的保障，则属于释明不当；有学者主张：应将折中主义价值理念浸透到法官释明制度之中，即由法官根据法律精神，依据程序正义和实体正义相结合的价值取向，据以决定个案上行使释明的程度；③ 有学者认为：法官应以当事人的请求、主张、陈述中有需要释明情形的线索存在为限，来判断是否应行使释明。如果当事人的陈述中包含某种对诉讼有意义的意思

---

① 唐德华：《民事诉讼理念与机制》，中国政法大学出版社 2005 年版，第 261~268 页。

② ［日］矶村义利：《释明权》，载《民事诉讼法讲座第二卷》，有斐阁 1954 年版；转引自高桥宏志：《重点讲义民事诉讼法》，张卫平、许可译，法律出版社 2007 年版，第 379 页。

③ 贺小荣、王松：《法院释明方法及合理限制》，载奚晓明主编：《民事审判指导与参考》，法律出版社 2006 年版，第 90~91 页。

表示，但仅仅因当事人诉讼技巧或表述能力等方面的欠缺而无法明确表达出来，法官应当行使释明加以指示，否则就属于释明不当。①

（二）域外研究现状

第一，关于行政诉讼释明特殊性的研究。有学者指出行政诉讼中的释明与民事诉讼中的释明不同。因为行政诉讼适用职权调查主义的行政诉讼程序，审判长所负释明义务的范围要大于适用当事人提出主义的一般民事诉讼程序。在民事诉讼程序中，原则上审判长不得逾越当事人所主张的范围作出释明，释明具有被动、消极的特点，但是在适用职权调查主义的行政诉讼程序中，释明义务除了照顾处于弱势地位的原告，还含有辅助法院发现真实的作用，因此，为达成真实发现的目的，审判长应全面地负起释明义务，所有为裁判基础必需的诉讼资料，不论当事人是否已经主张，审判长均应积极地促使当事人提出。除此之外，学者还从行政诉讼释明的目的、行使方式、行使范围、不当行使的救济、释明义务的免除等方面展开了说明。②

第二，关于建立行政诉讼释明制度的原因研究。日本学者从行政诉讼举证责任以及行政裁量观念变迁的角度，论证了在行政诉讼中规定释明制度的原因。③德国学者从证据的协力义务的角度论证了行政诉讼释明的必要性。④

四、研究方法

在进行本书的研究过程中，将采用以下几种研究方法。

---

① 骆永家：《阐明权》，台湾三民书局1993年版，第185页；沈冠伶：《论民事诉讼法修正条文中法官之阐明义务与当事人之事案解明义务》，载《万国法律》2000年第6期；熊跃敏：《民事诉讼中法院的释明：法理、规则与判例》，载《比较法研究》2004年第6期；张卫平：《民事诉讼"释明"概念的展开》，载《中外法学》2006年第2期。

② 参见张文郁：《权利与救济——以行政诉讼为中心》，台湾元照出版有限公司2005年版；陈清秀：《行政诉讼法》，法律出版社2016年版。

③ ［日］小早川光郎："事 認定と土地 用法20条3号の要件——日光太郎杉事件"，街づり・国づくり判例百选（別冊ジュリスト103号）56事件。

④ 参见吴东都：《行政诉讼之举证责任——以德国法为中心》，台湾学林文化事业有限公司2001年版。

（一）比较研究方法

所谓比较研究方法又称比较法方法，通常是指对不同法系、不同国家或地区以及相同国家不同法域的法律进行对比考察，发现其异同和各自的优缺点的方法。德国比较法学者 K. 茨威格特、H. 克茨指出，对于发展中国家的法律改革，比较法研究是极有用的，通过比较法研究可以刺激本国法律秩序的不断的批判，这种批判对本国法的发展所作的贡献比局限在本国之内进行的教条式的议论要大得多。① 释明制度起源于德国，被大陆法系各国借鉴并运用，并在不同国家的不同时期经历着不同的变化。对比分析释明制度在域外的状况将成为本论题研究的一个重要方法。

（二）历史分析方法

历史分析法是通过分析描述同一研究对象在不同时期的形态，从而认识其发展变化过程，进而揭示其发展规律的方法。其作用既包括描述、分析和解释过去的历程，也可揭示当前值得关注的问题，还能对该制度的未来进行合理性预测。释明权制度在大陆法系国家经历了从无到有、由粗至细的发展。作为一项被行政诉讼理论界忽视的制度，本书将用历史分析法来展现释明制度的基础理论和我国行政诉讼释明制度的历史演进过程。

（三）实证研究方法

实证研究方法可以概括为通过对研究对象的大量观察、实验和调查，获取客观材料，从个别到一般，归纳出事物的本质属性和发展规律的一种研究方法。虽然立法对行政诉讼释明权规定并不详尽，理论界对其研究也不够深入，但司法实践中释明权的行使却积累了部分经验，通过对司法实践的考察，可以找出在实践中行使释明权的突出问题。本书将以中国裁判文书网上公布的 2014 年和 2015 年的行政裁判文书（包括行政赔偿诉讼文书与行政非诉文书）为研究对象，结合林

---

① 参见［德］K. 茨威格特、H. 克茨著：《比较法总论》，潘汉典、米健、高鸿钧、贺卫方译，法律出版社 2004 年版。

莉红教授主持的"中国行政诉讼制度改革的理论与实践"项目所得数据和 Open Law 裁判文书网上的数据，分析我国行政诉讼释明制度的运行现状。

（四）法社会学研究方法

社会学法学，或法律社会学，是一般社会学领域内的一个特别学术分支，它致力于弄清和解释法律与社会之间的关系、法律制度（秩序或体系）的社会组织形式、所有与法律制度及其外在表现人物（政治官员、律师、法官、立法者等）之间发生的社会互动，以及人们给予法律现实以何等评价等问题的学科。本选题运用此种研究方法，将释明义务的确立与行政纠纷的解决、公民的诉讼能力等相结合，以便找出适合行政纠纷解决的释明制度。

（五）规范分析法

规范分析法是研究制度运行"应该是什么"的研究方法，主要依据一定的价值判断和社会目标，来探讨达到这种价值判断和社会目标的步骤，是法学研究的基本方法。本书中规范分析法的运用，主要表现为结合释明权的价值判断和社会目标，探索如何在行政诉讼中实现其特定价值与目标的问题。

第一章　行政诉讼释明之本体论

第一节　行政诉讼释明的基本界定

一、释明概念的产生与内涵扩展

释明又被称为阐明，作为"舶来品"，其内涵随着释明制度所承载的价值目标的变化而不断拓展。要准确界定释明，必须用发展的视角，考察释明概念从产生到内涵扩展的整个过程。

（一）释明概念的产生：基于修正当事人主义弊端的事实释明

"释明"最早来源于德国民事诉讼法中的"Aufkärung"一词，日本学者将这一概念以"当用汉字"——"释明"来表示，法国称之为"expliciter"①。释明制度最早在民事诉讼中确定，该制度是与民事诉讼当事人主义诉讼模式共同成长起来的。

17世纪至19世纪最后30年，受自由资本主义思想的影响，世界各主要资本主义国家的民事诉讼模式以当事人主义为基调，诉讼的开始、审判对象的确定、诉讼的终了都由当事人自由决定，法院在诉讼中扮演严格中立的角色，法官只能根据当事人所提交的证据作出裁判。当事人主义诉讼模式是基于这样一种设想：双方当事人像两个老练的棋士，为了赢得比赛胜利，每一步都经过深思熟虑，尽

---

① 骆永家：《阐明权》，载杨建华主编：《民事诉讼法论文辑（上）》，台湾五南图书出版社公司1984年版，第32页。

可能地用尽其所有的攻防措施。当事人主义虽然符合私法自治原理，但诉讼程序进行的主动权完全由当事人控制，容易导致诉讼延滞，使诉讼效率低下，且当初主观设想的"当事人武器平等"其实仅仅是"形式上的武器平等"，而"实质上的武器平等"只是水中之月。当事人双方都像两个老练的棋士是很难存在的，在实质不平等的构造下，实质正义将难以实现。这种极端的当事人主义在19世纪末期就受到了强烈批判。无论是英美法系国家还是大陆法系国家，人们在认识上开始向法院有限的主动干预转变。[1] 释明即是法院"干预"当事人行为的一种方式。

按照当事人主义的观点，当事人未声明的事项，法院不能判决。然而，实践中，有的当事人的声明可能不贴切，此时法院直接判决该当事人败诉，对其极为不公平。该当事人并非实体法上无权利，只是因其欠缺诉讼经验或法律上的知识提不出明确或妥当的声明。此时，由法院释明使当事人有作出正确声明的机会显得尤为重要。在事实认定环节，根据司法三段论的一般原理，当事人意欲使人民法院判决支持自己的诉讼请求，必须使案件的小前提（案件事实）与大前提（法律规范要件）相一致。如果严格按照当事人主义的观点，判决依据的事实应当全部由当事人提出，并举证证明。然而整个案件的事实可能是纷繁复杂的，是一连串的故事。并非所有故事情节都是构成三段论中小前提的要件，只有那些与大前提相对应的事实才构成小前提。[2] 然而，当事人在诉讼中通常会提出所有自认为与案件相关的事实，但这些事实很可能无法与大前提对应，而与大前提相对应的事实却有可能并未提出或未全部提出。法院固然可能根据举证责任分配的原则判决，但机械秉持举证责任原则，将使本可胜诉的当事人仅仅因为缺乏诉讼经验或法律修养而败诉，这并不符合公正裁判的要求。此时，人民法院出于查明案件真实的需要，就须对事实问题进行释明，以指引相对人提出与大前提相对应的事实。一方面，法院通过释明可以弥补当事人诉讼能力的不足；另一方面，法院有使诉讼妥当进行，并尽可能根据案件事实真相作出判决的价值追求，释明制度同时也契合这种价值追求，由此就形成了所谓"法院第二层次（或第二次）的

---

① 转引自张卫平：《民事诉讼"释明"概念的展开》，载《中外法学》2006年第2期。
② 王利明：《法学方法论》，中国人民大学出版社2011年版，第63页。

责任"。①

此时，由于释明仍以当事人主义模式为基点进行设计，法院启动释明的前提仍应以当事人已经提出了诉之声明、事实主张和证据资料为前提。只有当诉之声明、事实主张和证据资料不明确、不具体时，法院才能通过释明使当事人对诉之声明、事实主张、证明资料予以说明、澄清，使其更加明确。因此，此时的释明仅限于当事人已经积极地提出特定的声请、主张，但是其意思仍有不明了、矛盾、欠缺、未充分的情形，包括：（1）澄清不明了的释明。当事人的声请、主张不明了时，法院进行释明，促使当事人将不明了的声请、主张变明了。（2）除去不当的释明。法院通过释明促使当事人去掉不妥当的声请、主张等。（3）诉讼资料补充的释明。当事人的主张、证据材料不完整时，法院进行释明，促使当事人进行补充。② 尔后，随着对当事人主义认识的深入，就发现完全以当事人诉之声明、事实主张和证据资料为前提开展释明仍然无法充分保障当事人的诉讼权利。在起诉环节，当事人虽然提出了明确的诉讼请求，但是对法律关系把握的错误，导致诉讼请求不正确；在事实认定环节，也很可能因诉讼请求的错误，没有提出可以证明事实诉讼请求的主张并进行相应的举证。此时，为充分保障当事人的诉讼权利，诉讼请求变更以及提出新的诉讼材料的释明被纳入其中。③

简而言之，释明制度设立的最初目的是对当事人主义诉讼模式进行补充和修正。④ 因为要充分发挥当事人主义诉讼模式的作用，必须保障当事人在诉讼能力上的实质平等，而极端的当事人主义无法保障这种实质平等。从当事人的角度来看，整个诉讼可以勾勒为原告提出诉之声明→原告为了证明其所提之诉有根据，提出事实主张→为证明其事实主张成立提交证据材料。被告为了反驳原告所提之诉，提出相反的事实主张→提交证明相反事实主张的证据材料。该阶段，释明所

---

① 参见［日］吉野正三郎：《民事诉讼中法官的作用》，成文堂 1990 年版，第 25 页；转引自张卫平：《民事诉讼"释明"概念的展开》，载《中外法学》2006 年第 2 期。

② ［日］奈良次郎：《诉讼资料收集中法院的权限与责任》，载《新堂幸司编集代表讲座民事诉讼》（第四卷），弘文堂 1964 年版，第 144 页。

③ ［日］伊藤真：《民事诉讼法》，有斐阁 2004 年版，第 272 页。

④ 参见［日］中村英庚郎：《新民事诉讼法讲义》，陈刚等译，法律出版社 2001 年版，第 178 页。

针对的对象均为事实问题，包括诉讼请求、事实主张以及证据资料。部分学者对释明进行定义时，没有完全涵盖释明的基本面，将释明限缩为辩论主义领域的释明，认为："释明是为了救济当事人因辩论能力上的不足或缺陷，法院引导和协助当事人就案件事实和相关的证据问题进行充分的辩论的制度。"① 这种将诉讼请求的释明排除的定义显然是不科学的。

（二）释明内涵的拓展：基于防止诉讼突袭的法律释明

"目的是人们在观念上、思想上对活动的结果以及借助一定手段达到这种结果的途径的设计。它是人对于某种对象的需要在意识中的反映，是在思想上对对象所做的某种模拟。"② 目的很大程度上决定了制度的具体设计。随着对释明认识的逐渐深入，有学者发现将释明单纯地定位为对当事人主义诉讼模式的补充和修正并不妥当，释明"应当被理解为法院的一个旨在谋求审理充实化、促进化及公平审理实质化的手段"，③ 释明的目的，除弥补当事人主义诉讼模式的不足外，还在于防止发生突袭裁判，释明的内涵也从事实问题的释明拓展至法律观点的释明。

防止突袭说认为，即使当事人被赋予充分的主张、举证的机会，也只能防止当事人之间的突袭，如果当事人与法院的理解不一致，很难防止来自法院的突袭。通过法官的释明，当事人得以知晓法官在事实上和法律上的判断，而有机会修正自己对于法与事实的认知，尤其是可补充或提出原来忽略或认为不重要的事实或法律上的主张，并进而声明，提出证据。④ 防止突袭说要求人民法院在事实判断和法律判断上与当事人存在出入时均向当事人释明。对事实判断的释明与当事人主义修正说不谋而合，没有受到多少阻力。然而，受"法官知法"观念的影响，法律观点释明仍未得到普遍认可，这也是为什么目前大部分学者在对释明定义时，仍将其限定在事实问题上的原因。通过考察法官知法原则的生成历史可

---

① 毕玉谦：《民事证据法及其程序功能》，法律出版社1997年版，第335页；王亚新：《对抗与判定——日本民事诉讼的基本结构》，清华大学出版社2002年版，第160~161页。

② 参见王德胜、刘建和、李兆谊、李春秋等主编：《中国中学教学百科全书·政治卷》，沈阳出版社1990年版，第261页。

③ ［日］新堂幸司：《新民事诉讼法》，林剑锋译，法律出版社2008年版，第314页。

④ 参见沈冠伶：《论民事诉讼法修正条文中法官之阐明义务与当事人之事案解明义务》，载《万国法律》2000年第6期。

知，该原则最大的实质性根据是防止因为要求当事人主张证明法律而导致法律知识欠缺的当事人丧失其正当权利，不应当被视为法官对当事人的优越性以及对法律知识的独占。消除当事人错误进行法律评价的危险并提供法官的援助才是其本义。① 此外，法律问题与事实问题有时相伴而生，例如新的法律判断中会涉及新的要件事实，如果法院不释明新的法律判断，则当事人无法根据新的法律判断举证证明对应的要件事实。此时，当事人无法充分就事实问题展开辩论，也不符合辩论主义的要求。正如罗森贝克所言："如果人民法院与当事人从不同法律观点评价事实关系，而该事实关系没有被完全主张证明的时候，法院必须给予当事人就变更的法律观点作出回应的机会。"② 由此可知，法律观点的释明与法官知法原则并不存在冲突。

因此，在防止裁判突袭说指导下，释明的范围从事实问题拓展至法律观点，释明的概念也从"引导和协助当事人就案件事实和相关的证据问题进行充分的辩论"拓展为"在诉讼过程中，法院为了明确争议的事实关系，就事实上及法律上的有关事项向当事人发问或促使当事人提出主张与证据的活动"。③

二、释明与相关概念的比较

释明作为人民法院的审判权，很容易与法院的诉讼指挥权以及释明以外的其他司法行为相混淆。为了进一步明确研究对象，有必要将其与相关概念进行比较。

（一）释明与诉讼指挥权

目前将释明视为实质性的诉讼指挥权已无争议，然而，部分学者未明确区分程序性的诉讼指挥权与实质性的诉讼指挥权，将属于程序性诉讼指挥权的行为归入释明中。这不仅影响对释明的准确界定，还会影响释明救济机制的设立。

---

① 参见段文波：《德国法律适用突袭问题之对策与启示》，载《法律科学》2011 年第 6 期，第 191 页。
② 参见［德］罗森贝克·施瓦布·戈特瓦尔德：《德国民事诉讼法》，李大雪译，法律出版社 2007 年版，第 530 页。
③ 参见熊跃敏：《民事诉讼中法院的释明：法理、规则与判例》，载《比较法研究》2004 年第 6 期，第 67 页。

程序性的诉讼指挥权最初是出于诉讼经济性的考虑被提出的，在极端的当事人主义模式下，诉讼程序完全交给当事人，导致了诉讼迟延，为此，有必要赋予法院控制诉讼程序的程序性的诉讼指挥权。① 如：（1）对诉讼期日秩序的维护，以使诉讼在有序的框架下进行。如对开庭日期的安排等。（2）指挥当事人的诉讼行为，以控制庭审节奏。如指挥开始或停止言词辩论程序等。（3）整理诉讼活动。如法官根据案件的具体情况，将整个审理活动划分为庭前调查、质证、辩论等阶段。② 程序性诉讼指挥权是法官为了保证诉讼程序的顺利进行，避免或防止由对立的双方当事人完全控制诉讼程序的进行所造成的诉讼迟延或不公正结果的发生而根据具体情形作出的程序性安排，不涉及诉讼的实体内容，与释明关联不大。部分法官将举证期日的通知也视为释明，就是将程序性的诉讼指挥权误认为释明的结果。③

随着审判工作的推进，人民法院发现仅赋予法官程序性的诉讼指挥权虽然解决了诉讼的效率问题，但由于诉讼最终目的还是通过正当的程序来实现实体正义，而当事人因受到诉讼能力的制约，在提出诉讼请求或陈述案件事实时，还是难免会出现陈述不清楚、不完善或者不充分的情况。如在举证时，经常会出现举证不充分或者举证不适当的情形，而这些情形很有可能造成本应当胜诉的当事人却承担败诉的后果。这时，有必要赋予人民法院实质性的诉讼指挥权，即人民法院通过诉讼指挥行为影响当事人对诉讼实体的处理，使当事人不明确、不充分、不适当的声明和陈述变得明确、充分和适当，使当事人不充分或不适当的举证变得充分、适当，这种影响当事人对诉讼实体处理的诉讼指挥就是人民法院的释明。德国最早将释明积极化为法院的实质性的诉讼指挥，将其视为加快诉讼进程的有力工具。④ 既然释明是诉讼指挥权的内容之一，将其从诉讼指挥权区分出来单独进行研究的意义何在？如上所述，因程序性诉讼指挥权与释明的救济机制存

---

①　参见张卫平：《民事诉讼法》，法律出版社 2005 年版，第 54 页。

②　参见黄松有：《诉讼指挥权：正当性基础与制度建构》，载《中国社会科学》2003 年第 6 期。

③　参见张雪梅：《法官释明权探微》，载《云南大学学报》（法学版）2004 年第 4 期；陶恒河：《试论法官释明权》，载《河北法学》2004 年第 5 期。

④　德国最新修订的于 2002 年 1 月 1 日起生效的民事诉讼法把释明义务改为"实质的诉讼指挥义务"，该法第 139 条的标题为"实质的诉讼指挥"。

在较大差异，从救济制度设置方面考虑也有必要将两者进行区分。由于程序性诉讼指挥权不涉及当事人的实体权利，一般将其视为法院自由裁量权的任意性规定，在性质上属于法院享有的司法行政行为，当事人一般不能对这种诉讼指挥权提出异议，更不能以此为由上诉。而释明作为实质性诉讼指挥权，会对当事人实体权利义务产生影响，应当赋予当事人异议权，并视情况设置释明不当的法律后果。

（二）　释明与诉讼法上的发问、告知

发问与告知是法院释明时所采取的最主要的方式。法院通过向当事人发问，促使当事人对特定事项予以说明、澄清，并促使其实施一定的诉讼行为，使法院能够明确当事人的真实意图或真实意思。除发问外，法院通常会告知当事人其对特定事项的认识或观点，然后由当事人自己决策选择作为或不作为以及实施何种行为。例如通过告知当事人所提证据证明力不够来促使当事人更充分地提出证据，至于当事人是否还要补充提出证据，则是当事人自己的选择。

然而，除了作为释明的发问与告知外，在庭审中，人民法院还可以针对其所调查的事项进行诉讼法上的发问，法院在案件受理后，一般也会根据法院的具体情况结合法律的规定告知当事人诉讼期日等程序性安排、法庭纪律的要求等。这类诉讼法上的发问、告知与释明的发问、告知在外在表现形式上没有任何差异，很容易造成混淆。① 由于两者在目的和法律后果上存在差异，有必要加以厘清。

---

① 《上海市第三中级人民法院行政诉讼释明规则（试行）》（以下简称《释明规则试行》）里将诉讼上的告知行为等同于释明行为。如《释明规则试行》第 21 条规定："庭审开始前，可以就必要的事项进行法律释明。告知诉讼各方当事人和其他诉讼参与人，法院依法对行政案件独立行使审判权，不受行政机关、社会团体和个人的干涉。诉讼各方当事人和其他诉讼参与人不得通过法院外部或内部人员干预案件审理。对干扰审判的行为，法庭将记录在案，并视情节依法追究相关人员干扰审判的法律责任。"第 24 条规定："……告知诉讼各方当事人和其他诉讼参与人，应当诚信诉讼，保证所提交的证据和发表的意见客观、真实，否则法院将视情节依法追究诉讼失信的法律责任。告知诉讼各方当事人和其他诉讼参与人，庭审将全程录音录像，要求诉讼各方当事人、其他诉讼参与人以及旁听人员尊重司法礼仪，共同维护法庭秩序。违反法庭秩序的，法院将视情节依法追究妨害诉讼的法律责任。同时告知，如存在聚众哄闹、冲击法庭、殴打、侮辱、诽谤、威胁司法工作人员或者诉讼参与人，毁坏法庭设施，或抢夺、损毁诉讼文书、证据等扰乱法庭秩序行为，情节严重的，将依法追究刑事责任。"

首先，诉讼法上的"发问"以查明案件事实为目的，当事人只需要针对问题作出如实回答即可，而无须考虑是否需要另行举证，或者调整自己的诉讼行为。而释明中的发问则是以促使当事人实施一定的诉讼行为为目的，具体作用在于让当事人对特定事项予以说明、澄清，使法院能够明确当事人的真实意图或真实意思，而不是单纯地向法院陈述案件事实。诉讼法上的告知的目的在于让当事人严格遵守法院所告知的内容，通常是行使程序性诉讼指挥权的方式，当事人必须严格遵守法院告知的事项，而当事人对法院以告知形式表现出来的释明行为，可以自由选择是否进行相应的诉讼行为。

其次，在法律后果上，诉讼法上的发问以发现案件真实为目的，属于法院直接调查案件事实所采取的方式，带有很强的职权主义色彩。当事人不能以法院发问不当或错误为由提起上诉。而若当事人因为人民法院释明不当造成实体权利受损，则可以以此为由提起上诉。诉讼法上的告知作为程序性诉讼指挥权的行使方式，其与释明在法律后果上的区分等同于释明与程序性诉讼指挥权的区别。

（三）释明与诉讼送达

为了使当事人或其他诉讼参加人按照法定程序参加诉讼活动，行使诉讼权利，承担诉讼义务，以利于诉讼的正常进行，法院需要以一定的方式将诉讼文书送交给当事人或者其他诉讼参与人。送达可以说是法院实现诉讼指挥权的行为方式之一。法院送达的诉讼文书包括受理通知书，参加诉讼通知书，应诉通知书，供被告举证使用的举证通知书，供原告、第三人举证使用的举证通知书、起诉状副本、判决书、调解书等。释明和诉讼过程中的送达有很多相似之处，都可以使当事人了解诉讼的有关信息，当事人大多会根据这些信息进行相应的诉讼行为。但是送达与释明又是两个不一样的行为，法院所送达的诉讼文书除起诉状、裁判文书外基本上都为格式性文本，属于诉讼法上的告知行为，与当事人的具体情况无关。而释明则是法院在当事人行为存在问题时，通过发问或者书面告知等方式对其行为加以引导的一种行为，释明的前提是当事人存在不明确、不适当或者不正确的声明、陈述或举证。诉讼送达中最容易被误以为是释明的是举证通知书的送达。由于法院送达举证通知书时，当事人并不存在举证不充分或举证错误等情形，法院的送达行为仅起到告知当事人权利义务的效果，并无修正当事人举证行为之意，因此，这种单纯地通过格式文本告知举证权利的行为不属于释明的内容。目前有不少法官错误地将举证告知等行为视为释明，并认为《最高人民法院关于民事诉讼证据的若干规定》（以下简称《民事诉讼证据规定》）第2条、第50条属于释明条款（2001年《民事诉讼证据规定》第3条、第33条第1款）。①该错误认知就是未正确区分释明与诉讼送达所导致的。

（四）释明与法院的释法说理

为了增强裁判的可接受性，人民法院会对当事人进行释法说理。释法说理同样也是解释说明，从语义上可以归入释明的范畴。然而，两者在启动的前提、目的以及发生的时间上都存在差异。首先，人民法院启动释明程序的前提是当事人的主张和陈述存在不清晰、不明确等情形，释明必须是基于当事人的行为。释法说理是人民法院针对裁判结果的解释说明，人民法院在任何案件中都必须做到对裁判结果的释法说理，与当事人是否对裁判结果认同无关。其次，释明的目的是充分保障当事人的诉权、保证诉讼程序的顺利进行；释法说理的目的是增强裁判的可接受性。最后，释明贯穿于诉讼的始终，而释法说理则通常发生在裁判作出前。

三、行政诉讼释明的确立

（一）职权主义模式下释明存否之争

因行政诉讼多与公益相关，大陆法系国家的行政诉讼一般采用职权主义诉讼模式。在职权主义诉讼模式下，诉讼程序的开始、进行与终结，不论当事人的意思如何，由法院依职权为之。职权主义诉讼模式下，法官亦不问当事人有声明陈述与否，而直接依职权收集诉讼资料，甚至会超出当事人声明的范围而作出裁判。根据法院与当事人在诉讼程序的进行与判决资料的收集中作用分担的不同，职权主义可分为职权进行主义与职权探知主义。在职权进行主义下，法院一般不

---

① 参见张雪梅：《法官释明权探微》，载《云南大学学报》（法学版）2004年第4期；陶恒河：《试论法官释明权》，载《河北法学》2004年第5期。

问当事人的真意（诉讼请求）为何，诉讼的进行由法院来决定。① 在职权探知主义原则下，裁判所必要的事实及证据，法院对该诉讼资料有提出之责任，即使当事人不提出证据，法院也应该依职权进行调查。所以在职权探知主义原则下，并不存在当事人的主张责任。② 职权主义诉讼模式确立的出发点是维护公共利益。2007 年我国台湾地区修改"行政诉讼法"，将诉讼模式由当事人主义变更为职权主义，主要理由也是出于对公共利益的维护。在行政诉讼中，当事人诉讼武器不平等，当事人一方恒定为公权力主体，而对方则为处于弱势地位的相对人，加上在行政诉讼中常涉及专业的技术问题，相对人很难取得足够的资料以对抗行政机关，只有经由法院的职权调查证据才可以避免相对人因举证困难而败诉。另外，行政诉讼的目的不只在于主观公权利的维护，还在于保证客观法秩序。如果诉讼涉及公益，只有由法院依职权调查证据，才能确保发现事实的真相，从而确保维护公益。正如我国台湾地区有关机构在理由中强调的那样：行政诉讼皆与公益有关，为维护公益，法院即可不受限于当事人主张的限制，否则会有害于公益。只有经由法院的职权调查事实，始能确保公益。③在职权主义模式下，当事人自认的效力受到限制，即使当事人自认，法院认为必要时，仍然要调查其他必要的证据；主张责任与举证责任严格区分开来，当事人没有主张责任，仅负客观举证责任。职权主义诉讼模式下是否需要释明经历了从否定到肯定的过程。

民事诉讼的学者普遍认为释明根植于当事人主义，对于与国家公益有关或者与身份关系有关的人事诉讼以及非讼案件，因涉及职权主义而不适用释明。同样，不适用辩论主义和处分权主义而适用职权主义的实体事项或者直接决定实体内容的程序事项，也不属于法院释明的范围。④ 也就是说在职权主义模式下，不存在释明的空间。其主要理由为：第一，在当事人主义模式下，释明是人民法院以之协助当事人完成本应属于他们的发现真实的任务之工具。而职权主义模式

① 参见刘学在：《民事诉讼辩论原则研究》，武汉大学出版社 2007 年版，第 127 页。
② 参见刘欣琦：《对行政诉讼证据失权制度的理论探讨》，载太原理工大学学报（社会科学版）2015 年第 2 期。
③ 参见中国台湾地区"司法院"修正案第 126 条说明 2。
④ 唐德华：《民事诉讼理念与机制》，载中国政法大学出版社 2005 年版，第 261~268 页。

下，发现真实本身就是属于人民法院的职责。在当事人主义模式下，虽然人民法院可以释明告知当事人提出诉讼资料，但如果当事人不提出诉讼资料，人民法院只能根据现有的诉讼资料裁判。而在职权主义模式下，即使人民法院也存在要求当事人举证、告知当事人提出诉讼资料等形式上与释明类似的行为，但此时的告知仅是人民法院查明案件真实的手段，即便当事人不举证，人民法院也可依职权调取证据，并根据调取的证据确定案件事实。因此在职权主义模式下，法官的发问或释明是根据职权探知所为之行为，并无释明的观念和理念，与大陆法系传统意义上就审理对象的确定而对辩论原则形成限制的释明制度不相干，不具有释明的法律性质。[1] 第二，由于法院主导整个诉讼活动，客观上不需要释明制度的存在。法院的职权在于亲自调查事实并适用法律，而无须向当事人释明，且由于诉讼的证明对象也是由法院依职权确定的，当事人也没有要求法院释明的愿望，当事人只需等待法院给出真实。[2]

也有少数民事诉讼法学者认为释明并非根植于当事人主义而是根植于职权主义，释明本身即职权主义的体现。这部分学者因对释明与辩论原则关系上的认知存在差异，对释明在民事诉讼中的适用产生了较大分歧。主张释明与辩论原则对立的学者认为，释明天生具有与辩论原则相冲突的特性，在民事诉讼中，应当谨慎适用释明；主张释明是辩论原则的补充的学者认为："尽管释明权来源于职权主义，并进而对辩论原则形成限制，但释明并不是弱化或消除辩论原则的对立物，而是从保护正当权利者的利益视角出发来限制辩论原则的弊端，并弥补其缺陷的概念。"[3] 无论是否定说还是肯定说，均以诉讼模式为基础论证释明制度的容许性，只是当事人主义模式与职权主义模式呈现水火不容之势。事实上，随着实践的发展，绝对的当事人主义与绝对的职权主义已不存在，在任何程序中，将两者完全割裂是极其荒谬的。甚至有学者将释明作为连结职权主义与当事人主义

---

[1]　参见黄松有：《中国现代民事审判论》，法律出版社 2003 年版，第 158 页；张力：《论阐明权的界限》，载《法律科学》2006 年第 3 期；谢文哲：《论我国法官阐明行使之范围》，载《甘肃政法学院学报》2006 年第 3 期。

[2]　参见张力：《阐明权研究》，中国政法大学出版社 2006 年版，第 73 页。

[3]　[日] 矾村义利：《释明权》，载《民事诉讼法讲座第二卷》，有斐阁 1954 年版；转引自高桥宏志：《重点讲义民事诉讼法》，张卫平、许可译，法律出版社 2007 年版，第 379 页。

的桥梁，认为释明制度下的诉讼模式是协同主义诉讼模式。也就是说不是诉讼模式决定释明制度的存否，相反，释明制度在某种程度上决定诉讼模式的走向。释明制度是否有存在的空间，关键要看诉讼中是否需要释明制度。也就是说，释明与诉讼模式有一定关联，但不是诉讼模式决定了释明的存否。释明作为一个中性的制度，无论在当事人主义还是职权主义或是协同主义模式下，只要其有助于诉讼目的的实现，该制度就有存在的必要。不同诉讼模式下，由于法官与当事人的分工不同，释明的边界、性质等也会存在较大差异。

（二）行政诉讼释明的确立

如上所述，释明作为中性的制度，只要其有助于诉讼目的的实现，就有存在的必要。在采用职权主义诉讼模式的行政诉讼中，释明有其独特的制度价值，基于这些特殊价值的考虑，释明制度最终得以在行政诉讼中确立。

1. 释明是当事人履行协力义务的基础，可以辅助人民法院查明案件真实

在职权主义模式下，虽然查明案件真实是法院的职责，但法院为了更好履行职权调查义务，需要当事人的协助。当事人协助法院进行职权调查的义务即当事人的协力义务。[1] 协力义务有三方面的内涵：其一，证据协力义务的主体乃不负举证责任之当事人以及当事人以外的第三人，举证人一般不是证据协力义务主体；其二，证据协力义务以协助法院进行证据调查为内容，证据调查之程序不同，证据协力义务之履行方式亦有所差异；其三，证据协力义务之相对人为代表国家行使裁判权之法院而非举证人。[2] 行政诉讼中的协力义务，可以定义为要求当事人在法院探知事实之过程，应予协力，包括当事人应将自己所知及管领范围内有关事项提出，要求当事人应作出具体及完全的主张。[3] 让当事人承担协力义务有充分的理由：首先，是人民法院查明案件事实的需要。当事人协力义务的履

① 参见［日］新堂幸司：《新民事诉讼法》，弘文堂 2005 年版，第 565 页；转引自占善刚：《证据协力义务之比较法研究》，中国社会科学出版社 2009 年版，第 8 页。
② 参见占善刚：《证据协力义务之比较法研究》，中国社会科学出版社 2009 年版，第 8~9 页。
③ 参见吴东都：《行政诉讼之举证责任——以德国法为中心》，台湾学林文化事业有限公司 2001 年版，第 91 页。

22

行是法院依职权调查事实的一个方法。虽然在职权探知主义模式下，法院不受当事人事实主张及证据声请的拘束，但法院在调查事实的过程中，通常最先是从当事人的事实主张及证据声请开始。人民法院的调查行为必须与当事人合作，否则法院无法违反其意愿而查知事实。① 其次，是诉讼经济的需要。当事人努力地参与诉讼，尽其所能提供其所知予法院，尤其当事人相对于法院，更接近诉讼之相关事实资料，因其积极履行协力义务，事实更易清楚，诉讼更能迅速终结。第三，是行政诉讼主观公权利维护的必要。除行政公益诉讼外，行政诉讼产生的原因均为公民主观公权利受到行政行为的影响。当事人是纠纷的亲历者，他们最了解案件真实，因此，只有在发现案件真实时充分发挥当事人的作用，才能尽可能地使法律真实达到客观真实，继而维护公民的合法权益。② 除此之外，行政诉讼被告与法院同属于国家机关，两者在行政诉讼中的目的是共同的，都是为了实现依法行政，因此，行政主体应当尊重人民法院的审判，协助人民法院进行事实调查。③

释明的最初目的是弥补当事人主义的不足，而这种不足恰恰在查明案件真实上尤为明显。极端的当事人主义不利于人民法院查明案件真实，因此，需要人民法院通过释明来引导当事人提交完整的诉讼资料。由此可知，释明的重点在于帮助人民法院查明案件真实，而不在于人民法院是否只能依据当事人所提供的证据材料作出裁判。在职权探知主义模式下，虽然案件事实的查明是人民法院的职权，但事实的查明有赖于当事人协力义务的履行。我们不能因为人民法院可以不受当事人所提交的证据材料的约束，就否认释明制度在行政诉讼中的存在。此外，由于事实调查及程序的推进都掌握在法官的手中，对当事人来说，无法预知法官是否已经掌握了充足的证据来证明对其有利的事实，如果当事人无法去除法院对事实的疑问，此时法官就需要通过释明，促使当事人履行协力义务，积极主张事实及声请证据。因此，法院释明同时也是当事人能够知道其应当在何时、履

---

① 参见吴东都：《行政诉讼之举证责任——以德国法为中心》，台湾学林文化事业有限公司 2001 年版，第 169 页。

② 此种观点认为由于行政诉讼之目的除了对行政行为合法性控制外，还包括对个人主观权利的保护，原告像民事诉讼当事人一样自愿进入到诉讼中来，理应协助法院查清事实。笔者认为此观点仅能说明原告为何负协力义务，不能说明被告负协力义务的原因。

③ 参见林莉红：《行政诉讼法学》，武汉大学出版社 2020 年版，第 156 页。

行何种协力义务的前提条件。法院在当事人履行协力义务后，更容易调查案件真实，并最大可能性地接近案件真实。

2. 释明有助于原告诉权的实现

根据诉权层次论，实现第一层次行政诉权需要满足起诉要件。① 然而，行政法的领域不但相当广阔，而且各法规之间的关系错综复杂，法规所涉及的事项通常又极为专业，一般而言，不具有特殊专业知识的行政相对人对其是很难掌握的。再加上原告作为行政相对人，本来就处于弱势地位，要想完成合法的起诉并非易事，而释明恰恰能起到协助相对人提起合法的诉讼这一作用。具体而言：（1）行政诉讼起诉权客体难以确定。以规范性文件附带审查之诉为例，新《行政诉讼法》出台后，媒体的宣传集中在其他规范性文件可以被诉，而忽略直接对规范性文件的起诉并不是人民法院的受案范围。行政相对人很有可能在宣传的误导下直接提起规范性文件审查之诉。因行政规范性文件只能附带审查，原告的起诉是不合法的，人民法院应当裁定驳回起诉。但是与直接驳回起诉相比，若此时法院释明，提醒相对人同时起诉以被诉规范性文件为依据的行政行为就可以解决当事人起诉不合法这一难题。（2）原告主体资格不易辨识。随着我国经济体制改革的深化和社会主义市场经济体系的确立，社会关系呈现出日益复杂化的趋势，行政管理的对象不再是单一的主体，行政诉讼原告除了公民之外还包括法人和其他组织。针对原告群体的复杂性，行政诉讼设计了详细的确定原告的规定，但这些规定对大部分当事人来说无疑是佶屈聱牙之词。以合伙企业作为原告为例，《行政诉讼法》规定合伙企业向人民法院提起诉讼的，应当以核准登记的字号为原告。依常人的思维，原告应当是"人"而非"字号"，此时法院可以通过释明避免起诉人直接被驳回起诉。（3）起诉形式难以满足。行政诉讼实行书面起诉原则，原告在起诉时还需要提交证据清单，按照被告的人数提供副本，这些看似简单，但如果法院不对当事人释明的话，当事人的起诉材料是很难准备齐全的。提出具体的权利请求对相对人来说非常难，司法实践中，大量原告因诉讼请求不明确而被驳回起诉，释明恰好可以协助当事人提出明确且具体的诉讼请求。

---

① 参见梁君瑜：《行政诉权本质之辨：学术史梳理、观念重构与逻辑证成》，载《政治与法律》2017 年第 11 期。

3. 释明有助于防止突袭裁判

在职权主义模式下,由于人民法院不受当事人诉讼请求、事实主张和所提交证据材料的限制,当事人更容易遭受突袭性裁判。突袭性裁判主要有发现真实的突袭、推理过程的突袭以及促进诉讼的突袭三种。(1)发现真实的突袭。发现真实的突袭是指法官据以作出判决的经其内心确认的案件真实与当事人双方或一方内心预测或确定的真实不一致而造成的突袭性裁判。假如在法院形成心证的审判过程中,当事人不能预测到法院是以何项事实为判决基础,则将难以期待当事人为充分的攻击防御,因此当事人就会受到认定该事实存否或者真伪不明判决之突袭。这种突袭性判决,是因为当事人所认识、理解的判决基础事实,跟法院所认识的需认定事实不一致造成的。(2)推理过程的突袭。当事人因未能充分预测到认定事实的具体内容而受到的突袭性裁判。例如,在请求商标注册的诉讼中,原告主张其商标为文字商标,被告主张原告所提供的商标为图文商标,而法院却认定其为字母商标,并最终以被告认定的申请商标为非文字商标事实认定正确为由驳回原告的诉讼请求。如果当事人在言词辩论终结以前,不能预测到法院对争议商标属于字母商标已基本形成心证的话,将难在判决前适时提出充分的资料或证据来分析争议商标既不属于图文商标也不属于字母商标,以促使治愈或补全隐存于法官判断该事实存否之推理过程的错误或不完全,此时,当事人因未被赋予适时提出资料的机会,而有受推理过程之突袭的危险。(3)促进诉讼的突袭。一方面,如果当事人能预测到法院的判断,会提出相当资料或意见促使法院及时停止不必要的审理活动;另一方面,当事人也可以根据法院的判断提出有用资料(意见),及时纠正自己在事实主张和证据提交上的错误或漏洞,而免遭程序上的不利益。在职权主义诉讼模式下,由于认定事实、适用法律、作出裁判属于法院的职责,若法院不及时向当事人释明,令当事人对案件作出充分辩论的话,很容易造成突袭性裁判。此外,当事人主义模式产生缺陷的最主要原因在于当事人之间的诉讼能力不平衡,通过法院释明可以保护及辅助当事人,使其能完全开展诉讼行为。① 因行政机关与行政相对人的关系是管理与被管理的关系,行政诉讼中当

---

① 参见翁岳生编:《行政诉讼法逐条释义》,台湾五南图书出版有限公司 2002 年版,第433 页。

事人的诉讼地位极其不平等，加上我国律师强制代理制度的缺失，行政诉讼中的原告在诉讼中更加处于不利的地位，更容易被突袭裁判。

概而言之，由于职权主义诉讼模式下同样存在突袭裁判，甚至比当事人主义诉讼模式下更容易出现突袭裁判，因此，法官就事实的调查情况、法律适用情况等必须向当事人进行释明，给当事人充分的程序保障，避免裁判突袭。①

3. 释明有助于保障当事人的程序利益

在职权主义诉讼模式下，虽然查明案件真相的职责在人民法院，但是诉讼的结果毕竟要由当事人来承担，按照《布莱克法律辞典》的解释，程序保障的最低要求，"任何权益受到判决结果影响的当事人都享有获得法庭审判的权利，并有被告知控诉的性质和陈述自己意见的权利……合理的通知、得到法院审理的机会、提出自己的主张并进行辩论等"。职权主义诉讼模式并不排除当事人的言词辩论，然而，由于当事人诉讼武器的不对等，在言词辩论中，当事人不一定能充分提出自己的主张，并对案件有针对性地进行充分辩论，要想充分保障当事人的程序利益首先必须保证当事人诉讼武器的平等。

《中华人民共和国宪法》（以下简称《宪法》）第 33 条规定："中华人民共和国公民在法律面前一律平等。"法律面前平等经历了从形式平等到实质平等的演变。形式平等如最早阐释平等观念的梭伦所言："制定法律，无贵无贱，一视同仁，直道而行，人人各得其所。"② 形式平等看似美好，然而这种平等也只是消极地保障人们有一个平等的起点，而如果忽略了无限多样性人的存在，无视站在同一起点上的人会因为先天和后天的原因而不具有对等的实力，就会造成广泛的不平等。美国学者布莱克就直言不讳地说："在各个国家里，法律的普遍精神是有利于强者而不利于弱者的，法律帮助那些有财产的人而反对没有财产的人。这种烦人的现象是无法避免的，也是毫无例外的。"③ 要做到实质意义上的平等，必须从三方面保障。首先，人民诉诸法院的机会一律平等；其次，人民在法官面

①　刘敏：《裁判请求权研究——民事诉讼的宪法理念》，中国人民大学出版社 2003 年版，第 30 页。

②　［古希腊］亚里士多德：《雅典政制》，商务印书馆 1999 年版，第 15 页。

③　［美］布莱克：《法律的动作行为》，唐越、苏力译，中国政法大学出版社 2004 年版，第 13 页。

前一律平等；最后，法官在适用法律上对当事人一律平等。其中，人民在法官面前一律平等，是指当事人在诉讼中的武器平等。换句话说，武器平等是一种"诉讼上的平等"，意味着法律应当赋予每个诉讼当事人相同的而且不逊色于另一方当事人的能力，使其能够平等地适用诉讼制度的权利与机会，不使其在案件中不因法律之外的原因（如金钱、地位、诉讼技巧）而不能提出合适的诉讼请求，不能及时有效地进行攻击防御。行政诉讼法律关系是从行政法律关系发展而来，原、被告是行政法律关系中的被管理者与管理者，作为被管理者的行政相对人，除了诉讼能力与被告相差甚大外，诉讼心理上也存在明显差距。当事人诉讼能力的差异可能造成本应胜诉的当事人却承担败诉的后果，这不仅不符合个案公正的要求，还有损法治的权威。既然承认任何人都有平等地使用诉讼制度的权利与机会，那么这种平等不仅应当是形式上的平等，更应当是实质上的平等。法院在面对当事人实际诉讼能力差异时，已不能只坐堂听审，而应当在恰当的时候，通过释明弥补当事人诉讼能力的差异，使处于弱势一方的当事人能够及时有效地提出攻击防御方法、及时调整不合法或不适当的诉讼行为，以此实现实质的武器平等，应是武器平等原则的应有之义，是保障当事人的程序利益所必需的。

或许是出于释明制度在职权主义模式下的独特作用，在德国，虽然民事诉讼法上并没有规定非诉案件可以准用释明制度，但是出于以下理由，在德国非讼法院也在一定的范围行使释明。（1）公正的需要。例如，当一方当事人委派有律师而另一方未委派律师而有明显不公平情形时，法官就可以利用释明以实现当事人之间实质上的公平。（2）自由心证主义的内在需求。自由心证主义可说是当今程序法的基本原理之一，在非讼程序也应有自由心证原理的准用。自由心证主义发挥作用的一个基础前提即是法院公开其心证，释明就是法官公开心证的重要方法之一。（3）程序正义的需要。即使是非讼案件也应尽可能给予当事人双方相等的攻击防御机会，这也是基于双方武器平等原则而来，法院只有对武器较弱的一方作出适当释明，才能保证双方相等的攻击防御机会。（4）根据尊重人的尊严的理念，在非讼程序也应尽量给予双方当事人陈述意见的机会，不可仅以当事人就程序的客体无处分权为由，不承认其有当事者权。

通过以上分析发现，要论证职权主义诉讼模式下释明的必要性，可以从各种角度切入。事实上，诉讼模式也只是基于不同的司法环境及诉讼的特殊性来设计的，诉讼的最终目的是化解纠纷。从此目的出发，只要释明能够在保证案件程序正义的同时促进实体正义，就可以超越甚至抛开诉讼模式。随着实践的发展，绝对的当事人主义与职权主义已不存在，在任何程序中，将两者完全割裂是极其荒谬的。纵观各国司法制度，当事人主义诉讼模式与职权主义诉讼模式也呈现出相互借鉴吸引的趋势，甚至有学者将释明作为连结职权主义与当事人主义的桥梁，认为释明制度下的诉讼模式是协同主义诉讼模式。① 也就是说不是诉讼模式决定释明制度的存否，相反，释明制度在某种程度上决定诉讼模式的走向。释明制度是否在行政诉讼中有存在的空间，关键要看行政诉讼中是否需要释明制度。释明作为一个中性的制度，无论在当事人主义模式还是职权主义模式或是协同主义模式下，只要其有助于诉讼目的的实现，该制度就有存在的必要。只是说，不同诉讼模式下，由于法官与当事人的分工不同，释明的边界、性质等也会存在较大差异。

四、行政诉讼释明的特征

特征是此物区分于彼物的特点，释明作为民事诉讼与行政诉讼共有的制度，其特征需从与民事诉讼释明的比较中得出。相比民事诉讼，行政诉讼释明主要有如下几方面的特征：

（一）释明对象的特定性

民事诉讼作为私权争议的解决机制，原、被告双方都属于私权主体，法院不能凭借其原告或被告的身份来判断谁的诉讼能力更弱、谁更需要通过法院的释明

---

① 协同主义诉讼模式与和谐主义诉讼模式是同一概念，最先提出和谐主义诉讼模式的是原最高人民法院院长肖扬。肖扬在第七次全国民事审判工作会议上首次提出了"和谐诉讼模式"，认为"民事诉讼应当是和谐的、利于纠纷及时了结的诉讼，不应当是相互顶牛的、没完没有的诉讼。在当今民事诉讼领域，过于强调职权主义诉讼模式不仅使法官不堪重负，而且影响审判机关的中立形象，而过于强调当事人主义诉讼模式，也容易出现诉讼迟延和诉讼成本增加以至实体不公等缺陷。在我国努力构建和谐社会的新的战略目标下，民事诉讼朝着和谐的诉讼模式迈进，大力倡导和谐司法，无疑将成为新时期民事审判的重要特征。"参见肖扬：《建设公正高效权威的民事审判制度，为构建社会主义和谐社会提供有力司法保障——在第七次全国审判工作会议上的讲话》，《法制日报》2007年1月5日。

加以引导。因此，在民事诉讼中，法院应当平等地对待双方当事人，根据案件的实际情形进行释明。由于行政诉讼中原、被告无论是在诉讼信息、诉讼能力还是在诉讼心理上均存在明显差距，因此，原、被告之间应存在不同的释明规则。鉴于原告突出的弱势地位，法院需要通过一定程度的释明来提高原告的诉讼能力，引导其正确表达诉求，恰当进行举证，故在对原告释明时，要在重视法官消极释明功能的基础上强调积极释明功能是行政诉讼释明权的特殊需要。① 诉讼武器不平等，法院必须积极释明，实现当事人实质的武器平等。同时，由于行政诉讼中人民法院与被诉行政机关具有同源性，且被诉行政机关具有诉讼能力上的优势，在设计行政诉讼释明制度时，必须注意防止释明沦为人民法院帮扶被告的工具，要严格限制对被告的释明。

（二）释明内容的广泛性

民事诉讼以充分尊重处分权原则和辩论原则为前提，释明必须以不违反处分权原则与辩论原则为前提，如当事人主义诉讼模式下对诉的变更的积极释明有着严格的限制；而在职权主义诉讼模式下，对释明的限制明显不如当事人主义严格，法院为了完成职权调查的需要可以释明让当事人提出新的诉讼资料，为了作出合法、恰当的判决，可以释明原告进行诉之变更。此外，由于民事诉讼中诉讼请求以及诉讼对象的确定取决于原告，因此，在民事诉讼中，不存在被告是否适格的问题，法院发现原告权利主张的对象错误时，只需要从法律关系的角度驳回原告的诉讼请求即可。但在行政诉讼中，由于被诉行政机关属于行政主体这个大系统，出于一次性化解纠纷的目的，当原告起诉的被告不适格时，法院应当释明原告变更。

（三）释明效果的弱强制性

在当事人主义诉讼模式的民事诉讼中，当事人负有主、客观举证责任，法院期望通过释明使当事人尽到其主张责任，并提出充分的证据以支持其主张。若当

---

① 参见王琦琦：《论行政诉讼中的法官释明权》，载《江苏工业学院学报》2008年第5期。

事人无视法院的释明，坚持在原有主张和证据的基础上诉讼，则法院最终只能根据现有主张和证据作出裁判。在职权主义诉讼模式下的行政诉讼中，法院的判决在一定程度上可以超越原告的诉讼请求，形成诉判不一致的裁判，例如行政诉讼中的情况判决。另外，由于法院承担主观举证责任，在当事人举证不充分的情形下，即使法院通过释明让当事人补充证据，当事人仍未补充证据，法院也应当依职权取证。简言之，在职权主义诉讼模式下，当事人不听从法院的释明，并不会直接导致败诉的后果，而在当事人主义诉讼模式下，不听从法院的释明的当事人基本上会承担败诉的后果。

第二节 行政诉讼释明的性质

释明的性质关涉到释明的启动及当事人因法官释明不当造成损害时该如何寻求救济的问题。如果认为释明是法官的权利，法官可以自由裁量，当事人不能要求法官行使释明，也不能以法官应当释明而没有释明为由提起上诉或申诉；如果认为释明是法官必须履行的义务，责任与义务相伴而生，法官没有合法地或者没有正当履行释明义务，那么当事人就有权要求法院继续履行义务，当释明不当造成当事人权益损害时，当事人有权要求法院承担相应的法律责任且以此为由提出上诉或申诉。无论是将释明定性为权利还是义务，都存在难以逾越的理论障碍与现实障碍。从权力与权利义务的关系、权力与职权的关系来看，释明应当是人民法院的职权，且与当前行政审判水平、司法权与行政权的关系相契合。

一、释明性质的两种学说

目前关于释明性质并没有形成统一的认识，形成了"权利说""义务说"两种观点。"权利说"认为释明是人民法院的自由，人民法院可自主决定是否释明以及如何释明，释明不当或违法释明也不会导致相应的法律后果；"义务说"认为释明是法院的责任，违法释明是当事人上诉的理由，且上诉审法院能以此为由废弃原裁判。"权利说"是对权利与权力关系的误解；"义务说"只强调释明在保障当事人权利上的保障功能，忽略了人民法院释明需要的保障条件。释明本质上是一种司法职权，一方面释明与否不受当事人意志左右，人民法院享有裁量的空间，另一方面释明作为职权需要受到一定的制约。

（一）将释明视为人民法院的权利

认为释明是法院的权利意味着法院可以释明也可以不释明，持此观点的学者主要基于如下认识：第一，释明是运用国家权力对当事人进行的司法救济。① 司法救助设立的初衷是让当事人不因一个人贫弱而不能享有法治，因此从原初意义上来说，司法救助对应的是诉讼救助，仅限于对弱势者给予司法负担的豁免，具体是指人民法院对于案件中有充分理由证明自己合法权益受到侵害但经济确有困难的当事人，实行缓交、减交或免交诉讼费用的救济措施，以减轻或者免除经济上确有困难的当事人的负担，保证其能够正常参加诉讼，依法维护其合法权益的法律制度。② 但从司法救助的终极目标——让当事人享有法治来看，仅仅给予弱势者司法负担的豁免是远远不够的。弱势者不仅存在经济上的弱势，还存在诉讼技能、取证能力等各方面的不足，要想维护司法公正，确保法律面前人人平等的法律原则得以真正实现，司法救助的范围应当贯穿于诉前、诉中以及诉后。释明是在当事人的主张不正确、有矛盾，或者不清楚、不充分，或者当事人误以为自己提出的证据已经足够时，法官依据职权向当事人提出关于事实及法律上的质问或指示，让当事人把不正确和有矛盾的主张予以排除，把不清楚的主张予以澄清，把不充足的证据予以补充的一项制度。对当事人来说，法院的释明可以启发其提出明确、适当的诉讼请求，帮助其穷尽所有的证明方法，使其不因诉讼能力的不足而遭受败诉的风险。释明实际上带有"帮扶"的性质。在司法实践中法官释明也被认定为司法救助的范畴。③ 作为司法救济，释明是法院的权利，释明的行使属法官自由裁量范围，法官不行使释明权不得作为上诉的理由。第二，释明是为了调和当事人主义所带来的弊端，当事人主义意味着当事人对自己的行为负责，法官是否释明与当事人的诉讼行为无直接关联，因此释明的行使属于法官自

---

① 参见张卫平：《民事诉讼中的矛盾群及解》，载《国家检察官学院学报》2005 年第 2 期。

② 赵钢、朱建敏：《关于完善我国司法救助制度的几个基本问题——以修订〈民事诉讼法〉为背景所进行的探讨》，载《中国法学》2005 年第 3 期。

③ 邓陕峡：《完善我国司法救助制度的构想》，载《河北法学》2009 年第 2 期。

由裁量权范围，当事人不能以法官未行使释明为由提起上诉。

德国早期至 1890 年初的判例均采此见解。① 1877 年《德国民事诉讼法草案》第 126 条第 1 款规定："审判长可以向当事人发问，释明不明确的声明，促使当事人补充陈述不充分的事实，声明证据，进行其他与确定事实关系有必要的陈述"，该法第 2 项规定："审判长可以依职权要求当事人对应当斟酌并尚存疑点的事项加以注意。"② 日本在"二战"后受美国法影响，大幅修改民事诉讼法，虽然 1948 年修改后的民事诉讼法没有改变对释明的规定，但由于新法坚持彻底的当事人主义，将法院职权证据调查制度废除，移植了交叉询问制，再加上 1950 年日本关于民事诉讼继续审理规则第 2 条规定了当事人的举证责任，且战后日本诉讼案件太多，因此理论界和实务界自然而然地将释明视为法院的权利。③

英美法系国家认为根据三权分立原则，行政权与私权无异，都应当接受普通法院的司法审查，行政诉讼释明与民事诉讼释明也不应该有所区分。英美法系国家奉行典型的当事人对抗制诉讼模式，法官完全处于中立地位，诉讼程序的推进与诉讼资料的提出也全部依靠当事人。但是，随着大陆法系的德国通过加强法院的诉讼指挥权解决了极端当事人主义所带来的诉讼迟延等问题取得成功后，美英法系国家也开始转向通过法院的释明，主动对诉讼进行有限的干预，矫正过去那种"放任不管"的观念。④ 然而，在英美法系国家看来，当事人才是诉讼的主体，他们要对自己的行为负责，法官释明最主要的目的还是推进诉讼程序的发展，防止诉讼拖延。即使法官未释明，诉讼的拖延也是因当事人的行为所造成的，因此，在英美法系国家看来，释明属于法官的自由裁量权。另一方面，英美法系法官享有娴熟的业务能力与绝对的权威，将释明视为法官的自由裁量权，更有利于法官根据当事人不同的诉讼能力给予不同程度的释明，以真正保障当事人诉讼能力的平等。从立法规定来看，英美法系国家在规定释明制度的法律条文

---

① 参见王甲乙：《民事暨行政诉讼研究》，台湾司法周刊社 1996 年版，第 8 页。

② 骆永家：《阐明权》，载杨建华主编：《民事诉讼法之研讨（四）》，台湾三民书局 1984 年版，第 328 页。

③ 参见 [日] 小林秀之编：《判例讲义民事诉讼法》，悠悠社 2001 年版，第 165 页。

④ [日] 高桥宏志：《重点讲义民事诉讼法》，张卫平、许可译，法律出版社 2007 年版，第 375 页。

中，所使用的也都是"可以"这种带有自由裁量余地的字眼。在英美法系的判例中，也没有特别把释明的不当行使作为当事人可以上诉的理由的。①

（二）将释明视为人民法院的义务

将释明看作是法院的义务，就意味着如果法院应当实施释明而没有释明构成违法。在这种情形下，当事人可以在上诉中以原审法院没有履行释明义务为由，要求上诉审法院撤销原判，发回重审。义务说是随着自由主义诉讼观念的修正而被提出的。如果推崇绝对的自由主义诉讼观，法官预设当事人在诉讼上武器平等，法官向任何一方释明都将被冠以不公正的罪名。法官为了避免承担这种罪名，自然会尽量避免释明，造成释明制度"名存实亡"。修正的自由主义诉讼规则看到了实际中当事人两方在财力、法律常识、诉讼经验等方面不是平等的，为了给当事人实质的程序保障，真正做到所谓武器平等原则，法院应该予以释明。

德国 1890 年之后将行政诉讼释明视为法院的义务，当审判者释明错误时，上级审法院可以以原审法院违反释明义务为由，认定原审判决违背法令，从而废弃原判决。例如上级审认为原审的审判长行使释明，错误指示原告将撤销诉讼变更为课以义务诉讼属于不当释明，可以以该审判长未作出正确且有益于当事人的释明为由，废弃原判决，如果事实尚未查明，则可以将案件发回原审法院。《德国行政法院法》第 86 条第 3 项规定："主审法官有义务要求诉讼参与人消除形式瑕疵，对不清楚的声请予以澄清，提出有益的声请，补充不充足的事实陈述，作出所有对确认及判断案件有意义的声明。"该规定与德国 2002 年生效的《民事诉讼法》第 139 条第 1 项规定的内容大致相同。但是，由于德国行政诉讼采职权主义诉讼模式，而民事诉讼所采取的是当事人主义诉讼模式，因此，德国行政诉讼中释明与民事诉讼中的释明基础是不一样的。德国民事诉讼中的释明，是希望通过法官的协助，弥补辩论主义的不足，法官是居于辅助地位。而行政诉讼中的释明，则是法官通过释明指出当事人的协力责任，确定其对成为裁判基础事实的主张，如果当事人不履行协力义务则可减轻或免除法院的职权调查义务，法官是居于职权调查的地位。更有甚者提出，从法院释明与当事人举证责任的关系上来

---

① 参见张力：《阐明权研究》，中国政法大学出版社 2006 年版，第 46 页。

说，行政法院对当事人释明举证后，在职权主义诉讼模式下，当事人仍负有主张责任与提出证据的责任。如该观点的代表性学者德国 Baur 教授所言："民事诉讼中，主张责任和证据提出责任依然依照客观举证责任决定，只是经由法官的释明而当事人的上述两种责任相对弱化了；而在行政诉讼中，经由法官的释明具体化当事人的协力责任，当事人不为主张和证据声明，法院即不为斟酌，最后受败诉之裁判，故当事人亦有主张责任与证据提出责任。"[1]

日本 1890 年民事诉讼法完全是德国 1877 年民事诉讼法的日文翻译版，此时释明属于法院的义务。1926 年，日本修改民事诉讼法在用词上将释明规定为法院的权利，但同时增加了法院依职权调查证据的规定。[2] 因此，即使释明是法院的权利，但为了完成职权调查证据的任务，法院仍然必须广泛行使释明，若应当行使而未行使，当事人可以以法院违反职权调查为由提起上诉。由此可知，释明仍然属于法院的义务。我国民事诉讼制度也将释明视为法官的义务，最高人民法院民事调研小组所起草的《完善民事诉讼证据制度条文设计方案》第 7 条第 1 款规定："人民法院在审理案件的过程中，应当指导当事人围绕案件的重要事实和审议焦点进行证明，根据当事人主张、举证、抗辩等情形，适时告知当事人行为内容或不明之处，以促使当事人积极、全面、正确、诚实地提出攻击或者防御方法，促进诉讼公正、有效地进行。"第 2 款规定："人民法院对前款告知义务的违反，当事人可以提起上诉。"[3]

我国台湾地区理论界与实务界将释明看成保护当事人宪法上平等权的必备工具，他们将释明视为法官的义务，如果法官没有尽到释明义务，则有违宪法有关保障当事人平等的原则，属于重大的程序瑕疵，可以作为当事人上诉的理由。我国台湾地区"行政诉讼法"第 125 条规定："审判长应注意使当事人得为事实上及法律上适当完全之辩论。审判长应向当事人发问或告知，令其陈述

---

① 吴东都：《行政诉讼之举证责任——以德国法为中心》，台湾学林文化事业有限公司 2001 年版，第 114 页。

② 参见安井：《关于释明权》，载日本东北大学《法学》第 23 卷第 3 号；转引自张卫平：《民事诉讼"释明"概念的展开》，载《中外法学》2006 年第 2 期。

③ 最高人民法院民事诉讼法调研小组编：《民事诉讼程序改革报告》，法律出版社 2003 年版，第 135 页。

事实、声明证据，或为其他必要之声明及陈述；其所声明或陈述有不明了或不完足者，应令其叙明或补充之。陪席法官告明审判长后，得向当事人发问或告知。行政法院为使诉讼关系明确，必要时得命司法事务官就事实上及法律上之事项，基于专业知识对当事人为说明。行政法院因司法事务官提供而获知之特殊专业知识，应予当事人辩论之机会，始得采为裁判之基础。"该条规定了法院的释明义务。①

二、对现有关于释明性质学说的批判

(一) 权利说的缺陷

释明作为诉讼指挥权，其主体是作为公主体的司法机关，权利享有主体应为私主体，将释明视为权利，是错误地将权力视为权利。

关于权利与权力的关系有"完全区分论""无区别论"与"包含论"三种观点。"完全区分论"认为权利与权力是完全不同的两个概念，前者为私，后者为公，权利即公民等社会个体的法律权利，权力是国家机关、准国家机关及其官员的职权。② 美国 1776 年《独立宣言》采用此观点，在法律表述上用人民享有权利（right），政府行使权力（power）。"无区别论"将权利与权力混用。如英国法学家哈特（Hart）在《法律的概念》一书中认为："法即第一性规则和第二性规则的结合，前者设定义务，后者授予权力，公权力或私权力。"③ 还有学者将权利分为公权利和私权利，其说的公权利实质上就是权力（power）。④ "包含论"则将权利分为广义上的权利与狭义上的权利，广义上的权利除包含私主体享有的

---

① 参见张文郁：《对于行政诉讼法修正草案之浅见》，载张文郁：《权利与救济——以行政诉讼为中心》，台湾元照出版有限公司 2005 年版，第 46 页。

② 参见童之伟：《论法理学的更新》，载《法学研究》1998 年第 6 期。

③ ［英］哈特：《法律的概念》，张文显等译，中国大百科全书出版社 1996 年版，第 81 页以下。

④ 参见徐步衡编译：《苏联法学原理》，上海三民图书公司 1950 年版，第 60 页以下；龚钺：《比较法学概要》，商务印书馆 1947 年版，第 160 页以下；郑玉波：《法学绪论》，台湾三民书局 1981 年版，第 117 页以下；袁坤祥：《法学绪论》，台湾东北大学出版组经销 1990 年版，第 123 页以下。

狭义的权利（right）外，还包括权力（power）、特权以及豁免。①

在我国，虽然多数法理学教材中持"包含论"的观点，所讲的权利往往包括了国家机关在执行公务时所使用的权力，② 但无论从表达习惯还是两者内涵的区别上看，都应当将权利与权力完全区分开来。首先，我国的法律、法规以至法律意义上的权利一词，一般指私主体所享有的，权力则指公主体享有的，例如，《中华人民共和国宪法》对公民使用的是权利一词。其次，权利一词通常与个人利益相联系，但权力一词代表的是国家或集体的利益，享有权力或行使权力的主体不应该也不能够拥有个人利益，如果将权力视为权利的类型之一，很容易引发权力属于特定人的利益，为特定人服务的错误观念。再次，权力背后是国家强制力，公主体在行使权力时，直接或间接地伴随着国家的强制力，行使对象需要服从。权利虽然也有法律对其进行保障，但这种保障不是直接赋予权利行使主体强制力，而是待其权利遭到侵犯时，由国家通过强制力对受损的权利进行救济。

此外诉讼权利是当事人和其他诉讼参与人享有的，可以作为或者拒绝作为的自由，是一种法律利益，人民法院不是诉讼权利的主体。人民法院作为释明的主体，在诉讼法律关系中与当事人之间不是平等的，诉讼法律关系也非私法关系，释明无论如何也不可能成为人民法院的权利。

（二）义务说的不足

关于义务的定义，存在狭义和广义之分。狭义的义务与权利相对应，被认为是实现权利的手段，侧重于通过私主体的作为或不作为来保障权利主体利益实现的私义务。③ 广义的义务除了与权利相对应的私法上的义务外，还包括通过国家机关的作为或不作为来保障权利主体利实现的公义务，泛指由国家规定或承认，

---

① 参见沈宗灵：《对霍菲尔德法律概念学说的比较研究》，载《中国社会科学》1990 年第 1 期。

② 参见沈宗灵：《权利、义务、权力》，载《法学研究》1998 年第 3 期。

③ 参见张文显：《从义务本位到权利本位是法的发展规律》，载《社会科学战线》1990 年第 3 期。

法律关系主体应这样行为或不这样行为的一种限制或约束。① 诉讼义务是为了保障权利和权力的有效运行或实现，而由法律设定或当事人约定并通过预设一定的法律责任来保障的、相关主体在一定条件下必作或不能作的某种行为。② 义务的违反必然引发法律责任。对于法官而言，如果违反义务，就导致其诉讼行为无效或者被撤销，这是一种程序性的制裁措施，与实体性制裁具有显著的差异。③ 无论采广义说，还是狭义说，将行政诉讼释明定性为人民法院的义务都将面临无法逾越的障碍。

首先，无论是广义上的义务还是狭义上的义务，都是实现权利的手段。以此为逻辑起点，可以得出权利主体若自主放弃权利，则义务主体相应的义务也随之免除的结论。行政诉讼释明除了保障当事人诉权外，还有协助人民法院发现真实，全面监督行政的功能。如果将释明与否的决定权分配给当事人，协助人民法院发现真实，全面监督行政的功能就不能得到有效发挥，行政诉讼的立法目的也将落空。

其次，义务说只强调了实现权利的功能要素，而忽略了人民法院释明时的保障要素。对于私主体而言，法无明文禁止即可为；对于公主体而言，法无明文规定即禁止。人民法院作为公主体，在诉讼过程中的行为都是权力行使的外在表现，释明也不例外。为了保障人民法院能够及时有效地释明，法律必须给予一定的积极保障，例如赋予人民法院根据案件具体情况选择适当的释明方式与释明时间。义务说以法律后果为归依，重点强调违反义务后的制裁，而不重视也无须考虑为义务主体履行义务提供保障条件。如果不强调对人民法院释明的保障，一味强调羁束，人民法院将丧失根据个案调整的空间，释明也将丧失其在个案中保障诉权的效果。

最后，将释明作为义务会导致二审法院陷入尴尬的境地。根据义务指向的对象不同，违反义务将导致二审法院不一样的处理结果。将义务指向人民法院，法

---

① 参见沈宗灵：《权利、义务、权力》，载《法学研究》1998 年第 3 期。
② 参见胡平仁：《法律义务新论——兼评张恒山教授〈义务先定论〉中的义务观》，载《法制与社会发展》2004 年第 6 期。
③ 参见王德新：《民事诉讼行为控制论》，载《西部法学评论》2011 年第 4 期。

官违反义务的，属于程序违法，二审法院应当依法直接改判；而若义务指向当事人，对当事人享有权利而言，释明不当很可能导致当事人未提出应当提出的证据材料，从而造成案件事实或法律理由不清，二审法院应当发回重审。① 此时，二审法院将陷入两难境地。

三、释明作为职权的确定

（一）职权定位的法理依据

有学者基于释明权利定性或义务定位兼有其缺陷，提出应将释明定性为人民法院的权力。持此观点的学者认为释明本身属于司法权力范畴，且权力有"自缚效应"，将其定性为权力既可以发挥人民法院的自由裁量权，又能控制释明权的滥用。然而，从权力的产生来看，权力是一种抽象的力，且权力更侧重于强制服从。因此，将释明定性为人民法院的职权更契合权力与职权的关系，且更能凸显对释明的制约。

首先，职权定位符合职权与权力的关系。从国家权力产生来看，最初并无国家的存在，但人民出于维持自身权利的需要，让渡自己的一部分权利，并将这一部分权利赋予一种人造的组织即国家行使，此时，国家拥有了权力。然而国家权力必须由不同的国家机构行使，从而形成了国家权力的结构分离。国家权力的结构分离使国家权力不仅作为整体存在，而且被具体化了。这种被具体化的、固定的与国家机构相联结的公共权力行使权，即为职权。职权是国家权力的法律形式，是国家权力具体化的体现。具体而言，权力是抽象的，是国家用于保障公民权利的一种力；职权是将权力分配至行使主体后的称谓，是国家权力的具体化。政治学通说认为公民权利的保障依赖公共权力的存在与运行，权利主体的成员为了实现自己的复兴而凝结成特定的强制性力量，通过这种力量，来维护自己的利益，这种力量就是国家权力。然而国家权力需要特定机关行使，以使其具体化，

---

① 张力：《阐明权研究》，中国政法大学出版社 2006 年版，第 129～130 页。

这种具体化的国家权力即为职权。①

　　第一，职权定位更符合制约与保障释明的要求。权力作为一种支配、控制和制约他人的一种关系或力量，是在社会交往中一个行为者把自己的意志强加在其他行为者之上的可能性。② 与诉讼权利不同，它代表的不是一种利益，而更主要是一种职权、权威，要求他人必须服从的权威，否则会给对方带来一定的负担或制裁后果。③ 相对权力强调的服从要素，职权既包含强调职权功能实现的权限要素（功能要素）又包含保障职权功能实现的权能要素（保障要素）。职权包括两方面的功能，第一，明确职权必须达到的目标，通常被称为职责；第二，达到目前过程中职权运行的界限，即狭义上的权限。职责侧重于职权主体保障权利主体利益分配的功能。要实现这一功能，职权主体必须通过作为达到特定的目标，否则职权主体构成渎职。狭义上的权限强调达到目标的过程中职权运行的边界，打破了职权的边界就构成超越职权或滥用职权。职责强调积极的作为，界限强调对职权运行的潜在危险的消极预防。要实现职权的功能，还必须赋予职权主体保障功能实现的权能。首先，要保障职权功能的实现，必须要求相对人的服从，要使相对人服从，就必须赋予职权主体相应法律上的力，例如行政行为所具有的拘束力和执行力。在释明中，如果当事人不听从法官的释明，则需要承担如诉讼要件不符合或本案要件不满足的不利后果。其次，要保障职权功能的实现，还必须赋予职权主体相对于法律关系另一方优益权（优益要素），要种优益要素分解为物质上的优益要素与职务上的优益要素。物质上的优益要件要求对职权主体提供一定的物质条件保障，职务上的优益要素要求赋予职权主体一定的自由裁量（参见图1-1）。④ 显然将释明定性为人民法院的职权既强调了释明相对于义务的裁量性，又重视了释明相对于权利的受制约性。

（二）职权定位的国情依据

　　释明的性质定位与政治、经济、文化有很大的关系，各国和地区对待释明的

---

① 参见李琦：《职权：宪法学与法理学考察》，载《中外法学》1999 年第 3 期。
② 参见马克斯·韦伯：《经济与社会》，商务印书馆 1997 年版，第 81 页。
③ 参见王德新：《民事诉讼行为控制论》，载《西部法学评论》2011 年第 4 期。
④ 参见李琦：《职权：宪法学与法理学考察》，载《中外法学》1999 年第 3 期。

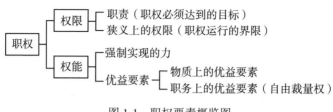

图 1-1　职权要素概览图

态度也并非一成不变，而是随着社会环境的变化而不断调整的。以日本为例，日本在战前大审院的时代，自由主义诉讼观受到严厉批判，且当时日本法院面临的主要问题是诉讼迟延以及当事人因诉讼能力的差别而获得不了公正的判决。这一时间，日本很强调法院的释明，把释明看成是法院的义务，如果事实审法院没有尽释明义务的话，很容易被大审法院（最高法院）认为原判决违背法令，而把原判决废弃掉。而日本在第二次世界大战战败以后，一方面受战后动乱的影响，诉讼事件激增，而最高法院（最高裁判所）的员额比大审院的员额还有限；另一方面，日本战后受了英美法的影响，极端推崇当事人主义。受这两方面因素的影响，日本法院对于法院释明的看法，趋向于消极。在日本战后大概有十几年间，最高法院（最高裁判所）很少认为事实审法院没有尽释明义务，而将原判决给废弃掉的，尤其是关于积极的释明，说事实审法院未尽积极的释明，而把原判决废弃掉的最高法院（最高裁判所）判决，似乎没有出现过。大约在 1963 年以后，"程序正义"开始受到日本理论界与实务界的关注，为了实现程序正义，实现当事人诉讼武器的实质平等，日本法院又将释明视为义务，但此阶段只强调事实审法院的释明义务，且一般来说只有当法院未尽消极释明义务时，上级法院才会将原判决废弃，也有少数因原判决未尽积极释明义务而被上级法院废弃的案例。结合我国的国情，宜将释明定性为人民法院的职权。

首先，行政审判的水平决定了不宜赋予法官在释明上绝对的裁量权。纵观我国行政审判的实践情况，行政诉讼案件量远远不及民事诉讼和刑事诉讼案件量，[①] 行政诉讼审判面临的最急迫的问题不是案多人少，而是立案难、审理难、执行难这三

---

①　根据中国法律年鉴上公布的数据，2021 年全国法院审结一审刑事案件收案量为 125.6 万件，民商事案件收案量为 1574.6 万件，而行政案件仅有 29.8 万件。

大问题。① 另外，我国行政审判专业化队伍仍未建成，② 人民法院司法独立性不强，③ 司法公信力未得到广大民众认可。④ 当前完善行政诉讼制度的首要任务是如何发挥行政诉讼在保护公民、法人和其他组织合法权益及监督行政方面的功能。如果将释明视为权利，可以充分赋予法官自由裁量权，但法官自由裁量权的发挥建立在高素质的法官队伍的基础上，目前我国行政审判专业化队伍还未建成，如果赋予法官完全的自由裁量权，无法保证释明功能的实现。另外，权利与义务是相互对应、相互依存、不可分割的关系，"没有无权利的义务，也没有无义务的权利"。如果释明是法院的权利，那么当法院行使释明时，当事人就有义务必须服从法院的释明，从而调整自己的行为。当事人违反义务则会受到相应的制裁。在司法公信力尚未形成的背景下，盲目地强调当事人必须服从的义务，很可能适得其反，如果还设计违反义务后的制裁，更会引发当事人对司法权的不满。

其次，目前行政权与司法权的关系决定了不宜将释明定性为义务。将释明定性为义务表面上是为释明的行使赋予更强的约束力，从而保障诉讼当事人的合法

---

① 2014 年，中国共产党第十八届中央委员会第四次全体会议审议通过的《中共中央关于全面推进依法治国若干重大问题的决定》最先提出行政诉讼立案难、审理难、执行难这三大突出问题。

② 林莉红教授组织的对中国行政诉讼实施状况的调查报告显示（下文称为武大林教授调查团队的调查），受访的 1074 名法官中大专及以下学历的行政法官占法官队伍的 6.7%，研究生及以上学历的也仅占 19.8%。有 36% 的法官从事行政审判工作的年限不满 3 年。行政庭人数也极少，1~2 人的有 17.4%，3~5 人的有 57.9%，6 人以上的仅占 24%，更有甚者，有 0.7% 的法院没有行政庭。从事行政审判法官的学历、工作年限以及行政庭的组成上不难看出，我国目前行政审判的专业化队伍还未形成。参见林莉红、宋国涛：《〈行政诉讼法〉实施状况调查报告（法官卷）》，载林莉红主编：《行政法治的理想与现实——〈行政诉讼法〉实施状况研究报告》，北京大学出版社 2014 年版，第 26 页。

③ 武大林教授调查团队的调查显示受访法官中有高达 78.2% 认为行政审判难的原因之一是审判没有真正独立。参见林莉红、宋国涛：《〈行政诉讼法〉实施状况调查报告（法官卷）》，载林莉红主编：《行政法治的理想与现实——〈行政诉讼法〉实施状况研究报告》，北京大学出版社 2014 年版，第 41 页。

④ 武大林教授调查团队的调查显示民众、律师以及行政机关普遍对法官队伍评价不高，57.4% 的民众、54.6% 的行政人员、76.2 的律师给予了法官负面评价。参见孔繁华：《〈行政诉讼法〉实施状况调查报告：四类问卷的比较》，载林莉红主编：《行政法治的理想与现实——〈行政诉讼法〉实施状况研究报告》，北京大学出版社 2014 年版，第 359 页。

权利。然而，在司法权受制于行政权的背景下，如果规定释明是法院的义务，释明制度很可以成为行政权干预司法权的突破口。例如，当行政主体明知自己的行为存在合法性问题，若人民法院依法裁判，会存在极大的败诉风险。此时，因受撤诉审查制以及行政诉讼原则上不得调解的限制，通过动员原告撤销或与原告达成调解协议而达到不受败诉判决影响的目的落空。此时，行政主体很可能转而向人民法院施压，让人民法院错误释明。作为义务，人民法院不得不履行，原告很可能听从释明的引导，作出错误的诉讼行为，导致本应胜诉的案件败诉。如果将释明定性为人民法院的职权，人民法院至少在面对行政权的干预时，拥有合法拒绝的权力。概言之，将释明定性为职权在某种程度上赋予了人民法院对抗行政干预的能力，有利于扭转司法权受行政权干预的现状。

第三节 行政诉讼释明的类型及表现形式

一、行政诉讼释明的类型

分类就是根据事物的共同点（主要是本质特征）和差异点，将事物区分为不同的种类。它以比较为基础，通过比较识别出事物之间的共同点和差异点。然后根据共同点将事物综合为较大的类，根据差异点将事物划分为较小的类，从而将事物区分为具有一定从属关系的不同等级的系统。[①] 分类的意义在于根据不同种类的物质作出与其相适应的制度设计。根据分类标准不同，释明可分为：

（一）消极释明与积极释明

根据释明是否会改变当事人的主张、促使当事人提出新的诉讼资料，释明被分为消极释明与积极释明。消极释明是指虽然当事人已经积极地提出特定的声请、主张，但是其意思仍有不明了、矛盾、欠缺、未充分的情形，而所作的补充的释明。积极的释明是指当事人所作的声请、主张等，对于诉讼事件不妥当，或

---

① 金炳华主编：《马克思主义哲学大辞典》，上海辞书出版社 2003 年版，第 223 页。

者当事人尚未为适当的声请、主张等，而积极地就其等为启发、指摘、纠正的释明。① 消极释明包括：（1）澄清不明了的释明，即当当事人的主张不明了时，法院进行释明，促使当事人将不明了的主张变明了；（2）除去不当的释明，即法院通过释明促使当事人去掉不妥当的主张和争点等；（3）诉讼资料补充的释明，即法院在当事人的主张、证据材料不完整时，释明其进行补充。积极的释明，则是指对新的声明、新的诉讼资料提出的释明。消极释明是在当事人现有主张的基础上行使的释明，不会改变当事人的实体权利与义务，但是积极释明会直接导致当事人诉的变更或促使其提出新的证据资料，对当事人实体权利会产生直接的影响。积极释明是随着实体公正越来越受重视而被提出来的。因为"把释明的行使停留在消极的程度上就足以使信息交换和意思疏通顺利进行是理想的状态，然而在现实的诉讼场合中则不得不说这样的诉讼状态罕见。作为达到理想状态的前提是，诉讼参加方在法律知识和辩论能力方面必须都不相上下，然而在当事人双方都未请律师而亲自出面进行诉讼时，大部分情况是法院不得不依据法的框架'教育启发'当事人来逐渐展开程序"。②

区分消极释明和积极释明的意义主要在于框定释明的边界。在当事人主义诉讼模式下，法院的释明一般限定在消极释明的范围内，以保证当事人的处分权。但在职权主义诉讼模式下，积极释明成为法院调查取证，维护公共利益的手段，因而得到广泛认可。部分学者认为消极释明与积极释明没有明确的界限，很难加以精确的区别。③ 也有部分学者认为，以目前我国法官职业化程度、职业操守和人民的信任程度，要区分消极释明与积极释明难度非常大。④ 首先，笔者认为，消极释明与积极释明的区分关系到释明的边界，不能以区分难度大就不对其进行区分；其次，只要正确掌握何为诉的变更、何为新的诉讼资料的提出就可以明确区分二者，二者并非没有明确的界限。

---

① ［日］中野贞一郎：《过失の推论》，第 220 页注 5。转引自李木贵：《民事诉讼法（上）》，台湾元照出版有限公司 2010 版，第 6~49 页。

② ［日］谷口安平：《程序的正义与诉讼》，王亚新、刘荣军译，中国政法大学出版社 2002 年版，第 79 页。

③ 参见韩红俊：《释明义务研究》，法律出版社 2008 年版，第 8 页。

④ 参见张力：《阐明权研究》，中国政法大学出版社 2006 年版，第 180 页。

诉的变更主要包括诉讼主体的变更与诉讼客体的变更，诉讼主体的变更又被称为诉之主观变更，即诉讼当事人的变更；诉讼客体的变更又被称为诉之客观变更。依德国理论界的通说，行政诉讼中诉的客观变更由诉讼标的来决定。① 诉讼标的与诉讼请求并非同一个概念，单纯诉讼请求的变更并不一定导致诉讼标的的变更，判断诉讼标的变更的主要标准为原告是否变更了基础的权利主张，如果原告在提起诉讼的基础事实关系并未变更的情况下，将撤销之诉变更为确认违法之诉或将撤销之诉转换为变更之诉并不导致诉之客观变更；同理，原告单纯对诉讼请求的扩张或缩减，如增加或减少赔偿数额也不构成诉之客观变更。② 法院的消极释明确实有可能促使当事人提出新诉讼资料，但是作为积极释明中新诉讼资料提出的释明与前者还是存在明显区别。第一，消极释明的基础是当事人现有的证据材料，例如法院根据当事人所提交的间接证据释明其提供直接证据，而积极释明是法院从纠纷的一次性解决的角度上启发当事人提出从未提出过的证据材料，例如在当事人完全未举证的前提下，释明当事人提出证据。第二，消极释明中所提交的新证据材料与当事人之前所提交的证据材料具有一定关联性，一般具有法律素养的人都能够从前证中想到要举后证，而积极释明中新的证据材料与前证几乎没有关系。

（二）事件释明与法律释明

根据释明的对象不同，可将释明划分为事件释明与法律释明。事件释明是在诉讼中或者原告起诉伊始针对当事人不当的声明或者诉讼行为进行的具体性诉讼事件的释明。③ 法律释明简单来说就是对法律规定的释明，法官通过向当事人释明法律规定，指导当事人进一步的法律行为，是为防止当事人诉讼能力低下而不知如何进行适当主张和声明所作概括性法律要点的释明，主要包括法律程序的释明和具体法律规定的释明。法律程序的释明和救济途径的释明类似，法院通过释

① 参见［德］弗里德赫尔穆·胡芬：《行政诉讼法》（第5版），莫光华译，刘飞校，法律出版社2003年版，第563页。

② 参见马立群：《行政诉讼标的研究——以实体与程序连接为中心》，中国政法大学出版社2013年版，第191页。

③ 参见张力：《阐明权研究》，中国政法大学出版社2006年版，第147~148页。

明与救济途径有关的法律规定，帮助当事人选择适当的诉讼程序，以实现其合法利益。如在朱某诉某市规划和国土资源管理局行政登记案①中，原告朱某对房地产买卖合同的效力提出疑问，人民法院向其释明《最高人民法院关于审理房屋登记案件若干问题的规定》第 8 条规定②，告知其应当通过民事诉讼途径先行确认房屋买卖合同是否有效。具体法律规定的释明是法院直接向当事人释明与其诉讼行为有关的法律规定，以期当事人调整其错误的诉讼行为。如在王某诉某市公安局某分局治安行政处罚案③第一次庭审中，因原告坚持要求被告法定代表人出庭、拒绝配合法庭审理而致庭审未能正常进行。第二次庭审中，原告以法院未准许其延期开庭申请为由，拒绝当庭陈述诉讼请求、相关事实和理由，并拒绝发表举证、质证意见。人民法院针对原告对抗的行为，向其释明法律规定，原告拒不陈述诉讼请求、相关事实和理由，拒绝发表举证、质证意见不会对被诉行为的合法性产生影响，也不能以此推定被告法定代表人未出庭、法院未许其延期开庭违法。又如，法院在被告改变原具体行政行为时，向原告释明《行政诉讼法》第62 条"……被告改变其所作的行政行为，原告同意并申请撤诉的……"法律释明与事件释明并不存在绝对的界限，法律释明中也包含事实释明，只不过这里的事实是经过"法律语言"加工后的事实。法官需要对事件释明并不存在争议，但是对法律是否存在释明义务则经历了由排斥到接受的过程。

法官对其法律观点的释明在日本被称为"法院的法的观点指出义务"或"法律问题指出义务""法律观点开示义务"。具体是指当双方当事人认为不重要而忽略或未提出法律见解的情形下，如法院认为该法院见解与当事人利害关系重大时，法院有义务对当事人释明，给当事人陈述意见的机会，使当事人能就该法律的适用、法的构成等进行充分的讨论。④"法官知法"一直传递着这样一个原理，法的观点属于法院职权，法官享有对法律评价（法律构成）问题的专权，法

---

①　案号：(2013) 松行初字第 64 号。

②　《最高人民法院关于审理房屋登记案件若干问题的规定》第 8 条规定："当事人以作为房屋登记行为基础的买卖、共有、赠与、抵押、婚姻、继承等民事法律关系无效或者应当撤销为由，对房屋登记行为提起行政诉讼的，人民法院应当告知当事人先行解决民事争议。"

③　案号：(2015) 闵行初字第 21 号。

④　韩红俊：《释明义务研究》，法律出版社 2008 年版，第 178~179 页。

官对案件事实的法律评价起最终决定作用。依此说，法官无须向当事人释明其法律观点。法官知法原则保护了对法律无知的当事人，并由此减轻了当事人的负担。然而如果机械秉承"法官知法"原则，法官解释与适用法律的权限被无限放大，一定程度上剥夺了当事人参与法律适用的权利。此外，法官知法原则并不意味着不赋予当事人就法律适用辩论的机会。① 当事人在不了解法官可能适用的法律依据时，将难以围绕事实与法律适用展开有效的攻击与防御活动，其结果常常会面临来自法官适用法律的突袭；法官不是全知全能的神，也有人性的弱点，所以应随时检视这种弱点在审判过程到底发生何影响。让法官将自己的心证公开，供大家讨论是应付这弱点的方策。更有甚者提出"法官知法"本身就不能成为诉讼法的原则。德国学者卡尔·奥古斯特·贝特尔曼指出："你给我事实，我给你审判，即根据事实问题和法律问题在当事人和法官之间进行权利分配，不论过去还是现在都不是《德国民事诉讼法》的原则。"② 目前，法官须负有法律观点指出义务已得到各国的基本认同。③ 法院欲适用当事人在辩论中没有提出的法律观点作为判决的基础时，必须有就此向当事人指出并给予其表明意见的机会的义务。④ 此外，行政诉讼中存在大量的规范性文件，对法官来说，掌握所有规范性文件几乎不可能，这时法官需要向被告释明让其提交行政行为据以作出的所有规范性文件。对原告来说，这些规范性文件直接影响其权益，原告应当知道这些规范性文件的制作过程及具体内容规定，以对之进行有针对性的攻击或防御。当原

---

① 聂明根：《民事诉讼法上诚实信用原则研究》，载《诉讼法论丛》（第4卷），法律出版社2000年版，第351~352页。

② 卡尔·奥古斯特·贝特尔曼：《民事诉讼法百年》，载米夏埃尔·施蒂尔纳主编，赵秀举译：《德国民事诉讼法学文萃》，中国政法大学出版社2005年版，第69页。

③ 《德国民事诉讼法》第139条规定："审判长应当致力于让当事人就所有重要的事实为完整的说明，提出有益的申请，尤其是补充对所提出的事实的不充分的说明并且标明证据手段。为此目的在必要情况下审判长可与当事人从事实方面和法律方面讨论案件事实情况和争议情况并且提问。"《日本民事诉讼法》第149条第1款规定："审判长为了明了诉讼关系，在口头辩论的期日或者期日之外，就有关事实上及法律上的事项对当事人进行发问，并且催促其进行证明。"《法国民事诉讼法》第442条规定："法官可以提请当事人提出其认为必要的法律上与事实上的说明，或者提请当事人具体说明看来尚不清楚的问题。"

④ 熊跃敏：《民事诉讼中法院的法律观点指出义务：法理、规则与判例——以德国民民事诉讼为中心的考察》，载《中国法学》2008年第4期。

告对规范性文件的认知存在差异时，法院应当向原告释明规范性文件的具体内容，使原告进行正确的抗辩。另外，我们国家未采取律师强制代理，当事人大多缺乏专业的法律知识，所作的陈述可能用的是外行的言语，在此，法院应当行使释明，除了要将精确的法律术语转化为通俗用语外，提醒、告知当事人案件事实所涉及的法规适用，还要将当事人以通俗语言所作的陈述，转化为精确的法律用语，便于写在裁判文书中。

法官释明法律有如下几方面的意义：（1）防止诉讼突袭。法律的解释和适用虽然属于法院职权范围，当事人对法律的陈述也只不过是提供法院参考而已。但是，如果双方当事人对事实并无争议，只是对适用该事实的法律有所争执，法院若就这同一事实关系为前提，又以其他法律构成作法的判断时，法院应提示表明该法律构成乃至法的观点，以落实保障当事人就相关法律适用为攻击防御的机会。诚如我国台湾地区在解释为什么 2000 年在增订"民事诉讼法"时，要在第 199 条第 2 项中增加"法院对法律见解的释明"所言："适用法律固属法官之职责，惟当事人主张之事实，究应适用何种法律往往影响裁判之结果，为防止法官未经阐明径行适用法律而对当事人产生突袭性裁判，除令当事人就事实为适当陈述及辩论外，亦应令其就法律见解为必要之陈述及作适当完全之辩论。"[1]（2）保障当事人诉讼实质参与权（听审请求权），实现对当事人的程序保障权。不论对事实情况和法律情况的责问还是对案情和争议情况的讨论，法院的目标只有一个——促使当事人作出正确且完整的事实陈述，促使其提出服务于案件的声明和证据。要实现这一目标，只有法官向当事人解释什么对他是必要的、有益的以及法院的法律观点时，当事人才会遵照法官的解释，为了其诉讼目的的实现而进行适当地、准确的声明和主张。

（三）立案释明与庭审释明

根据释明行使的时间不同，可以将释明分为立案释明和庭审释明。每个阶段的释明所发挥的作用不同。立案阶段的释明主要是针对原告的起诉所进行的释明，主要功能为保障当事人的诉权，如对原告诉讼请求不明确的释明，对具体事

---

① 转引自黄松有：《中国现代民事审判权论》，法律出版社 2003 年版，第 218 页。

实和理由的释明，对起诉材料和起诉状形式方面的释明。庭审释明的目的则在于发现案件真实，作出合乎正义的裁判，此时需要全面的释明，不仅包括原告资格、被告资格的释明，还包括证据的释明，法律的释明等各方面。

对释明作此区分主要意义在于法院应当根据释明的内容选择恰当的释明时间，以最大限度地保护当事人程序利益与实体利益。对于可以在立案阶段释明的事项，尽可能在立案阶段释明。必须在立案阶段释明而推迟至案件审理阶段进行释明的，将构成释明不当，这可以成为当事人上诉抗辩的事由。

以原告资格和增加新的诉讼请求的释明为例，通常而言，原告资格是立案庭法官在审查起诉条件时必须审查的内容，因此，对原告资格的释明也通常集中在起诉阶段。如果立案庭在立案阶段能够尽到释明的职责，对于能补正原告资格的起诉人来说，他可以免于在案件实体审理阶段仍将精力置于补正起诉资格上；对于不能补正原告资格的起诉人来说，尽早放弃诉讼或者由立案庭决定不予立案，都可以避免其浪费机会成本。当然，并非立案阶段法院未释明原告，在其他阶段法院就不能对此进行释明。由于立案庭有的时候并不能准确掌握起诉人是否与行政行为有利害关系，在这种情况下，立案庭通常会作出立案的决定。但当案件进入实体审理后，审判庭发现原告不具有主体资格，这个时候法院仍然应当向原告释明，原告可能有三种选择：（1）在原告资格可补正的情形下，先补正原告资格再继续诉讼；（2）在原告资格不能补正的情形下直接申请撤诉；（3）在原告资格不能补正的情形下选择继续诉讼。在情形一中，起诉阶段释明与言词辩论阶段释明所起到的效果是一样的；在情形二、三中，在起诉阶段释明至少能进一步避免当事人的机会成本的浪费，也有利于节约行政资源与司法资源。我国行政诉讼制度对原告增加诉讼请求进行了严格的限制，2000年《若干问题的解释》第45条规定："起诉状副本送达被告后，原告提出新的诉讼请求的，人民法院不予准许，但有正当理由的除外。"但如果立案庭根据原告提起诉讼的意图并结合法律规定，发现原告要实现权利保护，必须提出新的诉讼请求，如在行政赔偿诉讼中，起诉人在未请求确认被诉行政机关的行政行为违法且未请求相关行政机关提前处理的情况下，单独提起行政赔偿之诉，此时，立案庭法官在立案受理时就应当审查原告单独提起行政赔偿之诉是否具备法定的前提条件，即行政行为是否已被确认违法，是否已由行政机关先行处理。如果不具备上述前提条件，立案庭应当向原告释明变单独提起行政赔偿之诉为一并提起行政赔偿之诉才能使起诉得到受理。[1] 如果立案庭法官未释明原告提出新的诉讼请求，原告在案件审理阶段再提出新的诉讼请求，构成 2000 年《若干问题的解释》第 45 条所说的"正当理由"，法院应当准许。

有学者将准备程序中法院对当事人所作的举证指引认定为准备程序的释明。如前所述，笔者认为，这种诉讼指引属于诉讼法上的告知，人民法院所作的告知目的是让当事人了解自己的权利义务，而非调整自己不明确、不适当的行为，因此，不属于本书所研究的释明。

（四）当事人主义诉讼模式下的释明与职权主义诉讼模式下的释明

如前所述，随着释明理论的不断发展，释明不仅存在于当事人主义诉讼模式中，还存在于职权主义诉讼模式中，此种分类是建立在不同的诉讼模式基础上的。

从是否导致诉讼标的变更的角度，又可以将当事人主义诉讼模式中的释明分类为：辩论主义的释明及处分权主义的释明。处分权主义的释明，会改变诉讼标的导致诉之变更，表现出来通常为诉讼请求变更的释明。而辩论主义的释明，则是在同一个诉讼标的范围内的释明，如对声明和主张不明确、不妥当，诉讼资料不充分以及新的诉讼资料提出的释明。虽然当事人根据法院的释明可能会提出新的攻击防御方法，提出新的证据，但不会跳到另一个诉讼标的，不会发生诉的变更。辩论主义的释明恪守释明对应当事人进行诉讼证明的界限，但是处分权的释明则超越了这一界限，甚至会撼动当事人主义的基本要求。因此，一般来说处分权的释明需要有特别法律条款加以规范。

职权主义意味着法官可以忽视当事人的请求，抛开当事人的举证进行职权调查，职权主义诉讼模式中释明的范围要远大于适用当事人主义诉讼模式中释明的范围。在当事人主义诉讼模式中，法官原则上不能逾越当事人所主张的范围作出释明，换言之，法官必须等当事人有所主张或陈述后，才能根据当事人的主张和

---

[1]　参见李蕊：《因拒绝变更被告被驳回起诉后又起诉同一行政行业属重复起诉》，载《人民司法·案例》2012 年第 22 期。

陈述行使释明。当事人主义诉讼模式中，法官的释明是被动的，消极的，而职权主义诉讼模式中的释明是积极的、主动的。这种分类的意义在于规范对释明的行使，控制对当事人主体权利的干预程度。

根据释明行使的审级，还可以将释明分为一审程序的释明和二审程序的释明。域外诉讼法中的二审程序通常被称为上诉程序，而上诉法院仅限对下级法院在适用法律上是否有错误的问题进行审理，因此，在这样的法院体系的国家和地区中，一审程序既包括对事实的释明，也包括对法律的释明，而上诉程序中仅包含对法律的释明。我国行政诉讼中，二审法院对一审裁判进行全面审查，既审查事实也审查法律，从这一角度上说，并无区分一审程序释明、二审程序释明的必要性。但是由于二审程序对新证据持严格限定的态度，因此，二审程序中释明的范围较一审程序而言范围也呈限缩态。再者，二审属于上诉审，对于当事人所提出的未在一审中提出的诉讼请求，第二审人民法院可以进行调解；调解不成的，应当释明当事人另行起诉。简言之，区分一审程序与二审程序的释明意义在于不同程序中释明的范围与内容存在区别。

（五）起诉要件、诉讼要件与本案要件的释明

从释明制度引入诉讼伊始，其根本目的是使本应胜诉的当事人不因诉讼能力的欠缺而败诉。因行政诉讼涉及司法权的界限等问题，并非只要有原告的起诉，司法审查就可以启动，并非启动了司法审查，原告就能胜诉。以原告完成因起诉开始至以法院对诉讼上的请求作出判决为目标，理论上可以将诉讼分为起诉阶段、诉讼审理阶段以及本案审理阶段。与此相对应，原告胜诉需要满足起诉要件、诉讼要件和本案要件。[①] 司法权的被动性决定司法的不告不理，要启动司法审查首先在形式上必须有原告提交诉状、交纳了诉讼费用等形式要件；符合形式要件后，再进入司法权能否审查某一行政权的实质性要件审理阶段。前者被称为"起诉要件"，后者又被称为狭义上的"诉讼要件"。起诉要件所要解决的问题是

---

① 参见［日］中村英郎：《新民事诉讼法讲义》，林剑锋、郭美松译，常怡审校，法律出版社 2001 年版，第 152~153 页。

原告的起诉是否合法提起，是起诉成立的条件，起诉要件成立意味着法院应当立案。诉讼要件所要解决的问题是法院是否能够对案件进行实体审理并作出裁判，诉讼要件成立意味着法院应当受理。① 原告要想胜诉，还必须符合本案件的要求。② 无论是起诉要件还是诉讼要件和本案要件，专业性极强，原告极容易因诉讼能力的欠缺而无法满足要件要求，从而招致败诉的后果。当事人诉讼能力欠缺之地，正是释明出现之地，因此，可以根据诉讼的阶段将释明区分为起诉要件的释明、诉讼要件的释明和本案要件的释明。

起诉要件、诉讼要件与本案要件的满足是原告胜诉的前提，人民法院在整个诉讼中也是围绕三要件来展开审理行为。可以说三要件构成了原告起诉、被告应诉和人民法院审理的框架，以此框架为依据具体化释明的表现形式，将有助于各方主体直观、准确理解人民法院应当在什么时候、针对什么事项进行释明。

二、行政诉讼释明的表现形式

（一）起诉要件释明的表现形式

1. 起诉要件的构成

如上所述，起诉阶段对应的是起诉要件的审查。抽象诉权说认为实体法仅仅规定权利义务关系，要实现权利的要求，预防权利受损，还必须依赖国家，因此，必须赋予权利人要求法院对其权利进行保护的自由诉权。为了保障权利人自由诉权的行使，各国的起诉要件均只做形式上的要求，且是对所有原告共同适用的，不因诉讼类型的不同而有所区别。起诉要件一般包括：（1）诉状中必须写明必要记载事项；（2）交纳规定的手续费。③ 提交诉状与交纳诉讼费均属于原告责

---

① 参见梁君瑜：《行政诉讼立案登记制的模式选择及其正当性》，载《上海政法学院学报》（法治论丛）2016 年 11 月第 31 卷第 6 期。

② 参见陈亮：《诉讼要件抑或本案要件？——美国关于原告资格定性之争及其对我国的启示》，载《清华法学》2015 年第 3 期。

③ 参见梁君瑜：《我国行政诉讼立案登记制的实质意涵与应然面向》，载《行政法学研究》2016 年第 6 期。

任范围，当诉状存在瑕疵或当事人欠缴诉讼费时，人民法院有权以起诉要件不满足为由拒绝送达诉状，此时案件还未进入实体审查，原告即告败诉。诉状作为法律文书，有其严格的要求，一辈子可能只接触诉讼一次的原告不一定在书写诉状时就能写明必要记载事项，此时人民法院的释明有助于原告不因诉状的瑕疵而败诉。2014 年《行政诉讼法》第 51 条第 3 款明确了人民法院对起诉要件释明，该款规定：起诉状内容欠缺或者有其他错误的，应当给予指导和释明，并一次性告知当事人需要补正的内容。不得未经指导和释明即以起诉不符合条件为由不接收起诉状。此外，为了使人们不因贫穷而接受不到司法服务，我们国家制定了诉讼费用减免制度，原告很可能因不了解该制度而错失申请诉讼费用减免的机会，从而招致败诉，人民法院的释明可以避免这一局面的产生。

2. 起诉要件释明的具体表现

根据《最高人民法院关于人民法院登记立案若干问题的规定》第 4 条的规定，起诉状应当载明：（1）原告的基本信息；（2）被告的基本信息；（3）诉讼请求和所根据的事实与理由；（4）证据和证据来源；（5）有证人的，载明证人姓名和住所。当这五方面的信息有欠缺时，人民法院应当释明原告补充。值得注意的是，由于人民法院对起诉要件的审查是形式上的审查，原告、被告是否适格，诉讼请求和事实主张是否明确、合理，证据资料是否确实充分均不是审查范围，因此，对诉状书写的释明只能停留在形式瑕疵的补正上。

2010 年最高人民法院发布《诉讼费用交纳办法》，其中第 6 章专章规定诉讼费缴纳的司法救助方案，对无固定收入的残疾人，无其他收入的最低生活保障对象、农村特困定期救济对象、农村五保供养对象或者领取失业保险金人员等人员规定可以免交诉讼费用，除此之外，还规定了减交和缓交诉讼费用的具体情形。这些情形覆盖面广，是国家的福利政策，理应使需要受益的人受益。然而，人民法院在遇到原告未缴纳诉讼费时，通常直接按撤诉处理，直接剥夺了原告的起诉权。合适的做法是向原告释明《诉讼费用交纳办法》的规定，启发原告提出免交或减交、缓交的申请，以使原告不因贫困和不懂《诉讼费用交纳办法》而丧失诉权。

综上，在起诉阶段，人民法院对起诉要件的释明表现为诉状瑕疵补正的释明，诉讼费用免交、减交或缓交的释明。

（二）诉讼要件释明的表现形式

1. 诉讼要件的构成

诉讼要件属于法院进行审理、判决的前提条件。因行政诉讼判决的内容及效力具有多样化，行政诉讼不同的诉讼类型有不同的诉讼要件，这种不同诉讼类型如撤销诉讼、确认诉讼、课予义务诉讼以及一般给付诉讼等应各自具备的要件即特别实体判决要件，而所有诉讼类型均须具备的要件为一般实体判决要件。民事诉讼法中所称的诉讼要件，通常相当于行政诉讼中的一般实体判决要件。欠缺诉讼要件又不能补正时，人民法院裁定不予立案或立案后法院以程序判决（又称诉讼判决）或裁定驳回原告的起诉。

在讨论一般实体判决的内容前对一般实体判决要件的由来与性质的探讨不可或缺。行政诉讼旨在确保人民的诉权，进而贯彻人民的各项实体的权利受到保障，从而具有浓厚的基本人权保障和法治国的价值。但行政诉讼毕竟涉及组织、人员、经费的花费，其制度设计必须有一定的效率考量。此外，行政诉讼涉及国家主权的行使，而且须受制于国家因法系传承所决定的诉讼体系安排，并非所有因国家主权行使产生的争议均可进入司法审查阶段。诉讼要件相当于一个"滤网"，将社会生活所产生的"纠纷"筛选入行政诉讼制度，以平衡权利保障的无限与公共资源的有限性之间的矛盾、平衡司法权与行政权的关系。行政诉讼一般实体判决要件可以从行政诉讼法律关系的主体、客体两方面去把握。行政诉讼法律关系的主体主要有人民法院和当事人，客体是行政诉讼的对象，从这个维度考察，一般实体判决要件包括法院的要件、当事人的要件、诉讼对象的要件。

第一，法院的诉讼要件。行政诉讼涉及司法权与行政权的分立问题，并非只要存在行政争议，法院就当然地具有裁判权。只有法律明确规定法院具有裁判权时，司法审查方可启动。另外，并非任意一个法院均可处理所有行政纠纷，当原告提交起诉状的法院对案件无管辖权且不能请求指定管辖也不能为移送管辖时，案件同样不能进入实体审理、判决阶段。因此法院具有裁判权、具有管辖权属于行政诉讼的一般实体判决要件。因行政行为具有形式确定力，已过起诉期限之诉，人民法院无权受理，在起诉期限内同样属于行政诉讼的一般实体判决要件，人民法院要依职权进行审查。

第二，当事人的诉讼要件。当事人是诉讼权利义务的承受者，必须具备启动并完成诉讼的能力。首先，当事人本人必须具有当事人能力，当事人能力又称诉讼权利能力，是指作为行政诉讼当事人的资格，即当事人在行政诉讼中能够享有诉讼权利承担诉讼义务的能力。有诉讼权利能力的人可以作为行政诉讼当事人。个人的诉讼权利能力始于出生，终于死亡；行政机关、法人和其他组织的诉讼能力始于成立，终于被撤销、解散。在民法上有权利能力者都有诉讼权利能力，无权利能力者特殊情况下也具有诉讼权利能力。如业主委员会、分公司也具有原告资格。其次具有诉讼行为能力，诉讼行为能力是指当事人能够以自己的行为行使诉讼权利、履行诉讼义务的能力，即当事人亲自进行诉讼活动的能力。法人和其他组织以及行政机关的诉讼行为能力和权利能力一致，始于成立，终于被撤销、解散。个人的行为能力参照民事行为能力。当当事人无诉讼行为能力时，需由法定代理人适法代理、当当事人有诉讼能力但存在委托代理时，代理人必须具备诉讼代理权。

第三，诉讼对象的诉讼要件。（1）诉讼对象是特定的：诉讼是化解纠纷的制度，因此进入诉讼的纠纷必须是特定的，诉讼的对象也必须是特定的。（2）须有权利保护必要：提起任何诉讼，请求法院裁判均应以有权利保护必要为前提，具备权利保护必要者，其起诉始有值得权利保护的利益存在。权利保护必要既属当事人有无进行诉讼的正当利益，或有无接受判决的必要，故实务上常将权利保护要件与当事人适格相提并论。如原告有更简单的纠纷解决途径，以纳税义务人收到税收征收的缴纳通知文书，发现记载、计算错误或重复，可以直接要求税务机关更正，而无须提起行政诉讼。（3）对同一事件，不存在有既判力的判决。（4）不存在原告对同一事件已经起诉，或起诉后又撤诉的事实。

2. 诉讼要件释明的形式

第一，人民法院受案范围和管辖权的释明。被诉行政行为属于受案范围与受诉人民法院管辖权是人民法院进行司法审判的前提。对当事人而言，两者又是其行使诉权的必备条件。受案范围需要考虑的因素非常多，宏观层面需要考虑宪法对监督行政权的权力配置情况，中观层面需要考虑司法权化解纠纷的能力，微观层面需要考虑行政诉讼制度的目的取向以及行政的公益性、效率性与专业性。①管辖则需要考虑是否便于当事人诉讼、便于人民法院行使审判权和有利于判决的顺利执行，便于人民法院公正审理行政案件。这两项制度的考量因素非常多，呈现出来的制度安排也较为复杂。但对老百姓而言，他们只知道"司法是权利的最后一道屏障"，对政府的行为不服可以去找法院，至于法院是否有权管，有能力管，是否归其所诉的法院管，他们很难知晓。虽然对不属于受案范围内的案件，人民法院可以作出不予受理或裁定驳回起诉的决定，但如此处理并不利于纠纷的化解，反而会激化矛盾。人民法院通过对受案范围制度的释明，可以起到释法说理的效果，让当事人知其然，且知其所以然。就管辖而言，虽然有管辖权转移、移送等制度弥补原告向无管辖权的法院起诉的弊端，但《行政诉讼法》第49条将管辖作为起诉条件之一，司法实践中，人民法院通常直接以无管辖权裁定驳回起诉，而非先受理案件，再通过管辖权转移等制度实现管辖权的合法化。如果人民法院能在原告起诉时释明其向有管辖权的法院提起诉讼，有助于保护原告的诉权、减少老百姓与人民法院之间的冲突。

第二，起诉期限的释明。受行政行为形式确定力的影响，对已过起诉期限的行政行为，原告丧失起诉权，人民法院丧失审判权。由于与审判权的有无相关，起诉期限属人民法院依职权调查的事项，似乎不存在释明的空间。然而，起诉期限并非一目了然之事，从起算点、起诉期限的延长与扣除，到最长起诉期限，无疑都非常复杂，需要给当事人抗辩的机会。人民法院通过向当事人释明起诉期限制度适用的具体情形，有助于当事人完整陈述与起诉期限相关的事实，并提交证明事实的证据材料。一方面，可以防止人民法院对起诉期限的误判，另一方面，有助于当事人信服人民法院的裁判，起到"案结事了"的效果。

---

① 参见梁君瑜：《行政诉权研究》，中国社会科学出版社2019年版，第103~108页。

第三，当事人资格的释明。广义上的当事人包括原告、被告与第三人。行政诉讼中既存在对原告资格的释明，也存在对被告资格的释明。根据 2014 年《行政诉讼法》第 25 条、第 49 条的规定，只要是行政行为的相对人或者其他与行政行为有利害关系的公民、法人或者其他组织都有提起行政诉讼的资格。但是，一方面，由于"行政相对人"和"与行政行为有利害关系"均属于不确定法律概念，对于想要提起诉讼的公民、法人和其他组织来说不容易把握。① 另一方面，随着我国经济体制改革的深化和社会主义市场经济体系的建立，社会关系也呈现出日益复杂化的趋势，行政管理的对象也不再是单一的主体。针对这种情况，立法规定了一系列复杂的原告确定规则。如合伙企业向法院提起诉讼的，应当以核准字号为原告，其他合伙组织提起诉讼的，合伙人为共同原告；有权提起诉讼的法人或者其他组织终止的，承受其权利的法人或者其他组织是原告。对不懂法律的行政相对人来说，要掌握这一系列的复杂规则并非易事。如果相对人仅仅因为应当以字号为原告，而非以合伙人为原告而被驳回起诉，显然不符合行政诉讼保护主观公权利的目的。概而言之，原告资格的不易确定性与对公民诉权的保障原则之间的冲突要求法院在审查原告资格时，对起诉人进行释明。

为了防止原告因错列被告而导致诉权被剥夺，立法规定原告起诉时只需要列

---

① 关于"行政相对人"，目前形成的共识是其包括"直接相对人"与"间接相对人"，但学界对什么是"间接相对人"存在较大争议，有学者用行政对象人或行政相关人表示"间接相对人"的概念，参见第六届学术讨论会论文评选委员会编：《中国司法制度改革纵横谈——全国法院系统第六届学术讨论会论文选》，人民法院出版社 1994 年版，第 54~65 页；黄学贤教授将"间接相对人"分为因果相对人、排他相对人和连带相对人。参见黄学贤：《对行政相对人的法律探讨》，载《河北法学》2000 年第 2 期。关于"与行政行为有法律上利害关系"的含义，我国学界也没有统一认识，有实际影响说，以行政行为是否对起诉人的权利造成了实际影响为标准；有不利影响说，以行政行为是否对起诉人的权利造成了不利影响为标准；有关系说，以行政行为是否与起诉人的利益之间存在一种因果关系为标准；有复效行政行为说，认为与行政行为有法律上利害关系是指第三人对行政行为的标的享有合法权益，行政行为侵犯了该权益，第三人因此与行政行为形成法律上的利害关系。实际影响说可见河北省沧州市中级人民法院 [2010] 沧行初字第 33 号行政判决书；不利影响说见杨海坤、黄学贤：《行政诉讼制基本原理与制度完善》，中国人事出版社 2005 年版，第 175 页；因果关系说见江必新、梁凤云：《行政诉讼法理论与实务》，北京大学出版社 2009 年版，第 339 页；复效行政行为说见王克稳：《论行政诉讼中利害关系人的原告资格——以两案为例》，载《行政法学研究》2013 年第 1 期。

有明确的被告即可。然而，被告适格是原告权益能否最终得到维护的前提，原告要胜诉，被告必须适格。基于此，2018 年最高人民法院颁布的《关于适用〈中华人民共和国行政诉讼法〉的解释》（以下简称 2018 年《司法解释》）第 69 条规定，原告错列被告且拒绝变更的，已经立案的，应当裁定驳回起诉。我国行政诉讼确定的被告规则为"谁主体、谁被告"，然而要原告从复杂的行政权力主体中找到被诉行政行为的职权主体并非易事，原告很容易错列或者少列被告。行政诉讼因具有监督行政的职权，当原告所列被告不适格时，法院应当向原告释明变更。目前立法也作出了具体规定。2000 年《若干问题的解释》第 23 条规定："原告所起诉的被告不适格，人民法院应当告知原告变更被告；原告不同意变更的，裁定驳回起诉。应当追加被告而原告不同意追加的，人民法院应当通知其以第三人的身份参加诉讼。"2015 年《司法解释》第 7 条针对复议机关做被告的情形也规定了人民法院的释明义务，该条规定："复议机关决定维持原行政行为的，作出原行政行为的行政机关和复议机关是共同被告。原告只起诉作出原行政行为的行政机关或者复议机关的，人民法院应当告知原告追加被告。原告不同意追加的，人民法院应当将另一机关列为共同被告。"2018 年《司法解释》承接了 2000 年《若干问题的解释》和 2015 年《司法解释》的规定，对被告资格的释明作出了规定。

法院告知原告变更被告之所以属于本书所说的释明，主要有以下几点理由：首先，被告资格的确定属于当事人权利主张和事实主张必备的因素，释明所针对的主要情形即当事人主张不明确、不具体、不适当、不正确的情形。美国学者约翰·M. 康利、威廉·M. 欧巴尔将纠纷的出现和转型分为认定、指责和主张三个发展时期。所谓主张阶段就是受害者一方向过错方指责该错误行为并要求补救，如受害人一方向被认为负责的另一方提出起诉并要求某种法律救济。当被认定负有责任的一方对该主张提出反对或否认时，一种完全意义上的纠纷就出现了。[1]被告即受害人主张造成其权利受损的施害方，若施害方存在不适格、漏列的情形，则当事人权利主张的对象和事实主张的面向者即错误或不全面，当事人的主

---

[1]　参见［美］约翰·M. 康利、威廉·M. 欧巴尔：《法律、语言与权力》，程朝阳译，法律出版社 2007 年版，第 102~105 页。

张将无法得到确定或者部分主张将不能获得支持，法院也不能有针对性地对案件进行审理，法院的释明可弥补原告因起诉的被告不适格而造成的上述损害。其次，法院向原告释明被告不适格的目的是希望原告调整自己的诉讼行为，起诉适格的被告。由于原告拥有最终是否决定变更或追加被告的权利，因此，告知原告变更和追加被告也与诉讼法上的一般告知行为是有区别的。再次，即使法院的告知变更或追加被告的行为属于依职权应当作为的行为，如前所述，在职权主义诉讼模式下，释明是法院推行职权主义的前提，因此，不能以此处的告知行为属于法院职权范围而否定其释明的本质。

第四，诉讼代理的释明。诉讼代理分为法定代理与意定代理，与诉讼行为能力直接关联，当当事人无诉讼行为能力时，需由法定代理人适法代理，否则人民法院会以诉讼要件不符合为由裁定驳回起诉。法定代理看似属于形式要件，然而法定代理的情形非常复杂，无诉讼行为能力人、限制诉讼行为能力人除考虑年龄因素外，精神因素也是重要考量因素。精神因素作为专业性极强的医学问题，与起诉期限制度类似，需要通过抗辩的程序保证人民法院判断的正确性。人民法院的释明可以促使当事人提出充分的主张与证据材料，应当被认同。

第五，救济途径的释明。救济途径是指通过何种路径、渠道实现救济的问题。[1] 2014 年《行政诉讼法》规定了在涉及行政许可、登记、征收和行政机关对民事争议所作的裁决的行政诉讼中，当事人可以申请一并解决相关民事争议。但是并不是所有的此类案件都适合采用行政附带民事的审理方式，如（1）法律规定应当由行政机关先行处理的；（2）违反民事诉讼法专属管辖规定或者协议管辖约定的；（3）已经申请仲裁或者提起民事诉讼的；（4）其他不宜一并审理的民事争议。当原告提起了行政附带民事之诉，而法院经过审理发现案件不宜采用行民交叉的审理方式时，法院应当释明原告通过其他的渠道主张权利，以防止原告因诉讼时效问题无法主张权利。我国采取的是两审终审制，行政诉讼中二审法院对原审人民法院的判决、裁定和被诉行政行为进行全面审查，但是审查仍然围绕着一审的裁判。当当事人在第二审期间提出新的诉讼请求，人民法院应当向当事人释明另行起诉，当该新的诉讼请求是行政赔偿请求的，第二审人民法院可以

---

① 参见林莉红等：《行政诉讼问题专论》，武汉大学出版社 2010 年版，第 19~20 页。

先进行调解，调解不成的，再告知当事人另行起诉。救济途径的释明是对当事人诉讼请求释明的延伸。救济途径是否恰当从某种程度上决定了原告诉讼请求是否能够在此诉中得到支持，与法院通过释明原告提出适当、正当、全面的诉讼请求一样，都是为了最大限度地在诉讼中维护原告的权益，从而一次性解决纠纷。同时，救济途径的释明又属于法律上的释明，当事人应当在什么程序中寻求怎样的救济，法律都有明确的规定。法院不能因为当事人不熟知法律而剥夺其寻求正确救济的权利。法院通过对法律规定的释明，引导原告提出正确的救济途径，使原告与行政机关的纠纷在法律预设的渠道内得到解决。

除以上释明事项外，根据 2018 年《司法解释》第 69 条的规定，重复起诉、撤回起诉后无正当理由再行起诉、诉讼标的已为生效裁判或调解书所羁束的，人民法院在已经立案的情况下，应当裁定驳回起诉。驳回起诉意味着诉权未得到实现，且重复起诉等事项的判断需要结合理论与实际情况，因此，这些事项同样需要法院加以释明。

（三）　本案要件释明的表现形式

本案要件作为使法院认同原告诉讼请求所必备的要件，涉及原告的诉讼请求是否有理由的问题，与实体法律规范密切相关。诉讼请求与事实主张的明确、充分、妥当，证据材料的确实充分，是原告胜诉的关键，该阶段的释明也需要围绕诉讼请求、事实主张和举证进行。

第一，对诉讼请求的释明。行政诉讼请求，即当事人提起诉讼的目的，是指当事人向法院提出的具体的裁判请求。[1]　我国台湾地区称诉讼请求为诉之声明。由于行政案件复杂多样，作为原告的行政相对人文化水平参差不齐，所提诉讼请求通常会出现不明确、不充分、不适当甚至错误的情形。法院通常面临对诉讼请求进行释明的情形。（1）诉讼请求不明确的释明。诉讼请求不明确，是指当事人提出的诉讼请求过于笼统，使法官无法探求当事人的真实意愿、足以影响法院作出裁判的情形。如在农村集体土地征收补偿案中，A 以征地批复已经失效、征地

---

[1]　马立群：《行政诉讼标的研究——以实体与程序连接为中心》，中国政法大学出版社 2013 年版，第 30 页。

报批违法、征地程序违法、征地过程中社会保障费未落实、被告动用公安参加土地征收等为诉讼理由，向人民法院起诉，请求法院确认被告 XX 县人民政府、XX 县国土资源局的征地行为违法，并按最新补偿标准补偿。由于集体土地征收行为包括报批、批准、组织实施等行为，而有权批准机关属国务院或者省级人民政府，审核报批行为涉及市级人民政府，具体组织实施则包括公告、调查、登记、征收决定、补偿决定等行政行为，属于复合性行为且由不同的行政主体在不同时间作出或者由同一行政主体在不同时间作出。这些行为有的属于法院审理范围，有的不属法院审理范围。A 的这一诉讼请求没有明确具体起诉征地行为中的哪一环节，即属于具体诉讼请求不明确。2018 年《司法解释》第 69 条将具体的诉讼请求定位为：①请求判决撤销或者变更行政行为；②请求判决行政机关履行法定职责或者给付义务；③请求判决确认行政行为违法；④请求判决确认行政行为无效；⑤请求判决行政机关予以赔偿或者补偿；⑥请求解决行政协议争议；⑦请求一并审查规章以下规范性文件；⑧请求一并解决相关民事争议；⑨其他诉讼请求。根据该条规定可知，明确的诉讼请求实际上是要求原告提出类型化的诉讼请求，这对原告无疑是提出了更高的要求。诉讼请求不明确，会使对方当事人无法进行有效的答辩和反驳，使法院无法确定裁判的范围，因此，法院必须进行释明。① （2）诉讼请求不充分的释明。诉讼请求不充分，是指基于发生纠纷的法律关系，当事人可以提出更全面的诉讼请求，但由于当事人法律知识的欠缺，在非出于本人真实意愿的情况下，只提出了部分诉讼请求。如在行政机关拒绝颁发许可证案件中，当事人提出请求撤销行政机关拒绝行为的诉讼请求，但是却没有提出请求人民法院判决被告向其颁发许可证的给付请求。当事人提起此诉的目的在于取得许可证，而非单纯撤销被告的拒绝行为。此时，法院应当探求当事人的真意，行使释明，促使其提出全部的诉讼请求。由于遗漏诉讼请求，可能会因为一事不再理的原则，不能再得到有效的救济，另外，从纠纷一次性解决的理念出发，在这种情况下，如果没有法院的释明，将致使当事人的实体权利不能得到充分、有效的保障。（3）诉讼请求不适当的释明。诉讼请求不适当，是指当事人的

---

① 江伟、刘敏：《论民事诉讼模式的转移与法官的释明权》，载《诉讼法论丛》（第 6 卷），法律出版社 2001 年版，第 334 页。

诉讼请求明显不可能实现。如原告提出请求撤销被告事实行为的诉讼请求，请求撤销已执行完毕的行政行为的诉讼请求等。在姜某某诉上海市公安局浦东分局行政处罚一案中①原告请求：①请求撤销被告对其所作的处罚决定；②请求判令被告依法对威尔士健身会所负责人及涉案人员进行行政处罚，同时追究被告行政不作为和偏袒行为的责任。此案中，第二项诉请系履行之诉，与原告第一项诉请（请求撤销被告对其所作的处罚决定）的撤销之诉显然不能在同一个行政案件中提出。诉讼请求不适当时，法院应当探究当事人真意，向其释明提出适当的诉讼请求。（4）诉讼请求变更的释明。只要原告记载在起诉状中的裁判要求发生了变化，就构成诉讼请求的变更。法院对当事人诉讼请求不明确、不充分、不适当的释明都可能会导致诉讼请求的变更，同时诉讼标的的变更、撤销的申请也会导致诉讼请求变更。在行政诉讼中，诉讼请求变更释明的界限将会是一个非常重要的问题，该问题将在释明规范论中展开详细分析。

第二，对事实主张的释明。当事人为让法院支持其诉讼请求，必然提出支持其诉讼请求的事实与理由，事实主张也是当事人承担举证责任的基础，是为了支持自己的诉讼请求而提出的论据。但由于对当事人而言，其所陈述的事实毕竟是一种已经结束的事实，只能靠留存的记忆将其重现出来，难免出现不明确、不充分、不妥当的情形。（1）事实主张不明确的释明。事实主张不明确，是指当事人的主张模糊不清、难以理解或互相矛盾。造成事实主张不明确的原因可能是当事人的语言表达能力有限或当事人对法律规范的事实要件存在理解上的差异。明确的事实主张是对方当事人开展攻击防御的前提，也是法院调查事实的基础。如果法院在没有探求当事人的真实意愿的情况下，直接以当事人事实主张不明确而作出不利于提出事实的当事人的裁判，这显然对当事人来说是不公平的。如在确认诉讼中，当事人主张被告违法实施了某一事实行为，但是却没有主张该事实行为是否损害了其合法权益，法院应当释明原告补充其具有确认利益的事实主张。（2）事实主张不充分的释明。事实主张不充分，也称为诉讼资料的不充分，指当事人提出的诉讼资料不足以支持其所提出的诉讼请求。诉讼资料是指在诉讼中成为审判资料的事实主张和证据。有时也将诉讼资

---

① 案号（2014）浦行初字第64号。

料与攻击防御方法互换。① 很多时候当事人认为自己的主张已经充分，诉讼资料已经详尽，尽到了主张的责任，但法院认为没有达到充分的条件。这个时候法院应当进行释明，不能仅仅因为事实主张不充分就驳回其诉讼请求。如被告有 A、B、C 三种违法情形，而原告只提出了 A 这一种违法情形，而 A 违法情形显著轻微，不足以支持其诉讼请求。（3）事实主张不妥当的释明。事实主张不妥当，是指当事人的主张和陈述，与当事人主张的对法律规范事实要件的成立，没有任何关系。但由于知识的欠缺，当事人并不知道自己的事实主张对于证明诉讼请求是无意义的或者不适当的，而着重于该事实的证明。如当事人赵某要求法院判决撤销 A 机关对其拘留 10 天的行政处罚决定，因为赵某认为 A 机关对与其有同样违法情节的王某未下达任何行政处罚决定，因此 A 机关的处罚行为显失公平。不公平并不代表违法，赵某的事实主张显然无法支撑其诉讼请求。如果法院在审理过程中不对其进行释明，赵某最后将因其事实主张的不妥当而导致其在事实上承担不利益。为了保障当事人的诉讼利益，法院的释明就成为必要。（4）提出新事实主张的释明。因提出新的事实主张的释明会构成对辩论主义的威胁，理论界与实务界对此争议颇多。该问题也涉及释明的界限，将在释明规范论中展开详细分析。

第三，对证据的释明。证据是用以证明当事人主张的证据材料，当事人主张能否得到支持很大程度上取决于当事人所提证据的证明力是否充分。为了尽可能使案件真实接近客观真实，立法制定了一系列的证据规则。这些证据规则可以引导当事人举证，但并非所有当事人对证据规则均能娴熟掌握，人民法院为了平衡当事人的举证能力，同时使审件审查结果符合实质正义，有必要对当事人的举证进行释明。（1）证据申请的释明。2014 年《行政诉讼法》第 41 条规定了原告和第三人可以申请人民法院调取与案件有关的，但由国家机关保存或涉及国家秘密、商业秘密和个人隐私或其他客观原因不能自行收集的证据。若原告和第三人提出的证据申请不明确时，法院将无法依据当事人的申请调查收集案件所需的证据。一方面，法院在当事人提出有利于己的证据但由于客观原因无法调取时，应

---

① ［日］林屋礼二、小野寺规夫主编：《民事诉讼法辞典》，信山社 2000 年版，第 228 页；转引自张卫平：《民事诉讼"释明"概念的展开》，载《中外法学》2006 年第 2 期。

当释明当事人向法院提出调取证据的申请；另一方面，当事人提出的证据申请必须明确，否则法院将无法依据当事人的申请调查收集证据。如必须明确告知法院其所欲申请调取的证据的保存主体等。当当事人调取证据的申请不明确时，法院应当释明原告将不明确的申请予以明确。此外，当事人事先提出调取证据的申请，但法院认为被申请调取的证据与案件的查明没必然的关系，因此裁定驳回申请，以后随着诉讼的继续进行，法院又认为这个证据有必要，因为实体方面的诉讼状态会不断地变动，此时，若法院认为有必要调查，应当释明，询问当事人是否要再申请调取这个证据。另外，行政诉讼中存在大量需要鉴定的情形，如针对被告所提交的争议房屋评估报告及裁决安置房屋估价报告单，原告通常会表示不认同，此时，法院应当释明原告申请鉴定。（2）证据形式的释明。2020年最高人民法院颁布《最高人民法院关于行政诉讼证据若干问题的规定》（以下简称《行政诉讼证据规定》）对证据的形式规定了详细的要求。如当事人向法院提供书证的，应当提供书证的原件，原本、正本和副本均属于书证的原件。提供原件确有困难的，可以提供与原件核对无误的复印件、照片、节录本；提供由有关部门保管的书证原件的复制件、影印件或者抄录件的，应当注明出处，经该部门核对无异后加盖其印章；提供报表、图纸、会计账册、专业技术资料、科技文献等书证的，应当附有说明材料；被告提供的被诉具体行政行为所依据的询问、陈述、谈话类笔录，应当有行政执法人员、被询问人、陈述人、谈话人签名或者盖章。若当事人所提证据的证据形式不符合要求，该证据很可能被认定为没有证明力，这与客观真实相违背。当当事人所提交的证据的形式与法律要求不一致时，人民法院应当通过释明来治愈当事人所提交证据的形式瑕疵。（3）提出新证据材料的释明。行政诉讼中由被告承担举证责任已经被大部分人所接受。许多原告根据这一朴素的认识误以为对自己的事实主张不需要承担任何举证责任从而不提出任何证据材料。如针对被告不作为的案件，原告没有提出其已向被告提交作为申请的证据材料，这将直接导致法院在未对被告行为进行实体审查的情况下驳回原告的诉讼请求。如此判决必然无法解决行政纠纷。此时，如果法院释明原告提出相关证据材料后再作出实体判决更有利于纠纷的解决。此外，由于证据有本证与反证之分，法院为了充分了解当事人辩论的内容，可以释明不负举证责任的当事人提出反证。依举证责任分配的原则，促使双方当事人各举本证或反证。再者，随着诉讼程序的不断推进，情势经常会改变，原来认为没有必要的证据，可能因情势变迁而变得必要；或者原来认为有必要的证据，现在可能认为没有必要，这个时候，法院应当释明当事人提出新的证据。在行政诉讼中，法院出于查明案件事实的需要，对于与案件有关联性及必要性的证据，都应当详细调查，如果这些必要性的证据掌握在当事人手中，法院应当释明当事人提交。立法对二审的新证据作出了严格限制。只有（1）在一审程序中应当准予延期提供而未获准许的证据；（2）当事人在一审程序中依法申请调取而未获准许或者未取得，人民法院在第二审程序中调取的证据；（3）原告或者第三人提供的在举证期限届满后发现的证据才能作为二审的新证据提交。也就是说，当事人在一审中应当尽其所能提出攻击或防御方法，由于我国未采律师强制代理，法院在言词辩论终结以前，应该行使释明，使当事人尽可能在第一审程序中提出所有的攻击或防御方法，否则即使案件进入二审程序，因受新证据提出规则的限制，符合真实、合法且与案件有关联的证据材料也会发生失权的效果。

提交新证据的释明除了存在于当事人未举证的情形，还存在于当事人所举证据证明力不够，或反证过于单薄无法使法官形成内心确信的情形。如在严某某、倪某某诉上海市房地产登记处房地产抵押登记案中①，两原告对被告据以作出房地产抵押登记的关键证据"第三人恒龙公司签订《房地产抵押借款合同》"的合法性提出疑义，所提交的反证为：证明房屋系第三人所有的公证书已被撤销的相关文书。人民法院认为该反证还不足以证明《房地产抵押合同》无效，由于《房地产抵押合同》的合法性争议属于民事诉讼的争议范围，所以释明原告提起民事诉讼，只有生效民事诉讼判决作为证据才能证明《房地产抵押合同》是否合法。房屋拆迁裁决案中会出现大量需要法院释明原告补证的情形，在此类案件中，原告大多会提出被告所提交的房屋评估报告存在真实性、合法性的问题，但都提不出相关的反证，这个时候法院宜释明原告申请专家委员会对被拆房屋居住和非居住评估报告复估或鉴定。

---

① 案号（2014）普行初字第60号。

第四节　行政诉讼释明与相关理论的联系

释明作为保障当事人在程序保障权、防止诉讼突袭、保证案件实体公正的制度，已被大陆法系国家和地区以及英美法系国家和地区的诉讼法所接受。该项制度之所以能够出现在我国行政诉讼制度中，与我国行政诉讼秉承基本权利保障原则与法治原则密切相关。随着行政诉讼制度的完善，我国行政诉讼在构造上并非完全移植大陆法系国家的职权主义模式，而是融合了大陆法系职权主义因素与英美法系当事人主义因素，形成了学者所说的协同主义诉讼模式。在协同主义诉讼模式下，当事人和法院相互分工、合作，释明制度发挥作用的空间扩大。同时，行政诉讼制度作为终结我国人治时代，开启法治时代的制度，被赋予了多重的诉讼目的，要实现这多重诉讼目的，释明这种调节当事人诉权与法院审判权的制度显得尤为重要。因历史原因，我国形成了"官"强"民"弱的社会格局，原、被告之间诉讼能力的差异使得我国行政诉讼中更加需要释明的存在。

一、释明与行政诉讼模式

虽然不是诉讼模式决定了释明的容许性，但诉讼模式某种程度上决定了释明的性质、界限、时机、对象等关键问题。

（一）诉讼模式概览

诉讼模式是对诉讼程序中法院审判权与当事人诉权配置关系的提炼与概括，是指诉讼程序的基本结构和诉讼的主要参与者在诉讼中的相互关系。[1] 各大法系基本由当事人主义和职权主义两种诉讼模式组成，这也是当前民事诉讼与行政诉讼法学界比较认同的两种模式类型。[2] 判断当事人主义与职权主义的标准在于人民法院与当事人在①诉讼程序的推进（启动、推进与终结方面的分工）；②诉讼

---

[1]　参见林莉红：《论行政诉讼模式与举证责任原则的运用》，载《法学评论》1995 年第 5 期。

[2]　参见张卫平：《诉讼构架与程式：民事诉讼的法理分析》，清华大学出版社 2000 年版，第 8 页。

标的的设定（权利主张方面的分工）；③判决资料的收集方面的分工。在当事人主义诉讼模式下，诉讼程序的启动、推进和终结依赖当事人（当事人进行主义），诉讼标的的设定由当事人决定（处分权主义），人民法院裁判所依赖的证据资料也只能由当事人提出（辩论主义）。在职权主义诉讼模式下，诉讼程序的启动、推进和终结由人民法院决定（职权进行主义），诉讼标的可由人民法院依职权确定（职权调查主义），人民法院为了查明案件真相，可以依职权调查取证（职权探知主义）（见表2-1）。

必须引起注意的是，以上的分类仅仅是一种理论上的分类，大陆法系诉讼理论其实并没有把这种分类作为一种基本模式的界定依据来运用。由于程序推进完全交由当事人会导致诉讼拖延，从世界各国的诉讼程序的民事诉讼或行政诉讼的程序来看，并不存在诉讼程序完全由当事人推进的情形，各国无论在民事诉讼还是行政诉讼中都非常重视对程序性诉讼指挥权运用。事实上，在大陆法系民事诉讼中，诉讼的推进采用的是职权进行主义。① 因此，程序推进问题上的区别，当事人主义与职权主义呈现趋合之势，程序推进也不再成为判断当事人主义与职权主义的区别。判断当事人主义与职权主义的标准集中在诉讼标的与判决资料的收集上，处分权主义和辩论主义成为当事人主义的两个基本面。②

表2-1　　　　　　　　　　　　**当事人主义与职权主义的区别**

	当事人主义	职权主义
程序推进问题	当事人进行主义/职权进行主义	职权进行主义
诉讼标的的设定问题	处分权主义	职权调查主义
事实及判决资料的收集问题	辩论主义	职权探知主义

随着对诉讼模式认识的深入，处分权主义和辩论主义的内涵也越来越丰富。处分权主义具体内容有三：①无声明则无裁判，如原告对房子有所有权并且占

---

① 参见［日］小林秀之：《美国民事诉讼法》，弘文堂1985年版，第10页。转引自张卫平：《诉讼构架与程式：民事诉讼的法理分析》，清华大学出版社2000年版，第15页。
② 参见李木贵：《民事诉讼法（上）》，台湾元照出版有限公司2010年版，第1~69页。

有，后来 B 以不法手段取得占有，在实体法上原告至少可以提出所有物返还请求以及除去妨害占有请求，假设原告在起诉状中只提出了所有物返还请求，则法官不可以用占有回复请求权作为裁判的依据。②法院只能在原告声明的限度内为裁判，如原告主张被告欠 3000 万元，但原告起诉只请求 100 万元，法院认定被告欠原告 3000 万元，但只能依原告请求判决被告支付 100 万元。③法院只能在当事人争执的范围内为裁判。承接上案，原告起诉请求 3000 万元后，被告已经清偿了债务，但原告继续起诉，被告很有钱，不愿浪费时间诉讼，情愿认可 3000 万元债务，法院只能根据被告的自认而判决被告败诉。辩论主义具体内容有：①当事人在辩论中所未主张的事实，法院不得作为裁判之基础（主张责任）；②当事人所未争执的事实，法院应以该不争执的事实，作为裁判的基础（自认的拘束力）；③当事人有争执的事实，法院依证据认定时，必须依当事人提出的证据为之（职权调查证据之禁止）。处分权主义与辩论主义均基于当事人的主导，似有一定的重合之处，然而处分权主义表现于程序外在的关于诉讼标的的决定及其处分的规范准则，辩论主义则表现于程序内在的关于诉讼资料（事实及证据）提出行为的准则，两者彼此分担各自的功能，在诉讼中构成法院不干涉主义。① 职权调查主义与职权探知主义也分别对应诉讼标的确定和诉讼资料的提出。

（二）我国行政诉讼模式的历史、现状

1989 年 4 月 4 日，第七届全国人民代表大会第二次会议审议通过我国第一部行政诉讼法，该法于 1989 年 10 月 1 日后实施。在此之前，人民法院审理行政诉讼案件主要依据的是 1982 年《民事诉讼法（试行）》②。除此之外，最高人民法院也出台了一些关于审理行政案件特殊程序的司法解释，如 1985 年的《最高人民法院关于人民法院审理经济行政案件不应进行调解的通知》（法（经）发〔1985〕25 号）、1987 年的《最高人民法院关于审理经济纠纷案件具体适用〈民事诉讼法（试行）〉的若干问题的解答》。该段时间所形成的诉讼模式是职权主

① 参见李木贵：《民事诉讼法（上）》，台湾元照出版有限公司 2010 年版，第 1~84 页。

② 1982 年《民事诉讼法（试行）》第 3 条第 2 款规定："法律规定由人民法院审理的行政案件，适用本法规定。"

义诉讼模式。1989 年 10 月 1 日后，《行政诉讼法》正式实施，由于《行政诉讼法》受《民事诉讼法（试行）》影响较大，该法仍然体现了较强的职权主义色彩。随着行政诉讼制度的发展，最高人民法院出台的关于行政诉讼的司法解释、司法文件对行政诉讼模式进行了一定的修正，在职权主义的基础上加入了当事人主义的元素，可以说协同主义诉讼模式已经在我国行政诉讼中确立。

1. 强职权主义诉讼模式阶段（1982—1989 年）

1982—1989 年这一阶段，法院审理行政诉讼案件的法律依据主要是《民事诉讼法（试行）》和最高人民法院出台的关于审理行政案件特殊程序的司法解释。以（1）程序的进行；（2）程序的开始、终了以及诉讼对象的决定；（3）诉讼资料的收集等方面都有主导权为三个指标进行分析发现，该时期我国的行政诉讼模式是超职权主义的诉讼模式。

第一，诉讼程序的进行方面，《民事诉讼法（试行）》第 7 章关于期间与送达的规定都体现了人民法院对诉讼程序进行推动的主导作用。第二，程序的开始、终了以及诉讼对象的决定方面，《民事诉讼法（试行）》第 114 条对原告申请撤销方面进行了限制，规定原告申请撤诉的，必须先经过人民法院准许；第 149 条规定人民法院对上诉案件的审理可不受当事人上诉请求范围的限制，可对一审的事实和法律进行全面审查；《最高人民法院关于人民法院审理经济行政案件不应进行调解的通知》（法（经）发〔1985〕25 号）也规定人民法院负有查明事实的职责。[1] 1987 年的《最高人民法院关于审理经济纠纷案件具体适用〈民事诉讼法（试行）〉的若干问题的解答》规定："人民法院审理经济纠纷案件，也应当着重进行调解。但是调解不是必经程序。对于经济行政案件、确认合同无效的案件以及有违法犯罪活动的案件，不能调解。"第三，诉讼资料的收集方面，《民事诉讼法（试行）》第 56 条第 2 款明确规定人民法院负有全面地、客观地收集和调查证据的职责，第 88、89 条则对人民法院调查取证的方式进行了规定；第 62 条规定了法院不受当事人陈述与否和陈述内容的限制，可结合案

---

[1] 《法（经）发〔1985〕25 号》规定："不同于解决原被告之间的民事权利义务关系问题，而是要以事实为根据，以法律为准绳，审查和确认主管行政机关依据职权所作的行政处罚决定或者其他行政处理决定是否合法、正确。因此，人民法院不应进行调解，而应在查明情况的基础上作出公正的判决。"

件的证据审查认定事实；第 65 条赋予人民法院依职权主动采取保全措施的权力；第 92 条赋予了人民法院依职权作出诉讼保全裁定的权力；第 107 条规定了法庭调查以法院对当事人和证人的询问为主导审判方式。在该时期，法官在诉讼中处于无可争议的主导地位，有学者称之为强职权主义诉讼模式。① 强职权主义诉讼模式是与我国计划经济体制相匹配的一种诉讼模式。

2. 职权主义诉讼模式阶段（1989—1990 年）

随着改革开放的推进，公民的权利意识、自主意识、平等意识较改革开放以前，发生了质的、飞跃性的变化，在行政权力与公民权利出现矛盾和对立越来越多的情况下，为了保证自己的合法权益不受违法或者不当行为的侵害，公民对于建立和完善行政救济制度的要求日增。而经济独立和民主、法律意识的增强必然使行政机关与被管理的个人之间行政争议的数量增多，这也需要有保护人民民主、保障人权，以及加强对行政机关是否依法行使职权进行有效监督的法律制度。从行政机关内部来说，为适应改革开放的新形势，建立廉洁高效的政府和反对各种腐败现象，需要有一套对行政机关及其工作人员依法行使职权的外部监督机制。而行政诉讼制度正可以通过日常的诉讼程序为那些受到行政机关违法行为侵犯的公民、法人和其他组织提供一个广泛而经常的救济手段，来达到促使行政机关依法行政的目的。以上各方面的因素都促使《行政诉讼法》的出台。

但是《行政诉讼法》是从《民事诉讼法（试行）》的基础上发展出来的，带有深深的民事诉讼的痕迹。从行政诉讼法对当事人处分权的诸多限制②以及法官在分配举证责任方面较大的自由裁量权来看③，《行政诉讼法》的出台并未改变行政诉讼职权主义的诉讼模式。但是《行政诉讼法》第 23 条在保留法院可以

---

① 参见李浩：《民事诉讼程序权利的保障：问题与对策》，载《法商研究》2007 年第 3 期；黄学贤、邹焕聪：《职权主义与当事人主义融合背景下我国行政审判模式的重构》，载《广东行政学院学报》2006 年第 10 期。

② 《民事诉讼法（试行）》第 11 条还规定了当事人有权在法律规定的范围内处分自己的民事权利和诉讼权利，而《行政诉讼法》连类似于该条的规定都没有，在对原告撤诉的限制，不适用调解，二审全面审查以及事实调查权方面的规定则与《民事诉讼法（试行）》如出一辙。

③ 《行政诉讼法》第 34~35 条赋予了人民法院调查取证的权力、依职权指定鉴定和采取保全措施的权利。

依职权取证的前提下，确定了被告对行政行为的合法性负举证责任，将证据收集的责任一部分交给被告。此外，《行政诉讼法》第 2 条、第 37 条和第 58 条分别赋予了当事人启动诉讼和上诉程序的决定权。不得不说，《行政诉讼法》的出台，使法院的绝对主导地位发生了一定变化，行政诉讼呈现出职权主义的模式特点。

3. 协同主义诉讼模式阶段（1990 年至今）

《行政诉讼法》施行后，行政诉讼案件量增多，案件种类也日益丰富。超职权主义诉讼模式已经不适应现实发展的需要。另外，随着《民事诉讼法》的修改，当事人主义诉讼模式引起了理论界与实务界的注意。最高人民法院通过出台关于行政诉讼的司法解释、司法文件对行政诉讼模式进行了一定的修正，在职权主义的基础上加入了当事人主义的元素，呈现出当事人与人民法院协同完成整个诉讼的特征。

首先，在程序推进方面，随着和谐司法理念的提出，行政审判方式也发生了重大的变化。在程序推进方面集中体现在，更加注意发挥当事人在程序推进和程序决定上的主体地位，协调和解被行政诉讼所接受。但是，新《行政诉讼法》及《司法解释》保留了法院在程序推进、程序开始、终结方面的职权。这些都是职权主义色彩的体现。在程序方面的职权色彩表现在：对原告撤诉申请的限制、对调解的限制、依职权追加第三人、依职权在复议共同案件中将复议机关追加为共同被告、依职权确定诉讼代表人等。由此可知，在诉讼程序推进方面，我国行政诉讼呈现在强调人民法院职权推进为主的前提下适度尊重当事人的程序推进权的协同特征。

其次，在诉讼标的确定方面，诉讼标的作为原告请求法院裁判的具体内容，在行政诉讼中起到越来越重要的作用。从我国《行政诉讼法》及相关司法解释的规定来看，行政诉讼已经开始围绕着原告的诉讼请求展开，人民法院中立的裁判地位、原告对诉讼标的的主导地位得到强调。特别是随着和谐司法理念的提出，行政案件审理从强调被诉行为的合法性转变为重视对当事人诉讼请求的回应。具体表现在：首先，《行政诉讼法》第 49 条第 3 项明确将具体的诉讼请求作为起诉条件（诉讼要件）；其次，为明确何为具体的诉讼请求，2015 年《司法解释》和2018 年《司法解释》均用专条对"有具体的诉讼请求"作出解释；再次，进一步强调诉讼请求对法院判决类型的决定作用。2018 年《司法解释》对具体诉请求的解释，基本与 2014 年《行政诉讼法》认可的判决类型一一对应，且 2014 年《行政诉讼法》专门规定呼应诉讼请求的驳回诉讼请求判决。从目前的法律规定来看，我国在诉讼标的确定方面，更偏向于处分权主义。然而，为了防止处分权主义的弊端，2015 年《司法解释》第 2 条第 2 款规定："当事人未能正确表达诉讼请求的，人民法院应当予以释明。"2018 年《司法解释》为了防止人民法院通过释明将诉讼请求的确定变更为自己的职权，则将此条规定修改为"人民法院应当要求其明确诉讼请求"。但是，无论是根据 2015 年《司法解释》还是 2018 年《司法解释》，我国行政诉讼都不再是坚持绝对的处分权主义。由此可知，在诉讼标的确定上，我国行政诉讼呈现在强调当事人处分权的前提下适度尊重人民法院的职权引导的协同特征。

最后，在事实及判决资料的收集问题方面，2000 年《若干问题的解释》在明确被告对被诉行为的合法性负举证责任外，还提出原告负举证责任的情形，并严格限制了人民法院依职权取证的情形。在举证责任的指引下，当事人也适当地承担了部分的推进程序的责任。① 2002 年最高人民法院出台的《行政诉讼证据规定》进一步对人民法院依职权调查取证的权力作了限制，使当事人在事实探求上的地位更加突出，这也是当事人主义模式的进一步体现。② 然而，虽然以上司法解释强调当事人提出事实和证据资料的责任，但是整个行政诉讼仍保留了"以事实为根据、以法律为准绳"的诉讼原则。对事实探求权方面的职权色彩表现在依职权调查取证、依职权告知当事人补正、依职权采取证据保全措施、对被告在诉讼中证据调查进行限制等。由此可知，在事实及判决资料的收集问题上，我国行政诉讼已呈现出由当事人与人民法院调查协同进行特征。

综上可以看出，在诉讼程序推进方面，我国行政诉讼呈现在强调人民法院职权推进为主的前提下适度尊重当事人的程序推进权的协同特征。在诉讼标的确定上，我国行政诉讼呈现在强调当事人处分权的前提下适度尊重人民法院的职权引导的协同特征。在事实及判决资料的收集问题上，我国行政诉讼已呈现出由当事

---

① 参见李修琼：《论我国行政审判的职权主义特色》，载《行政与法》2002 年第 8 期。
② 参见张显伟、蒙晓毅：《有限职权主义在行政诉讼中的确立及运用》，载《学术论坛》2007 年第 10 期。

人与人民法院调查协同进行特征。这种特征既不符合当事人主义模式也不符合职权主义模式,是一种协同主义模式。

(三) 释明与诉讼模式的关系

2007年,时任最高人民法院院长肖扬发表了有关"不能单纯让诉讼技巧决定裁判结果"的讲话。在该讲话中,肖扬指出,针对诉讼中双方当事人诉讼能力不平等的问题,法院应当通过行使释明权提供诉讼指导,努力减少当事人之间诉讼能力的差距,最大程度地发现案件的真实真相,采用和谐的方式化解矛盾。① 当事人主义很有可能造成那些本应胜诉的当事人由于未能正确、充分陈述自己的主张而败诉。这极大地影响了诉讼的公正,尤其是实质公正。而职权主义则在诉讼效率方面远远没有当事人主义有优势。释明正是为了缓解当事人主义对实体公正的损害而提出来的。同时,释明在职权主义诉讼中有帮助人民法院发现真实的功能,可以有效缓解职权主义诉讼效率低下。当事人主义中的释明,使当事人主义具有职权主义的色彩,而职权主义的释明又使职权主义靠近当事人主义,因此释明可以说是当事人主义与职权主义的"连结器",吸收融合两大主义的优点,尽量在保证程序正义的同时实现实体正义。然而,释明不能动摇当事人主义或职权主义,只能小心翼翼游走于整个诉讼程序之中。具体而言,释明的边界与释明对象均受诉讼模式的限制。

第一,释明边界与诉讼模式的关系。关于当事人主义诉讼模式与释明边界的关系,在大陆法系国家和地区,形成了"例外说"与"补充说"两种学说。"例外说"认为,释明是对当事人主义的限制,是当事人主义的例外。民事诉讼仍应当尊重当事人的意志,由当事人自由处分实体权利和诉讼权利,自主地、适当地解决所涉争议。法院根据当事人所提出的事实、主张来进行判决。法院在诉讼中,反过来要求当事人被动地提出主张、提出证据,陈述案件的事实是当事人主义的例外。② "补充说"认为,释明仅仅是发现真实的手段,是对当事人主义的

---

① 参见《人民法院报》2007年8月20日,第1版。
② [日] 兼子一等:《条解民事诉讼法》,弘文堂1986年版,第310页;转引自张卫平:《民事诉讼"释明"概念的展开》,载《中外法学》2006年第2期。

补充，并不会影响当事人主义的实质。"补充说"提出，由于客观事实无法还原，人民法院只能把收集资料的权限和责任委以与诉讼胜败有直接利害关系且熟知争执事实的当事人，以便适当、便利、迅速地发现真实。但由于当事人法律知识与诉讼技巧的欠缺，不一定能将其所熟知的证据材料全部提出，因此，为了全面发现真实，需要人民法院通过释明帮助当事人完成主张及举证。"例外说"极力主张限制释明的范围，以防止民事诉讼滑向职权主义诉讼模式；"补充说"则认为只要释明有助于发现真实，就不应当对其范围进行限制。其实无论是限制也好，补充也罢，都不过是理念上的差异，并不意味着"限制说"放弃追求真实，而"补充说"就一定崇尚职权主义。两种观点差异在于对待释明的态度，"限制说"虽然也承认释明，但把释明视为当事人主义的例外，故对释明持消极态度，在诉讼实务中就尽可能地缩小释明权行使的范围；"补充说"则积极肯定释明，并从广义上理解释明行使的主动性，在诉讼实务中就尽可能扩大释明行使的范围，不过无论如何，释明必须不能对当事人主义构成威胁，特别是不能释明原告变更诉讼标的。英美法系国家，即使在庭前准备程序阶段法官可以自由裁量是否行使释明，但是由于担心法官的介入将影响到法官的中立，在实践中，只有当事人在法官不释明的情况下难以完成争点整理的任务时，或者造成证据开示阶段无限期拖延等问题时，法官才会行使释明。受当事人主义思想的影响，法官的释明也仅限于消极释明，法官不会对诉之变更以及提出新证据材料进行释明。

　　我国台湾地区行政诉讼关于释明的规定与民事诉讼基本相同。① 但因台湾行政诉讼所采用的是职权主义，因此，行政诉讼释明的范围要大于适用当事人主义的民事诉讼程序。在诉讼标的方面，在民事诉讼中，法官原则上不能逾越当事人所主张的范围作出释明，换言之，法官必须等当事人有所主张或陈述后，才能根据当事人的主张和陈述行使释明。但在行政诉讼中，如果法官认为适当，也可以为诉讼请求变更的释明。在事实认定与证据收集方面，为了全面发现真实，法官应采取各种方式促使当事人完全陈述，使作为判决基础所必需的全部诉讼资料都

---

　　① 我国台湾地区"民事诉讼法"第 199 条规定，审判长应注意令当事人就诉讼关系之事实及法律为适当完全之辩论。审判长应向当事人发问或晓谕，令其为事实上及法律上陈述、声明证据或为其他必要之声明及陈述；其所声明或陈述有不明了或不完足者，应令其叙明或补充之。陪席法官告明审判长后，得向当事人发问或晓谕。

能被提出来，并尽可能确定作为判决依据的各项事实。如果当事人误解行使权利的构成要件，因而未能提出必要的资料，法官也应当释明当事人提出必要的新的资料。

概言之，职权主义诉讼模式下释明的界限较宽，对诉讼标的变更的释明以及诉讼标的变更后新事实主张和诉讼资料的提出的释明均属法律允许的范围。

第二，释明对象与诉讼模式的关系。大陆法系国家和地区，基于公法与私法的二元划分，将存在国家支配权力的法律关系认定为公法关系。在公法关系中，公权力主体对私主体处于绝对优势地位。① 延伸至诉讼中，作为原告的行政相对人属于私主体，其诉讼行为能力较作为公主体的行政主体而言处于绝对弱势地位，因此，释明必须向其倾斜。在英美法系国家看来，国家机关与普通公民在法律面前属于平等的地位。行政机关不因其拥有行政管理权而凌驾于普通公民之上。另外，完善的律师代理制度也意味着普通公民的诉讼能力并不比行政机关差。因此，法院在释明时，不会因当事人的身份而有所区别，法官判断是否需要释明的标准只有是否一方由于诉讼能力欠缺将导致其本应胜诉时却败诉，或者导致提出与案件无关的证据以至于造成诉讼拖延。我国行政诉讼兼有职权主义与当事人主义的特点，然而从行政诉讼特征出发，更适合职权主义模式。首先，职权主义诉讼模式更有利于程序公正的实现，行政诉讼中原、被告诉讼能力的差异造成其很难在诉讼中拥有实质上平等的参与机会，人民法院有必要通过职权行使确保当事人之间的实质公平；② 其次，为维护公共利益或特殊类型诉讼（如公害诉讼）而缺乏收集证据能力当事人之利益，以达到裁判之公平与正义，仍应许法院依职权调查证据，以济辩论主义之穷。③ 然而，诉讼模式是根据诉讼中的各种制度所归纳出来的抽象名称，在基本诉讼制度无法变更的前提下，我国更应发挥释明在当事人主义与职权主义上的连结作用，利用释明来破除行政诉讼中呈现出的

---

① 参见［日］美浓部达吉：《公法与私法》，黄冯明译，中国政法大学出版社2003年版，第36~37页。

② 参见王宗光：《职权主义——我国行政审判模式的必然选择》，载《政治与法律》2001年第4期。

③ 姜世明：《民事证据法实例研习（二）暨判决评释》，台湾新学林出版股份有限公司（修订第二版），第67页。

当事人主义特征相关制度的弊端。为解决当事人诉讼武器不对等，实现案件的实体正义与程序正义，人民法院应积极对原告释明，严格限制对被告的释明。当然，在限制对被告释明的同时，必须同时考虑如何做到维护公共利益。在我国，被告对行政行为合法性负举证责任，为了督促被告及时举证，立法又规定了严格的证据失权制度。严格的证据失权制度似乎预示着行政诉讼中对被告不存在举证的释明，但是我们不得不反思行政诉讼中证据失权制度存在的制度根基以及该制度在司法实践中是否会给公共利益和个人合法权益造成损害。① 如果证据失权制度存在问题，是否人民法院可以通过释明来缓解该制度的弊端？另外，我国行政诉讼所确定的审查原则为合法性审查原则，对行政裁量行为的审查也基本限于审查被诉行为是否限定在裁量范围内，而并未审查行政裁量的过程，日本对行政裁量行为的审查为我们审查行政裁量行为提供了新的视角。而要实现对行政过程的审查，离不开行政机关对行政过程的说明，该说明不属于行政机关举证范围之内，此时，释明的作用显得更加重要。

二、释明与行政诉讼目的

（一）我国行政诉讼目的概览

2014 年《行政诉讼法》对行政诉讼立法目的进行了更改，不再将维护行政作为立法目的，代之以解决行政争议为立法目的。依 2014 年《行政诉讼法》第 1 条的规定，行政诉讼的立法目的有三，一是解决行政争议，二是保护公民、法人和其他组织的合法权益，三是监督行政机关依法行使职权。

行政诉讼诞生的最初动机即是基于对人民权利的保护，② 自诞生初即被誉为"中国法治进程的里程碑"③。《行政诉讼法》的出台意味着《宪法》第 41 条赋

---

① 对行政诉讼证据失权制度的反思可参见刘欣琦：《对行政诉讼证据失权制度的理论探讨》，载《太原理工大学学报（社会科学版）》2015 年第 4 期。

② 翁岳生主编：《行政法》，中国法制出版社 2002 年版，第 1311 页，本部分由刘宗德、彭凤至撰写。

③ 参见龚祥瑞主编：《法治的理想与现实——〈中华人民共和国行政诉讼法〉实施现状与发展方向调查研究报告》，中国政法大学出版社 1993 年版，卷首第 2 页。

予相对人针对国家机关以及国家机关工作人员的申诉权、控告权得到落实。行政实体法赋予相对人的"纸面上的实体权利"终于因有了行政诉讼这一救济途径而成为"现实的实体权利"。基于保护公民、法人和其他组织合法权益这一立法目的，行政诉讼在构造上必须是围绕原告的诉讼请求展开的，行政相对人只有在合法权益被行政机关侵犯时才具有原告资格，人民法院应当以当事人的诉讼请求为审判中心，当事人负有证明责任，行政诉与判必须保持一致等。这一构造形式在域外被称为主观诉讼。① 在主观行政诉讼中，法官主要是审查确定行政相对人的权利是否存在，是否合法。②

因行政权为公权力，将监督行政作为行政诉讼的立法目的之一，在一定程度上承认了行政诉讼必须担负起维护公共利益的作用。监督行政机关依法行政行使职权中的"法"，是国家机关或国家一切权力运作必须遵守的一种规则，这些规则并不是个人向国家主张意义上的，所以这些法也被称为客观的规则或"客观的法"③。这些客观的法代表的是一种行为规则，行政机关是否遵守这些行为规则，不仅影响到其行为的相对人，而且在一定程度上对于整个社会秩序也会产生影响。正如顾培东教授所言："任何冲突所危及的不仅仅是权益享有者个人，而且同时也危及到统治秩序。"④ 出于行政诉讼的这一特质，大多数国家和地区在行政诉讼构造上规定了客观诉讼。在客观诉讼中，法院审判具有更多的客观监督色彩，体现在制度上主要有：（1）更为宽泛的原告资格。（2）人民法院以审判行政行为的适法性为中心，法院审理的对象是行政行为的合法性，而不是原告提出的行政诉讼请求。（3）人民法院依职权调查证据。（4）行政判决很大程度可以

---

① 主客观诉讼的分类最早由法国波尔多大学教授莱昂 · 狄骥于 1911 年创立提出。他认为，关于行政机关在与公民打交道时违反了应遵守的普遍适用的某些规则和法律的诉讼是客观诉讼，而争论的问题是行政机关是否关于违反了原告独享的某些权利则为主观诉讼。参见［英］布朗 · 贝尔、［法］加朗伯特：《法国行政法》，高秦伟、王锴译，中国人民大学出版社 2006 年版，第 172 页。

② 参见薛刚凌、杨欣：《论我国行政诉讼构造："主观诉讼"抑或"客观诉讼"？》，载《行政法学研究》2013 年第 4 期。

③ ［意］彼德罗·彭梵得：《罗马法教科书》，黄风译，中国政法大学出版社 1992 年版，第 23 页。

④ 转引自柴发邦主编：《体制改革与完善诉讼制度》，中国人民公安大学出版社 1990 年版，第 13 页。

不回应当事人的诉讼请求，人民法院可以直接作出超越原告的诉讼请求的判决。

纠纷解决的内涵应当是多层次主观效果的综合体。第一层面，纠纷解决意味着当事人之间冲突的化解与消除；第二层面，实现合法权益并保证法定义务的履行；第三层面，法律或统治秩序的尊严与权威得以恢复；第四层面，冲突主体放弃和改变藐视、对抗社会统治秩序和法律制度的心理与态度，增强与社会的共容性，避免或减少冲突（至少是同类冲突）的重复出现。① 当事人提起行政诉讼的真正原因不在于要争议行政行为的合法性，而是要通过法院否定被诉行为的合法性来最终达到实现其实体权益的目的。纠纷解决的第一层面与第二层面都是从当事人的权利义务角度分析的。要想行政相对人消除对违法行政机关的抵触，保证行政机关法定义务的履行，唯一的方法就是通过诉讼实现其实体权益，要想达到这一目标，诉讼的构造应当围绕原告的诉讼请求展开。纠纷解决的第三层面要求诉讼能够保证客观法以及统治秩序的尊严与权威，因行政诉讼大多涉及公益，此要求在行政诉讼中体现得尤其明显。要想达到此要求，行政诉讼必须考虑客观法秩序维护的需要，这也是为什么行政诉讼要以监督行政为目的的原因之一。纠纷解决的第四层面对人民法院提出了更高的要求，将诉讼的作用上升至保护社会和谐稳定的角度，要想达到这一要求，必须做到案结事了。事实上这一要求与第一层面及第三层面相同，都是从当事人的角度分析的，因此，也应该从当事人入手，诉讼紧紧围绕当事人的诉讼请求展开。综合而言，纠纷解决的第一、二、四层面都是从权利保护的角度出发，而第三层面则是从监督行政以及公共利益维护的角度出发的。所以要达到解决纠纷的最终目的，在行政诉讼构造中，主、客观诉讼必须同时存在。

行政诉讼立法目的历来是争论最多的一个问题，目前达成共识的是行政诉讼立法目的多元，有解决行政争议，保护公民、法人和其他组织的合法权益和监督行政机关依法行使职权这三个立法目的。

（二）释明与行政诉讼目的关系

多元的行政诉讼价值观使法院在审理行政案件时需要考虑多方面的因素，以

① 参见柴发邦主编：《体制改革与完善诉讼制度》，中国人民公安大学出版社 1990 年版，第 13~14 页。

协调各方利益。为了实现这种多元的价值观，法院必须有主观能动性，这个时候就需要释明这种缓冲各种利益的制度设计。如为了达到解决纠纷的效果，法院有必要作积极的释明；为了维护相对人的合法权益，法院应当注意限制对被告的释明；为了维护公共利益，人民法院又可以突破对被告释明的种种限制。具体而言：

第一，通过释明缓解诉判不一致的冲突。以保护相对人合法权益为立法目的，诉判需要一致，然而，以监督行政和一次性化解争议为立法目的，判可以在诉外进行。行政诉讼中的诉判关系呈现出一致性与非一致性相统一的特点。从程序意义上理解，司法的被动性、诉讼请求对判决的制约、处分原则、不告不理原则、正当法律程序原则等方面内在地要求诉请与判决之间保持一致。但是由于行政诉讼除了需要回应原告的诉讼请求外，还需要回应被诉行政行为是否合法与有效。为了维护公共利益，必要时人民法院的判决并不能局限于原告的诉讼请求，最典型的诉判不一致的有确认判决、变更判决和情况判决。例如，原告提起撤销之诉，但人民法院经过审理，发现撤销被诉行政行为会给国家利益和社会公共利益造成重大损害，此时依《行政诉讼法》的规定，应当作出确认违法判决。如果人民法院直接判决确认被诉行政行为违法，固然符合依法裁判的要求，但却忽略了对原告诉讼请求的回应。原告会认为人民法院利用确认违法判决达到维护行政机关的非法目的，反而激化矛盾。如果人民法院在作出判决之前向原告释明法律条文的规定，并告知其不变更诉讼请求的后果，一方面尊重了原告的处分权，另一方面有助于原告认可人民法院的裁判，实现纠纷的解决。对于诉判应当一致的诉讼而言，当事人未必能提出合适的诉请，法院有时从案件具体情况出发，会作出与原告诉请不一致的裁判，虽然人民法院仍然是围绕诉讼标的作出的判决，然而对原告而言，其诉请未得到法院的直接回应，从结果意义上来看，就是诉判不一致。如果法院能够通过释明探求原告诉讼的原意，释明其提出合适的诉讼请求，实现诉讼请求、诉讼标的、判决的一一对应，从某种程度上起到了诉讼三元目的的统一。

第二，通过释明实现一次性化解行政争议的目的。纠纷解决的内涵应当是多层次主观效果的综合体，对当事人来说，纠纷解决意味着当事人之间冲突得到化解与消除。从行政纠纷冲突产生的根源上看，要化解当事人之间的冲突必须审查行政相对人想通过诉讼维护的具体权益。行政诉讼制度设计时主要围绕审查被诉行政行为的合法性，这样容易造成虽然对行政行为合法与否判断正确，但无法保障当事人的权益的结果。如在行政机关拒绝向相对人颁发许可证的案件中，从诉讼的角度上，相对人需要通过撤销诉讼来撤销行政机关的拒绝行为，但是单纯的撤销判决不足以真正解决相对人所想——行政机关向其颁发许可证，这时法院通过释明原告追加诉讼请求可以一次性满足原告内心所求，做到真正化解纠纷。从当事人与法院的关系上看，当事人要取得对法院判决的信任，人民法院必须让当事人穷尽所有的攻击防御方法，释明即可提醒当事人作出正确的攻击防御。总之，在一次性全面解决争议理念的指导下，人民法院要加强规范释明工作，引导提示当事人提出完全、充分、适当的诉讼请求，避免频繁采用"另行起诉""另行主张权利""另案处理"等程序性裁定驳回起诉。①

三、释明与行政诉讼标的

（一）诉讼标的概念

诉讼标的是人民法院审理的裁判的对象已经获得学界的一致认同，然而关于法院审理和裁判的对象具体是指什么，存在较大分歧。以是实体法还是以诉讼法为分析进路，形成了旧诉讼标的理论与新诉讼标的理论。新诉讼标的理论又因各种学说对其构成要素存在不同的认识，产生了一分支说、二分支说和三分支说。行政诉讼在区分程序标的（行政诉讼所争议的行为）与狭义上诉讼标的的基础上，因对狭义上诉讼标的的构成要素的分歧，又形成了不同的学说，但基本上与民事诉讼法中的新诉讼标的理论相近。②

第一，旧诉讼标的理论。旧诉讼标的理论又称旧实体法说，其基本特征是以实体法上的请求权为根据来确定诉讼标的。但由于实体法上的请求权仅限于给付之诉中，且同一事实基于不同的实体法规范会产生多个请求权，因此旧实体法说

---

① 参见闫尔宝：《论实质性解决行政争议的规范主义进路》，载《法治研究》2023 年第 1 期，第 41 页。
② 参见吴庚：《行政争诉法论》，台湾三民书局 2005 年版，第 69 页。

不仅在民事诉讼，而且在行政诉讼中都被学者所摈弃。①

　　第二，新诉讼标的理论。新诉讼标的理论又称诉讼法说，是建立在批判和反思旧诉讼标的理论的基础上形成的。根据新诉讼标的理论，实体法上的请求权仅仅是当事人攻击防御的方法以及法院作出裁判时的法律观点，诉讼标的的概念应当与其分离。整体而言，新诉讼标的理论以诉讼标的与事实关系、规范基础主张（权利主张）、诉讼请求（裁判要求）三者的关系为依据，形成了一分支说、二分支说和三分支说。一分支说认为诉讼标的即诉讼请求，与事实关系和规范基础主张无关；② 二分支说认为诉讼标的的内容由诉讼请求和事实关系共同组成，只有相同的诉讼请求和事实关系才会产生一个诉讼标的。③ 由于事实关系存在界定难题，德国学说哈比凯德（Hbashceid）在1956年提出诉讼标的是原告在诉讼上基于特定的生活事实所为的权利主张，其识别标准由程序主张、法律效果主张和生活事实三个要件构成。程序主张是指诉讼的合法性条件和权利保护形态；法律效果主张即原告请求法院应实体上的权利或法律关系加以保护的主张；生活事实类似于支持诉讼请求的事实主张。④ 三分支说相当于将支持诉讼请求的法律依据也作为诉讼标的的内容之一。由于诉讼请求是原告追求起诉的目的，生活事实相当于人民法院适用法律的基础，而要将生活事实转换为法律事实必须要有实体法的依据，因此将符合生活事实、支持诉讼请求的实体法规也作为诉讼标的的内容也有一定的道理。⑤ 按三分支说，诉讼标的的内容包括事实关系、规范基础主张（权利主张）、诉讼请求（裁判要求）。

（二）释明与诉讼标的的关系

　　不得诉外裁判要求人民法院的审判活动必须围绕案件的诉讼标的，人民法院

---

　　① 参见马立群：《行政诉讼标的研究》，中国政法大学出版社2012年版，第15~16页。
　　② 参见常怡主编：《比较民事诉讼法》，中国政法大学出版社2002年版，第313页。
　　③ 参见［德］罗森贝克、施瓦布、戈特瓦尔德：《德国民事诉讼法》（下），李大雪译，中国法制出版社2007年版，第675页。
　　④ Hbashcdei, serscigcnsnat, d. pp. 141-178.
　　⑤ 参见张文郁：《民事诉讼标的理论之研究》，载《论权利保护之理论与实践》，台湾元照出版公司2006年版，第527~547页。

不得作出变更诉讼标的释明。诉讼标的可以说决定了人民法院释明的边界。

如采旧诉讼标的理论，人民法院仅须就当事人所主张的实体法上的请求权进行审理即可，不需要考虑其他请求权成立的可能性，因而，法官需要释明的范围是极少的，仅限于实体法的请求权不明确、不清楚时的消极释明。如采新诉讼标的理论，一分支说、二分支说以及三分支说下释明的边界也存在差异。

若采一分支说，将诉讼请求视为诉讼标的，诉讼请求需要释明有两种情况：第一，诉讼请求不明确；第二，诉讼请求不正确。在诉讼请求不明确的情况下，人民法院释明原告将诉讼请求予以明确并未突破处分权原则，因此，此时释明不需要受到限制。德国《行政法院法》第88条也规定："法院不得超越诉讼请求，但不受请求内容的约束。"法院不拘泥于请求的文本，而要致力于对诉讼请求及事实说明的解释和补充。① 但当原告的诉讼请求不正确时，如果原告所主张的事实及所提出的证据材料可以证明另一个权利主张，但无法证明当事人所提出的权利主张，由于人民法院必须依诉择判，此时只能判决原告败诉。部分人民法院依据一分支说，认为："释明并非要求人民法院指导当事人按照法律规定正确诉讼，提出一个符合法律规定的明确具体的诉讼请求，终究是原告的义务。"② 按此观点，如果释明原告变更诉讼请求，则改变了诉讼标的，是不被允许的。

然而，这样对原告而言是很残酷的，依据客观的事实他应该胜诉，但只因为他没有提出妥当的诉讼请求败诉，与行政诉讼保护相对人合法权益、监督行政权、化解行政争议的目的也相冲突。如果采二分支说或三分支说，由于案件的事实关系以及规范基础主张并未因诉讼请求的变更而变更，仅以诉讼请求变更就认可诉讼标的的发生变化不符合诉讼标的的理论，此时，法院可以向原告释明，他所主张的事实以及为证明该事实所提出的证据可以支持其真实的权利主张，从而促使原告变更诉讼请求。此时，由于人民法院的释明并未超越诉讼标的的范围，因此并未构成对处分权原则的违背，属于法律允许的范围。

---

① 参见［德］弗里德赫尔穆·胡芬：《行政诉讼法》（第5版），莫光华译，法律出版社2003年版，第542~545页。

② 参见"冯庄三组诉荥阳市人民政府土地行政征收案"，最高人民法院（2018）最高法行申9011号行政裁定书。

由此可知，采旧诉讼标的理论或新诉讼标的理论中的一分支说，人民法院仅可以作出消极的释明；若采新诉讼标的理论中的二分支说或三分支说，则积极释明也是被允许的。

第二章 行政诉讼释明之域外论

要想全面了解一项制度，将视野拓展至域外无疑是有效的方法。整体分析我国的行政诉讼制度会发现，我国行政诉讼制度糅杂着大陆法系与英美法系的制度特征。① 因此，为全面了解与完善我国行政诉讼释明制度，宜在认清我国行政诉讼整体构造的前提下，系统学习大陆法系国家和地区以及英美法系国家和地区对行政诉讼释明制度的规定。本章拟通过对域外行政诉讼释明制度的考察，为后文行政诉讼释明制度的完善提供经验支持。

第一节 大陆法系的行政诉讼释明制度

一、德国行政诉讼释明制度概览

（一）德国行政诉讼释明的理论基础

《德国行政法院法》第86条第3项规定：“主审法官有义务要求诉讼参与人消除形式瑕疵，对不清楚的声请予以澄清，提出有益的声请，补充不充足的事实陈述，作出所有对确认及判断案件有意义的声明。”② 该规定与德国2002年生效

① 参见薛刚凌、杨欣：《论我国行政诉讼构造："主观诉讼"抑或"客观诉讼"?》，载《行政法学研究》2013年第4期。

② 《德国行政法院法》第86条第3项的英文版本为：The presiding judge shall endeavour to ensure that formal errors are remedied, unclear requests explained, proper motions made, inadequate factual information supplemented, as well as all declarations submitted which are material to the establishment and judgment of the facts.

的《民事诉讼法》第 139 条第 1 项①内容大致相同。但是由于德国行政诉讼采职权主义诉讼模式，而民事诉讼所采取的是当事人主义诉讼模式，因此，德国行政诉讼中释明与民事诉讼中的释明基础是不一样的。德国民事诉讼中的释明，是希望通过法官的协助，弥补辩论主义的不足，法官是居于辅助地位。而行政诉讼中的释明，则是法官通过释明指出当事人的协力责任，确定其对成为裁判基础事实的主张，如果当事人不履行协力义务则可减轻或免除法院的职权调查义务，法官是居于职权调查的地位。更有甚者提出，从法院释明与当事人举证责任的关系上来说，行政法院对当事人释明举证后，在职权主义诉讼模式下，当事人仍负有主张责任与提出证据的责任。正如持此观点的代表性学者德国 Baur 教授所言："民事诉讼中，主张责任和证据提出责任依然依照客观举证责任决定，只是经由法官的释明而当事人的上述两种责任相对弱化了；而在行政诉讼中，经由法官的释明具体化当事人的协力责任，当事人不为主张和证据声明，法院即不为斟酌，最后受败诉之裁判，故当事人亦有主张责任与证据提出责任。"②

（二）德国行政诉讼释明的性质

从《德国行政法院法》第 86 条第 3 项可以看出，德国行政诉讼释明为法院的义务，当审判者释明错误时，上级审法院可以以原审法院违反释明义务为由，认定原审判决违背法令，从而废弃原判决。例如上级审认为原审的审判长行使释明，错误指示原告将撤销诉讼变更为课以义务诉讼属于不当释明，可以以该审判

---

① 《德国民事诉讼法》第 139 条第 1 项规定："必要时，法院应该与当事人共同从事实和法律两方面探讨事实关系和争讼关系并发问。法院应该致力于当事人及时和完整地陈述一切重要的事实，特别是在其所主张的事实陈述不充分时加以补充、指明证据手段以及提出的申请。"英文版本为：Direction in substance of the course of proceedings：（1）To the extent required, the court is to discuss with the parties the circumstances and facts as well as the relationship of the parties to the dispute, both in terms of the factual aspects of the matter and of its legal ramifications, and it is to ask questions. The court is to work towards ensuring that the parties to the dispute make declarations in due time and completely, regarding all significant facts, and in particular is to ensure that the parties amend by further information those facts that they have asserted only incompletely, that they designate the evidence, and that they file the relevant petitions.

② 参见吴东都：《行政诉讼之举证责任——以德国法为中心》，台湾学林文化事业有限公司 2001 年版，第 114 页。

长未作出正确且有益于当事人的释明为由，废弃原判决，如果事实尚未查明，则可以将案件发回原审法院。

（三）德国行政诉讼释明的范围

因德国行政法院将释明视为确定当事人协力义务的前提，德国行政诉讼中法院释明义务范围是非常广的。依德国通说的见解，如果审判长认为适当，可以指示原告为诉的变更，即使原告有律师作为诉讼代理人亦同，因其亦属有益且必要之声明。另外，为免困扰，若案件在法律上仍然存有疑议，审判长应当与当事人就各种可能情况加以讨论。但是讨论时应避免劝说当事人或强调其法律见解试图以此影响当事人，当事人到底采取何种诉讼行为仍然应当由当事人自行决定。[①]另外，法院在对法律问题进行释明时，应将释明限定在不是决定案件胜负的法律问题上。法官对于其法律见解，一般不需要释明，但是若该法律见解尚未经过当事人辩论，是当事人不能预见的，且判决将以此为基础，法官应当在言词辩论时，向当事人释明，令其辩论。此外，若法院对应作为判决基础的重要法律见解有所改变时，应于言词辩论终结前告知当事人，给予当事人适当的反应期间。

若当事人聘请了律师作为其诉讼代理人，在德国，同样不能免除法官的释明义务，但是释明义务的范围相对地缩小。原则上，在律师所应具备的一般性法律专业知识及陈述能力的范围内，法官可以免除其释明义务。

二、日本行政诉讼释明制度概览

（一）日本行政诉讼释明的立法规定

为充实和促进审理，日本 2004 年修改《行政事件诉讼法》，规定了行政诉讼的释明处分特则，该法第 23 条第 2 款第 1 项规定："为明确诉讼关系，法院

[①] 参加翁岳生：《行政诉讼法逐条释义》，台湾五南图书出版有限公司 2002 年版，第434 页。

认为有必要时，可以作出如下处理：（1）对作为被告的国家或公共团体所属的行政机关或作为被告的行政机关，可以要求其提供所保有的处分或裁决的内容、作为处分或裁决依据的法令的条款、能够厘清构成处分或裁决要因的事实及处分或裁决理由的资料（次款中记录的与审查请求有关的案件记录除外）的一部或全部。（2）委托前款中规定的行政机关以外的行政机关，寄送所保有的前款中规定的资料的一部或全部。"该条规定了法院可以要求行政机关提出揭示行政处分理由的资料以及有关案件记录。该条与《日本民事诉讼法》第149条①共同构成了日本的行政诉讼释明制度。日本除了规定行政诉讼释明特则外，在《行政事件诉讼法》第25条中还规定人民法院裁定停止行政行为的执行必须以释明为基础。②

（二）日本建立行政诉讼释明制度的原因

日本规定行政诉讼释明特则很大程度上是因为其未在诉讼中统一规定举证责任的分配。日本大多数学者认为举证责任问题需要以具体的实体法的解释来解决，无法作出一刀切的规定，但是目前达成的共识是行政机关应当根据其所搜集的资料对其所作出的行政处分的合法性进行说明。③ 既然立法未规定举证责任如何分配的问题，那么法院只有通过释明才能让负举证责任的当事人提出证据材料。法院向行政机关释明提出证据的理论基础在于行政机关在行政行为作出时对行政相对人负有调查义务，该调查义务反映到行政诉讼中即要求行政机关负举证

---

① 《日本民事诉讼法》第149条规定了释明制度。该条第1款规定："为明确诉讼关系，裁判长可以在口头辩论之日或者其他时间，就事实上的或者法律上的事项，向当事人发问或者督促其取证。"

② 《日本行政事件诉讼法》第25条规定："1. 撤销处分之诉之提起，不妨碍处分之效力、处分之执行或程序之续行。2. 提起撤销处分之诉时，为避免因处分、处分之执行或程序之续行造成难以回复的损害，有紧急必要时，法院得依声请以决定全部或部分停止处分之效力、处分之执行或程序之续行（以下简称'停止执行'）。但处分效力之停止，如依停止处分之执行或程序之续行可以达成目的时，不得为之。3. 停止执行，有可能严重影响公共福祉，或对于本案显无理由时，不得为之。4. 第二款之决定应基于释明为之。"

③ 行政诉讼检讨会（第14回）盐野宏座长发言。转引自王天华：《行政诉讼的构造：日本行政诉讼法研究》，法律出版社2010年版，第147~148页。

责任。"行政机关负有诚实地执行立法的任务。所以行政机关对相对人承担调查义务，被告行政机关应当在其所承担的调查义务的范围内对证明系争行政行为合法的事实承担举证责任。"①

此外，日本行政裁量观念的变迁对释明制度的发展也产生了深远的影响。日本裁量观发生了从裁量二元论到裁量一元论的转变。裁量二元论将裁量问题与法律问题分开，作为两个独立的问题来看待，裁量行为属于行政机关绝对的权力，在裁量领域内，行政机关是自由的，不受法律拘束，因此司法无权对其审查。裁量一元论者基于行政裁量也是法律授权的结果的观点，认为裁量行为在法律裁定的范围内也存在合法与违法的问题，不能把裁量问题理解为法律问题之外的问题，应当受到司法的审查。裁量一元论形成共识后，各国开始探究审查裁量行为的方式。② 日本通过太郎杉事件二审判决确定了通过判断行政过程来审理行政裁量行为的审查方式。③ 日本太朗杉控诉案的判决包含着判断过程审查方式的典型表达：法院根据行政机关的陈述，对行政机关以何种方式考虑何种事项作出行政行为进行重构，并在此基础上对裁量过程的妥当性进行评价。④ 要想实现判断过程审查，一个必要的前提是行政机关向法院陈述作出行政行为时考虑了哪些事项，如果行政机关对其裁量行为的过程未进行说明，法院无法进行判断，因此，有必要规定行政诉讼释明特则，法院可以要求行政机关提出作出裁量

---

① 王天华：《行政诉讼的构造：日本行政诉讼法研究》，法律出版社 2010 年版，第 148 页。

② 参见王天华：《行政裁量过判断过程审查方式》，载《清华法学》2009 年第 3 期。

③ 日本栃木县知事为了迎接东京奥运会，计划对某条国道进行拓宽。为此，他制订了 A 方案，要对"日光东照宫"（世界文化遗产）境内的部分土地进行征用，并对其上的古树太郎杉进行砍伐。栃木县知事的这个计划获得了建设大臣的批准，太郎杉因此面临被砍伐的风险。于是，作为宗教法人的"日光东照宫"以建设大臣为被告对建设大臣的批准行政行为提出了撤销诉讼。东京高等法院最后用判断过程审查方式认可了原告的撤销请求。见东京高判昭和 48 年 7 月 13 日行集 24 卷 6 · 7 合井号，第 558 页。

④ 参见［日］小早川光郎："事 认定と土地 用法 20 条 3 号の要件——日光太郎杉事件"，街づり · 国づくり判例百选（别册ジュリスト103 号）56 事件，第 120 页。转引自王天华：《行政裁量过判断过程审查方式》，载《清华法学》2009 年第 3 期。

处分的理由资料以及有关案件记录。

（三）日本行政诉讼释明的特点

第一，释明对象包括当事人以及当事人以外的其他人。根据释明特则的规定，释明处分的对象是"作为被告的国家或者公共团体所属的行政机关或者作为被告的行政机关"，这意味着具体提出资料的并非被告（国家或者公共团体）本身，而是作出系争行政处分的行政机关。日本行政诉讼被告并非直接作出行政行为的机关，而是作出行政行为的行政机关所属的国家或公共团体。修改前的《行政事件诉讼法》原则上是以作出处分或裁决的行政厅作为被告的。但是日本行政诉讼研讨会在 2004 年公布的《行政诉讼制度修改的观点》中表示，"为了减轻原告选择被告的负担，简化诉讼变更等程序，修改了现行以作出行政行为的行政机关作为抗告诉讼被告的制度，以作出行政行为的行政机关所属的国家或公共团体作为被告"。虽然被告并非直接作出行为的行政机关，但是有关行政行为合法性的证据材料还是保存在行为机关处，因此，法院向其释明提出案件资料也就合情合理了。

第二，日本释明处分并不限于诉讼的早期阶段，只要法院认为有必要，在以后的阶段也可以要求行政机关提出资料。① 修改前的《日本行政事件诉讼法》第 7 条规定："行政事件诉讼法未有的规定可以参照民事诉讼。"日本民事诉讼法规定了文书提出义务，根据文书提出义务的原理，作为被告的国家或公共团体所属的行政机关是应当将其所持有的证据材料提交给法院的，日本之所以在《行政事件诉讼法》中以释明特则的形式规定其提交证据材料的义务，有其特殊性。民事诉讼中的文书提出义务中所指的文书最开始不包括公务员关于其职务所保管或所持有的特殊文书，在判例中，行政机关专供自己使用制作的内部文书也不属于"法律关系文书"。这意味着根据民事诉讼中的文书提出义务，行政机关的文书提出范围受到了严格的限定。后来，日本虽然将上述几种文书纳入了文书提出义务的范围，但是有关公务员职务秘密文书、可能有损公共利

---

① 日本行政诉讼检讨会第 26 回议事录（事务局发言），转引自王天华：《行政诉讼的构造：日本行政诉讼法研究》，法律出版社 2010 年版，第 144 页。

益或者显著妨碍公务执行的文书仍被排除于行政机关的文书提出义务范围之外，这给法院审理带来了很大困扰。解决这些困扰的最好办法自然是制定符合行政诉讼的特点的释明制度。

三、我国台湾地区行政诉讼释明制度概览

（一）台湾地区行政诉讼释明的规定

我国台湾地区"行政诉讼法"第125条规定："审判长应注意使当事人得为事实上及法律上适当完全之辩论。审判长应向当事人发问或告知，令其陈述事实、声明证据，或为其他必要之声明及陈述；其所声明或陈述有不明了或不完足者，应令其叙明或补充之。陪席法官告明审判长后，得向当事人发问或告知。行政法院为使诉讼关系明确，必要时得命司法事务官就事实上及法律上之事项，基于专业知识对当事人为说明。行政法院因司法事务官提供而获知之特殊专业知识，应予当事人辩论之机会，始得采为裁判之基础。"该条规定了法院的释明义务。① 除此之外，为了保证释明的效果，我国台湾"行政法院法"还专门规定了保障释明的措施。其第121条规定，行政法院因阐明或确定诉讼关系，于言词辩论时得为（1）命当事人、法定代理人、代表人或管理人本人到场；（2）命当事人提出图案、表册、外国文文书之译本或其他文书、对象。（3）行勘验、鉴定或嘱托机关、团体为调查。并得将当事人或第三人提出之文书、对象暂留置之。

（二）台湾地区行政诉讼释明的性质

理论界与实务界将释明看成保护当事人平等权的必备工具，他们将释明视为法官的义务，如果法官没有尽到释明义务，则有违宪法有关保障当事人平等的原则，属于重大的程序瑕疵，可以作为当事人上诉的理由。

---

① 张文郁：《权利与救济——以行政诉讼为中心》，台湾元照出版有限公司2005年版，第46页。

（三）　台湾地区行政诉讼释明的范围

我国台湾地区"行政诉讼法"关于释明的规定与其"民事诉讼法"基本相同。① 但因台湾地区行政诉讼所采用的是职权调查主义，因此，行政诉讼释明义务的范围要大于适用当事人提出主义的民事诉讼程序。在民事诉讼中，法官原则上不能逾越当事人所主张的范围作出释明，换言之，法官必须等当事人有所主张或陈述后，才能根据当事人的主张和陈述行使释明。民事诉讼中法官的释明是被动的、消极的。在我国台湾地区，释明的范围包括诉讼行为方式错误的排除，例如当事人的诉讼行为应当以书面形式作出，但当事人却以言词方式作出时；指示当事人以正确且迅速有效的方法行使其权利，例如当事人误解行使权利的构成要件，因而未能提出必要的资料，这时如果法官发现了当事人的错误，就应当释明当事人提出必要的资料。此外，如果法官认为适当，也可以指示原告为诉讼请求的变更。此外发问、告知陈述事实、声明证据、为必要的声明和陈述只是释明的几种方式，法官应采取各种方式促使当事人能完全陈述，使作为判决基础所必需的全部诉讼资料都能被提出来，并尽可能确定作为判决依据的各项事实。

（四）　台湾地区行政诉讼释明与相关制度的关系

在我国台湾地区，一般而言，若当事人请了律师作为诉讼代理人也不能免除法官的释明义务，但是释明的范围会相对缩小。原则上，在律师应当具备的一般性法律专业知识及陈述能力范围内，法官可以免除其释明义务。如果当事人经合法传唤没有正当理由不按时到庭的话，原则上是可以免除法官的释明义务的，因为当事人依法到场是法官履行释明义务的前提要件。即便如此，法院若以当事人在复议程序或先前的程序从未讨论过的理由作为裁判的唯一依据，且法官未向当事人释明的话，这种判决仍然会被认为因为违反释明义务而违法。在这种情况下，法院应当另行向当事人书面通知开庭日期，并告诉当事人若再缺席的法律后

---

① 我国台湾地区"民事诉讼法"第199条规定，审判长应注意令当事人就诉讼关系之事实及法律为适当完全之辩论。审判长应向当事人发问或晓谕，令其为事实上及法律上陈述、声明证据或为其他必要之声明及陈述；其所声明或陈述有不明了或不完足者，应令其叙明或补充之。陪席法官告明审判长后，得向当事人发问或晓谕。

果，促使该当事人有陈述的机会。此外，台湾职权调查的规定仅适用于撤销诉讼和与公益有关的案件，但法官在所有诉讼中皆负有释明义务，此项义务并非仅存在于撤销诉讼及其他有关公益的诉讼中。①

四、大陆法系国家和地区行政诉讼释明制度的主要特点

（一）释明属于法院的义务

无论是德国、日本还是我国台湾地区都将释明视为法院的义务，当法院释明错误时，上级审法院可以以原审违反释明义务为由，认定原审判决违背法令，从而废弃原判决。可以看出域外国家和地区非常看重释明在行政诉讼中的作用。这与行政诉讼原被告诉讼能力不平衡以及行政诉讼多与公益相关有很大关系。

（二）释明贯穿于诉讼的整个阶段

大陆法系国家和地区通常将诉讼过程分为三个阶段：第一阶段是判断法院能否对案件进行审理、判决的阶段，即诉讼的适法阶段，使诉讼适法提起的要件称为"起诉要件"；第二阶段是保证诉的提起在程序上必须适法，使诉讼适法系属所必须具备的要件即"诉讼要件"；第三阶段是就原告的请求进行审理、判决的阶段，使法院裁判原告的请求有理的要件即诉的"本案要件"或"权利保护要件"。② 在诉讼的第一阶段，法院通常会对起诉人的起诉要件进行释明，如释明起诉人在诉状中必须写明明确的被告、具体的诉讼请求和事实理由等；在诉讼的第二阶段，若法院发现起诉人的诉讼要件不具备，如当当事人无诉讼能力时，释明当事人让其法定代理人适法代理；在诉讼的第三阶段，为了使法院判决更加接近客观真实，法院通常会根据当事人所提供的证据材料释明其提出更明确、更具体的证据材料。

---

① 张文郁：《权利与救济——以行政诉讼为中心》，台湾元照出版有限公司2005年版，第48页。

② ［日］中村英郎：《新日本民事诉讼法讲义》，陈刚、林剑锋、郭美松译，常怡审校，中国法律出版社2001年版，第152页。

（三）行政负有较大范围的释明义务

由于释明是法院进行职权调查的工具，在域外，行政诉讼释明义务的范围要大于适用当事人提出主义的民事诉讼程序。在行政诉讼中，法官能逾越当事人所主张的范围作出释明。对诉讼请求变更、追加的释明、新诉讼资料提出的释明都可。行政诉讼中法院的释明是积极的释明。

（四）严格限制对被告的释明

被告相比原告具有天然的优势，行政诉讼中法院只有在特殊情况下才能对被告释明。该特殊情形为：（1）提交证据材料的释明；（2）说明行政行为过程的释明。提交证据材料的释明与其对待证据失权的态度存在很大的关系。域外一般没有严格的证据失权制度，被告未按时举证的，法院应当释明其提出行政行为作出过程中所收集的与案件有关的证据材料。说明行政行为过程的释明对审理行政裁量案件意义重大，值得借鉴。

第二节　英美法系的行政诉讼释明制度

与大陆法系国家和地区不同，英美法系国家认为：根据三权分立原则，行政权与私权无异，都应当接受普通法院的司法审查，而不应当由独立的属于行政系统的行政法院来审查。普通法院在审理民事案件和行政案件时都应当遵循同样的规则。在美国，由普通法院审查行政机关的行为是否符合宪法及法律，并审查国会制定的法律是否符合宪法，除法律有特别规定外均适用一般的诉讼程序。① 英美法系国家的行政诉讼释明制度与其民事诉讼释明制度并无二致。

英美法系国家的行政诉讼奉行典型的当事人主义诉讼模式，法官完全处于中立地位，诉讼程序的推进与诉讼资料的提出也全部依靠当事人。但是，随着大陆法系的德国在民事诉讼过程中通过加强法院的诉讼指挥权解决极端当事人主义所

---

① 王名扬：《美国行政法》（下），中国法制出版社 2005 年版，第 561 页。

带来的诉讼迟延等问题取得成功后，美英法系国家也开始在诉讼程序上进行改造。当今时代，不管是大陆法系国家还是英美法系国家，人们都开始在认识上转向法院的有限的主动或干预，矫正过去那种"放任不管"的观念。①

一、英美法系行政诉讼释明制度概览

（一）英国行政诉讼释明制度概览

19 世纪前，英国采取普通法院与衡平法院相互独立的司法体系。英国 1873 年、1875 年的司法法（Judicature Act）结束了普通法院和衡平法院相互独立的局面。1998 年 12 月，英国签署了《民事诉讼规则》，该规则历经近 10 次修改，于 1999 年 4 月 26 日正式生效。②《民事诉讼规则》强化了法官对诉讼的指挥权，其中大部分规定是赋予法官程序性诉讼指挥权，部分内容与释明制度有关。

《民事诉讼规则》第 18.1 条规定，为取得进一步信息，法院随时可责令当事人释明诉讼程序中争议的任何事项；或者就上述任何事项提供进一步信息，不论案情声明中是否包括或涉及该事项。③ 法官为了整理争点，在当事人陈述不清的情况下，可以责令当事人对争议的事项进行进一步的阐述并提供进一步的信息加以支持案情声明。此点与法官释明当事人将不清楚、不适当、不正确的陈述变得清楚、适当和正确类似。《民事诉讼规则》第 32.1 条是对当事人举证方面的释明规则，该条规定：法官可以就如下事项作出指令：（1）确定提供证据的事项；（2）裁判上述事项所要求证据的性质；（3）向法院提交证据的方式。除此之外，英国法院非常重视替代性纠纷解决方式（ADR）在化解纠纷方面的作用，为了促进案件和解，在审前程序中，法官会鼓励当事人采取替代性纠纷解决程序，促成案件的全部或部分和解，在促进和解的过程中，法官通常会采取对法律规定进行释明。

---

① ［日］高桥宏志：《重点讲义民事诉讼法》，张卫平、许可译，法律出版社 2007 年版，第 375 页。

② 参见韩红俊：《释明义务研究》，法律出版社 2008 年版，第 26 页。

③ 参见徐昕：《英国民事诉讼规则》，中国法制出版社 2001 年版，第 84 页。

（二）美国行政诉讼释明制度概览

美国作为曾经英国的殖民地，美国法是在英国普通法的基础上发展起来的。但是美国 1776 年独立战争后，美国公众对英国以及英国所有事物产生了敌对态度，美国法开始遵循其独特的发展路径，逐步发展为英美法系的典范。

美国法院在审理案件过程中，主要在审前准备程序中行使释明。审判准备程序是案件受理后，开庭审理前的一个诉讼程序，由诉答阶段（pleading）、发现程序阶段/证据开示阶段（discovery）和审前会议阶段（pretrial conference）组成。诉答阶段的主要任务是明确案件争点，由当事人在法官面前陈述主张，法官在听取双方当事人主张后确定当事人之间的争点。由于诉答程序直接决定着案件是否可以进入审理阶段，且美国的令状制度规定诉答必须以法定的形式完成才可获得司法救济，因此，为了使诉答程序能够顺利进行，保证能准确整理争点，法院通常会促使当事人提出正确的诉答形式。释明就是促使其提出正确诉答形式的最主要方法。证据开示是指当事人或者其代理律师从对方当事人和其他与案件相关的证人那里获取有关信息的正式程序。① 美国奉行当事人主义，法官并不具有调查证据的权力，但是其有职责对证据的形式、证据的采集等进行引导。根据《联邦证据规则》第 103 条第 2 项的规定，法官可以指示用提问和问答的方式来提供与表明证据特征、证据提供方式、提出异议和相关的裁定有关的其他的或进一步的证词。这种提问和问答的方式即是释明的表现形式。审前会议的实质内容就是由法官出面，帮助当事人归纳或总结通过发现程序从事准备所获得的结果并将其固定下来，以便给开庭审理提供一个事前的完整计划。② 随着对诉答程序的放松以及对证据开示程序功能的有限性的认识，审前会议阶段更需要法官对程序的控制，有较强的诉讼指挥特征。美国《联邦民事诉讼规则》第 16 条第 3 款规定，在审前会议上，法院可以采取相应的行动确定下列审议事项：争点的明确和简化，包括对无意义的请求或答辩的排除；修改诉答文书的必要性和妥当性；为避免不必要的证明而对事实或文件获得自认的可能性；可能获得有关文件真实性的

---

① 参见汤维建主编：《美国民事诉讼规则》，中国检察出版社 2003 年版，第 114 页。
② 参见王亚新：《民事诉讼准备程序研究》，载《中外法学》2000 年第 2 期。

协议，以及法院对证据可采性的预先裁定；为避免不必要的证明和重复证据，限制或限定证言的使用；确定法庭调查的证人和文书。[1] 在审前会议阶段，法官依职权促使当事人将请求或陈述予以明确，告知当事人证据的证据能力都是法院释明的具体表现。

另外，为了使陪审员对法律适用有所了解，美国法官以当事人向其提出案件相关的法律依据为契机，向当事人询问、并与之讨论其法律主张的根据和不清晰之处。[2] 法庭通过释明当事人明确其法律主张不明确的地方这种方式，使陪审员对法律适用有全面的了解。因此，在美国，法官较多地作出法律方面的释明。

二、英美法系国家行政诉讼释明制度的主要特点

(一) 释明属于法官的自由裁量权

无论是在法律规定层面、司法实践层面，还是理论理解层面，英美法系国家均将释明看作法官的自由裁量权。

从立法规定来看，英美法系国家在规定释明制度的法律条文中，所使用的也都是"可以"这种带有自由裁量余地的字眼。在英美法系的判例中，也没有把释明的不当作为当事人可以上诉的理由的。[3] 在英美法系国家看来，当事人才是诉讼的主体，他们要对自己的行为负责，法官释明最主要的目的还是推进诉讼程序的发展，防止诉讼拖延。即使法官未释明，诉讼的拖延也是当事人的行为所造成的，因此，释明属于法官的自由裁量权。而且，英美法系法官有娴熟的业务能力与绝对的权威，将释明视为法官的自由裁量权，更有利于法官根据当事人不同的诉讼能力给予不同程度的释明，以真正保障当事人诉讼能力的平等。

(二) 法官主要在庭前准备程序阶段释明

与大陆法系国家和地区相似，英美法系国家在诉讼中规定释明制度的一个目

---

① 参见白绿铉：《美国民事诉讼法》，经济日报出版社 1998 年版，第 209 页。

② 参见陈源：《论美国民事诉讼程序中的"释明"制度及对我国的启示》，载《甘肃社会科学》2014 年第 2 期。

③ 参见张力：《阐明权研究》，中国政法大学出版社 2006 年版，第 46 页。

的是避免诉讼过分依赖当事人的诉讼能力而可能导致诉讼实质正义的缺失；但是，这并不是其考虑的主要因素，释明制度最主要的功能在于防止诉讼程序完全由当事人控制后随之而来的诉讼拖延。英美法系国家完善的庭前准备程序使诉讼的争点整理、证据的收集等最基础也非常重要的工作都集中在庭前审理准备阶段。这一阶段也是最容易出现诉讼拖延的，法官的释明也多在这一阶段实施。在言词辩论阶段，即开庭审理过程中，法官依然保持着中立的裁判者形象，极少进行释明。

（三）释明被限制在较小的范围内

即使在庭前准备程序阶段法官可以自由裁量是否行使释明，但是由于担心法官的介入将影响到法官的中立，在实践中，只有当事人在法官不释明的情况下难以完成争点整理的任务，或者造成证据开示阶段无限期的拖延等问题时，法官才会行使释明。受当事人主义思想的影响，法官的释明也仅限于消极释明，法官不会对诉之变更以及提出新证据材料进行释明。

（四）法官根据原、被告的实际情况平等地对双方进行释明

公法与私法的划分属于大陆法系国家的产物，在英美法系国家看来，国家机关与普通公民在法律面前属于平等的地位。行政机关不因其拥有行政管理权而凌驾于普通公民之上。另外，完善的律师代理制度也意味着普通公民的诉讼能力并不比行政机关差。因此，法院在释明时，不会因当事人的身份而有所区别，法官判断是否需要释明的标准只有是否一方由于诉讼能力欠缺将导致其本应胜诉时却败诉，或者导致提出与案件无关的证据以至于造成诉讼拖延。

第三章　行政诉讼释明之运行论

第一节　我国行政诉讼释明的立法实况

严格说来，我国行政诉讼并不存在完整意义上的释明制度。根据现有的法律、法规等规范性文件来看，我国只规定了人民法院应当释明的部分情形，关于释明的范围规定并不全面。且对于释明行使的原则、行使的界限、不当行使的标准等基本性的问题，立法并未涉及。但是，由于法律规定中已存有关于释明的规定，因此，不能说我国行政诉讼不存在释明制度。总体说来，我国行政诉讼释明制度的确立有其特定的背景，经历了从司法解释中的规定上升为立法规定的确立与发展的过程。

一、我国行政诉讼释明的入法背景

释明作为保障当事人程序保障权、防止诉讼突袭、保证案件实体公正的制度已被大陆法系国家及地区以及英美法系国家的诉讼法所接受。该项制度之所以能够出现在我国行政诉讼制度中，与我国行政诉讼秉承基本权利保障原则与法治原则密切相关。随着行政诉讼制度的完善，我国行政诉讼在构造上并非完全移植大陆法系国家的职权主义模式，而是融合了大陆法系职权主义因素与英美法系当事人主义因素，形成了学者所说的协同主义诉讼模式。在协同主义诉讼模式下，当事人和法院相互分工、合作，释明制度发挥作用的空间扩大。同时，行政诉讼制度作为终结我国人治时代，开启法治时代的制度，被赋予了多重的诉讼目的，要实现这多重诉讼目的，释明这种调节当事人诉权与法院审判权的制度显得尤为重要。因历史原因，我国形成了"官"强"民"弱的社会格局，原、被告之间诉讼能力的差异使得我国行政诉讼中更加需要释明的存在。

（一）基本权利保障原则与法治原则的推进

宪法是一国的根本大法，任何诉讼制度的产生都是源自宪法规范的价值预设，《行政诉讼法》当然也不例外。行政诉讼的释明是以宪法中基本权利保障原则与法治原则为基础的。

1. 行政诉讼释明与基本权利保障原则

公民的基本权利是指由国家宪法所规定的，对公民在国家和社会生活中，可以为一定行为或不为一定行为，并要求他人作出相应行为或不作出一定行为的许可和保障。亦即公民依法享有的基本权力和利益。[1] 要想实现公民的基本权利保障，首先必须赋予公民以司法救济权。

司法救济权是从救济权发展而来的，救济权是原权利的对称，即原权利遭受不法干涉或受侵害时，有获得由国家赋予救济手段的权利。当公民的原权利遭受不法干涉或受侵害时，获得国家司法机关救济的权利即司法救济权。司法救济权也称接近法院权，或接近司法权或诉讼权，主要包括两方面的内容：第一，法院不得拒绝受理。即只要当事人按照法定的起诉要件提起诉讼，不论其实体权利是否真实受到损害，司法机构不得拒绝受理案件；第二，法院不得拒绝裁判。即法院不得以案件事实或法律状态不明为由而拒绝作出实体性裁判。[2] 对行政相对人来说，实现司法救济权包含起诉权、获得行政裁判权、得到公正裁判权。[3]

行政法的领域不但相当广阔，而且各法规之间的关系错综复杂，法规所涉及的事项通常又极为专业，一般而言，不具有特殊专业知识的行政相对人对其是很难掌握的。再加上原告作为行政相对人，本来就处于弱势地位，要想完成合法的起诉并非易事。而释明恰恰能起到协助相对人提起合法的诉讼这一作用。

原告诉权的实现最终必须通过公正的诉讼程序方能实现。公平审判权，源自

---

① 参见卢之超、赵穗明主编：《马克思主义大通源通源辞典》，中国和平出版社 1993 年版，第 210 页。

② 参见马立群：《行政诉讼标的研究——以实体与程序连接为中心》，中国政法大学出版社 2013 年版，第 36 页。

③ 参见薛刚凌：《行政诉权研究》，华文出版社 1999 年版，第 16、18 页。

英美法系"Due Process"或"Fair Trial",其要求保障双方当事人在诉讼上的程序权利,诉讼武器平等是实现公平审判权的基本要求。我国《宪法》第33条规定:"中华人民共和国公民在法律面前一律平等。"法律面前平等经历了从形式平等到实质平等的演变。① 要做到实质意义上的平等,必须从三方面保障。首先,人民诉诸法院的机会一律平等;其次,人民在法官面前一律平等;最后,法官在适用法律上对当事人一律平等。其中,人民在法官面前一律平等,是指当事人在诉讼中的武器平等。换句话说,武器平等是一种"诉讼上的平等",意味着法律应当赋予每个诉讼当事人相同的而且不逊色于另一方当事人的能力,使其能够平等地适用诉讼制度的权利与机会,不使其在案件中不因法律之外的原因(如金钱、地位、诉讼技巧)而不能提出合适的诉讼请求,不能及时有效地进行攻击防御。

在行政诉讼中原、被告无论是在诉讼信息、诉讼能力,还是在诉讼心理上均存在明显差距,原告弱势地位突出。既然承认任何人都有平等地使用诉讼制度的权利与机会,那么这种平等不仅应当是形式上的平等,而更应当是实质上的平等。通过释明制度,使处于弱势一方的当事人能够及时有效地提出攻击防御方法、及时调整不合法或不适当的诉讼行为,以此实现实质的武器平等,应是武器平等原则的应有之义,是实现诉讼双方当事人诉讼地位平等所必需的。

2. 行政诉讼释明与法治原则

法治也称"法的统治",是指统治阶级按照民主原则把国家事务法律化、制度化,并严格依法进行管理的一种治国理论、制度体系和运行状态。其核心内容是:依法治理国家,法律面前人人平等,反对任何组织和个人享有法律之外的特权。② 要保证国家机关及其工作人员依法治理国家,必须赋予人民宪法监督权。宪法监督权顾名思义是由宪法赋予人民群众对国家机关和国家工作人员的工作检查、评定,督促其改进工作的权利。是现代民主国家从宪法的高度赋予处于弱势地位的公民对抗国家权力不法侵害的权利。在我国,公民监督权的概念并非从来

---

① 参见[美]布莱克:《法律的动作行为》,唐越、苏力译,中国政法大学出版社2004年版,第13页。

② 参见周叶中主编:《宪法》,高等教育出版社、北京大学出版社2005年版,第110页。

就有。我国宪法和法律中至今也未明确使用这一概念。新中国成立后，我国学者从批评权、建议权等权利中概括出了公民监督权的概念，其通常见于宪法学教科书。[1] 监督权反映到诉讼中即人民群众通过启动诉讼程序，借助司法的功能和作用来监督国家机关和国家工作人员行政的合法性与合理性。监督权作为人民群众的一项政治权力，是人民站在国家主人的角度上通过监督行政来达到治理国家的效果。因此监督权具有目的上的纠错性。公民行使监督权除了维护自身合法权益外还承担着维护公共利益的重担。对被诉行政机关而言，其本身就是公益的代表，负有依法行使职权的义务。诉讼对行政机关来说也是检验其行政合法性的方式之一，因此，在诉讼过程中，行政机关应当以公共利益为首，积极地开展诉讼。公共利益维护的属性迁徙到诉讼本身，可以推导出行政诉讼应当承担维护公共利益的功能。

为实现公共利益的维护，法官应当全面地负起释明义务，通过释明促使当事人提出充分的证据，进行全面的辩论，以帮助其发现案件真实。在德国，依实务界的见解，审判长只要认为释明有益于诉讼程序的进行，有益于案件真实的发现，甚至可以命原告作出诉的变更的释明。[2] 如果应当释明而没有释明，则当事人可以此为由提出上诉。[3] 总而言之，监督权对行政诉讼释明的作用在于：法院为了实现人民群众的监督权，应当负有全面且沉重的释明义务。

(二) 当事人和法院作用分担机制和现实情况的需要

将行政诉讼视为一个整体考察，它应当是行政纠纷中的行政相对人将其与行政主体的纠纷交由法院进行裁判，法院根据当事人所提出的以及由其收集的诉讼资料审查判断，并作出裁判从而解决行政争议的过程。将整个诉讼程序分离开来考察，可以发现行政诉讼的基本要素有起诉、受理审查、当事人举证、质证、辩

---

[1] 参见许崇德主编：《中国宪法》，中国人民大学出版社 1989 年版，第 408 页；俞子清主编：《宪法学》，中国政法大学出版社 1999 年版，第 246、247 页；韩大元主编：《宪法学》，高等教育出版社 2006 年版，第 310 页。

[2] 参见 BVerwG, Buchholz, 310 § 86 Abs. 3 VwGO Nr. 18, S. 2 ff. 转引自张文郁：《权利与救济（三）——实体与程序之交错》，台湾元照出版有限公司 2014 年版，第 292 页。

[3] 参见张文郁：《权利与救济（三）——实体与程序之交错》，台湾元照出版有限公司 2014 年版，第 292 页。

论、法院对案件的实体审查、作出裁判等过程。这些诉讼活动的主要法律关系主体为法院和当事人。诉讼模式即集中体现了诉讼主体的诉讼地位、互相间的法律关系的诉讼活动。

当事人主义与职权主义都有其优越性，也有其不足之处。随着社会国家原理越来越被认同，学者开始提出协同主义诉讼模式的概念。协同主义理论是建立在法官应积极地去照顾、支援属于社会弱者的当事人这一观点之上。在这种理论的引导下，诉讼中重视法官与当事人的讨论，通过法官的指挥来实现实质当事人的武器平等。在协同主义模式下，当事人和法官的分工混合了当事人主义与职权主义的特点，在实体权利义务方面，对于诉讼实体的形成活动，原则上遵循和贯彻当事人主义；而在诉讼程序面上，即在审理程序的运行活动方面，则由法院指挥和推进诉讼程序的进行，亦即对诉讼程序进行活动，实行职权主义。

我国行政诉讼程序运作无疑也不是单纯强调当事人的作用或法院的作用，而是通过当事人与法院的协作，共同推进程序的运行。从已有的规定看体现当事人主义诉讼模式的有：诉讼由原告提起，采取不告不理的原则，将当事人有权进行辩论作为基本原则规定在总则中，证据由当事人提供，判决由法院在双方当事人充分辩论后作出等。① 但是法院又是法院、原被告三方关系的主导者，根据法院对原告撤诉所享有的决定权，对证据的搜集、判断、利用上的权力规定，我们认为，我国行政诉讼结构又具有较为明确的职权主义特征。② 在这种协同主义诉讼模式下，法院在充分尊重当事人辩论权和处分权的前提下，充分发挥其主观能动性，通过与当事人共同协同行使诉讼权利、履行诉讼义务，减少诉讼困难，降低诉讼成本，促进争议的实质解决。③ 协同主义诉讼模式强调法院与当事人的协作，而释明制度则是调整人民法院职责与当事人权利义务关系的制度设计，在协

---

①　参见林莉红：《论行政诉讼模式与举证责任原则的运用》，载《法学评论》1995 年第 5 期。

②　参见谭宗泽：《行政诉讼结构研究：以相对人权益保障为中心》，法律出版社 2009 年版，第 105 页。

③　参见梁潇：《试论“协同行政诉讼模式”在我国的建立》，载《河北法学》2013 年第 8 期。

同主义诉讼模式下，如何发挥释明制度所起的推进诉讼、保护当事人合法权利的作用尤为重要。

我国行政诉讼确立了化解行政争议、保护相对人合法权益、监督行政机关依法行政的多元价值目标。该制度定位及当事人实际诉讼能力差异巨大的现实情况决定了释明在我国行政诉讼中的重要性。

多元的行政诉讼价值观使法院在审理行政案件时需要考虑多方面的因素，以协调各方利益，且在不同目的的指导下，会导致制度设计之间的冲突。例如，从化解争议的目的出发，行政诉讼应当扩大调解的范围，但从监督行政的目的出发，行政诉讼中的调解应当受到诸多限制。如何实现多元价值成了行政诉讼面临的一大难题，释明制度可以缓冲因多元目的导致的相互冲突的制度设计。如为了达到解决纠纷的效果，法院有必要作积极的释明；为了维护相对人的合法权益，法院应当注意限制对被告的释明；为了维护公共利益，人民法院又可以突破对被告释明的种种限制。

行政诉讼法律关系是从行政法律关系发展而来，原、被告是行政法律关系中的被管理者与管理者，作为被管理者的行政相对人，除了诉讼能力与被告相差甚大外，诉讼心理上也存在明显差距。当事人诉讼能力的差异可能造成本应胜诉的当事人却承担败诉的后果，这不仅不符合个案公正的要求，还有损法治的权威。法院在面对当事人实际诉讼能力差异时，已不能只坐堂听审，而应当在恰当的时候，通过其行为减少当事人诉讼能力的差异。释明这种带有帮扶性质的职责在很大程度上减少了原、被告之间诉讼能力的差异。

二、我国行政诉讼释明的入法历程

严格说来，我国行政诉讼并不存在完整意义上的释明制度。根据现有的法律、法规等规范性文件来看，我国只规定了人民法院应当释明的部分情形，关于释明的范围规定并不全面。且对于释明行使的原则、行使的界限、不当行使的标准等基本性的问题，立法并未涉及。但是，由于法律规定中已存有关于释明的规定，因此，不能说我国行政诉讼不存在释明制度。总体说来，我国行政诉讼释明制度有一个确立与发展的过程。

（一）司法解释出现释明的规定

行政诉讼相关法律法规中最早出现释明规定的是 2000 年《若干问题的解释》第 23 条和第 71 条。其第 23 条规定："原告所起诉的被告不适格，人民法院应当告知原告变更被告；原告不同意变更的，裁定驳回起诉。应当追加被告而原告不同意追加的，人民法院应当通知其以第三人的身份参加诉讼。"从文义解释来看，该条应当是强制要求人民法院在发现被告不适格时，向原告释明其变更适格被告的硬性规定。在民事诉讼中，基于私法自治的原则，原告的诉讼请求、诉讼对象等事项完全由其自由决定，法院无权干涉。因为私权主体之间的纠纷所影响的仅仅是私主体之间的利益，若原告起诉的被告并非造成其损害的真正主体，本案原告与本案被告之间的纠纷可以直接通过驳回原告诉讼请求加以解决。但是行政诉讼中被诉行政机关所代表的国家公权力，原告对被诉行为不服，从根本上来说是对公权力行使的不服，被诉行政机关只是公权力的代言人而已。若原告所起诉的代言人存在错误，法院不加释明直接驳回其诉讼请求，原告因公权力行使所造成的损害并未得到弥补，也就是说原告因公权力行使所产生的行政纠纷并未得到解决。法院的如此做法对化解纠纷、保障相对人权益、维护公共利益无任何帮助，相反还会增加相对人对国家的不满。因此，从行政机关属于公权力的代言人以及一次性化解纠纷的角度上来说，在行政诉讼中，若法院发现原告所起诉的被告不适格应当向其释明变更适格的被告。

2000 年《若干问题的解释》第 71 条规定："当事人在第二审期间提出行政赔偿请求的，第二审人民法院可以进行调解；调解不成的，应当告知当事人另行起诉。"该条是二审程序释明的规定。为了防止一审法院枉法或错误裁判损害当事人的权益，我国设置了二审终审的审级制度。当事人对一审裁判不服的，可以上诉至上级人民法院，使案件进入二审程序。二审法院的作用在于对一审法院的裁判进行审理，最终对一审裁判作出裁判，因此，二审程序必须在一审程序的基础上，审理一审法院在事实认定与法律适用上面是否存在错误。这一套设计有其合理性，但对不熟悉法律的相对人来说，可能并不能掌握二审法院的审理规则。对当事人来说，基于其朴素的认识，法院就是维护其权益的地方，因此，只要有诉求，就会向法院提出，有的上诉人会在上诉过程中提出一审期间未提出的诉讼请求，如当事人在第二审期间才提出行政赔偿请求。当事人选择的救济途径错误将直接导致其合法权益得不到维护。人民法院作为正义的最后守护者，当发现当事人选择的救济途径错误且知道依法当事人应当选择何种正确的救济途径时，应当向当事人释明正确的救济途径。

（二）司法政策提升释明的作用

2007年，时任最高人民法院院长的肖扬首次提出了"和谐司法"的概念，着力于纠纷的解决上。在这一政策的推动下，最高人民法院在《关于进一步发挥诉讼调解在构建和谐社会中积极作用的若干意见》（法发〔2007〕9号）① 中规定了各级法院在行政诉讼案件中应当探索新的方法促进案件和解。在该政策的指导下，各级法院对如何规范性地推动当事人之间的和解进行了大量探索，其中，包括上海第一中院在内的一些法官尝试以释明作为路径推动和解工作。此外，2009年最高人民法院在其出台的《最高人民法院关于当前形势下做好行政审判工作的若干意见》（法发〔2009〕38号）② 中明确提出了各级法院要通过法律规范释明、诉前风险提示等措施加以诉讼指导，有效解决矛盾；2009年最高人民法院出台的《最高人民法院关于依法保护行政诉讼当事人诉权的意见》（法发〔2009〕54号）③ 中规定了"法官应当释明"，明确了在此方面释明是法官的职责而非可自由裁量的权利，同时规定对于驳回起诉的"必须在出具法律文书的同

---

① 《关于进一步发挥诉讼调解在构建和谐社会中积极作用的若干意见》（法发〔2007〕9号）明确指出："对行政诉讼案件、刑事自诉案件及其它轻微刑事案件，人民法院可以根据案件实际情况，参照民事调解的原则和程序，尝试推动当事人和解。人民法院要通过行政诉讼案件、刑事自诉案件以及其他轻微刑事案件的和解实践，不断探索有助于和谐社会建设的多种结案方式，不断创新诉讼和解的方法，及时总结经验，不断完善行政诉讼案件和刑事自诉案件以及其他轻微刑事案件和解工作机制。"

② 《最高人民法院关于当前形势下做好行政审判工作的若干意见》（法发〔2009〕38号）规定："各级人民法院要通过法律规范释明、诉前风险提示等措施，加强诉讼指导，避免连环诉讼、重复诉讼，使行政法律关系尽快稳定，使各项应对举措发挥实效。"

③ 《最高人民法院关于依法保护行政诉讼当事人诉权的意见》（法发〔2009〕54号）规定："要大力推行诉讼引导和指导、权利告知、风险提示等措施，由于起诉人法律知识不足导致起诉状内容欠缺、错列被告等情形的，应当给予必要的指导和释明，不得未经指导和释明即以起诉不符合条件为由予以驳回。要增强司法公开和透明，对依法不予受理或驳回起诉的，必须依法出具法律文书，并在法律文书中给出令人信服的理由。"

时给出充分理由";2013 年最高人民法院在其发布《关于开展行政案件相对集中管辖试点工作的通知》（法［2013］3 号）中明确指出："试点中级人民法院辖区内各基层人民法院的立案窗口，要免费提供试点工作相关的宣传和释明材料，便于公众了解试点情况，指导当事人正确行使诉讼权利、参与诉讼活动。"

（三）2014 年《行政诉讼法》明确释明的内容

2014 年 11 月 1 日上午，十二届全国人大常委会第十一次会议表决通过了全国人大常委会关于修改《行政诉讼法》的决定，这是《行政诉讼法》自实施 24 年来的第一次修改。新《行政诉讼法》通过专款规定了法院对原告负有起诉上释明的义务。新《行政诉讼法》第 51 条第 2 款规定："起诉状内容欠缺或者有其他错误的，应当给予指导和释明，并一次性告知当事人需要补正的内容，不得未经指导和释明即以起诉不符合条件为由不接收起诉状。"

新《行政诉讼法》出台后，最高人民法院审判委员会于 2015 年 4 月 20 日在第 1648 次会议上通过了 2015 年《司法解释》，2015 年《司法解释》第 2 条第 2 款规定："当事人未能正确表达诉讼请求的，人民法院应当予以释明。"强调了人民法院在诉讼请求方面的释明。2015 年《司法解释》第 7 条针对复议机关做被告的情形也规定了人民法院的释明义务，该条规定："复议机关决定维持原行政行为的，作出原行政行为的行政机关和复议机关是共同被告。原告只起诉作出原行政行为的行政机关或者复议机关的，人民法院应当告知原告追加被告。原告不同意追加的，人民法院应当将另一机关列为共同被告。"2015 年《司法解释》第 17 条针对行民交叉案件的一并审理规定了释明，该条规定："……有下列情形之一的，人民法院应当作出不予准许一并审理民事争议的决定，并告知当事人可以依法通过其他渠道主张权利：（一）法律规定应当由行政机关先行处理的；（二）违反民事诉讼法专属管辖规定或者协议管辖约定的；（三）已经申请仲裁或者提起民事诉讼的；（四）其他不宜一并审理的民事争议。……"

（四）司法解释性文件全面规定释明制度

自行政诉讼释明制度入法后，地方各级法院也开始制定行政诉讼释明规则。2015 年 10 月 16 日，上海市第三中级人民法院（知产法院、铁路中院）召开第三次审委会联席会议。会议审议通过了《上海市第三中级人民法院行政诉讼释明规则（试行）》（以下简称《上海市行政诉讼释明规则》）。2016 年 4 月 28 日，兰州铁路运输中级人民法院审判委员会第 3 次会议讨论通过了《兰州铁路运输中级法院行政诉讼释明规则（试行）》（以下简称《兰铁行政诉讼释明规则》）；2016 年 6 月 23 日，北京市第四中级人民法院公布《北京市第四中级人民法院登记立案释明规则》（以下简称《北京市立案登记释明规则》）。

《上海市行政诉讼释明规则》和《兰铁行政诉讼释明规则》对释明目的、释明原则、释明阶段、释明范围、释明形式、释明种类等作出了明确规定，呈现出释明运用全程化、全覆盖；释明内容清单化、列举式；释明方式透明化、机制化等特点。第一，关于释明的目的规定。《上海市行政诉讼释明规则》认为释明有两方面的目的：（1）实现行政诉讼当事人的实质平等；（2）提升行政诉讼的效率和效果。该规则第 1 条规定：" 在行政诉讼过程中，为引导当事人、诉讼参与人、旁听人员等相关人员依法有序参与诉讼活动，充分、正确行使诉讼权利，全面、及时履行诉讼义务，准确理解并切实尊重和执行行政裁判，实现行政诉讼当事人的实质平等，提升行政诉讼的效率和效果，法院、法官或相关工作人员通过一定方式，就诉讼请求、证据规则、诉讼程序等诉讼问题向相关人员依法进行告知、发问、解释、指示或说明。"第二，关于释明原则的规定。释明的原则为公正中立、公开透明、合法合理、审慎适度。第三，关于释明阶段的规定。释明工作分为立案、审判和判后三大阶段，强调全程覆盖、不留死角。第四，关于释明内容的规定。规定可以释明的事项主要有起诉条件，登记立案、证据规则、审判程序以及裁判理由、依据等，实现了列举式的清单化，为释明权的运行划定合理的边界。第五，关于释明方式的规定。释明分为依职权释明和依申请释明两种，强调审判释明一般应在各方当事人均在场的情况下行使，并规定形式多样的释明方式。

第二节　我国行政诉讼释明的司法实况

实践形态的行政释明是行政释明制度实现的结果或形成的一种实有状态。如果说行政释明制度是法律规定的一种"可能性"，那么实践形态的行政释明就是法定释明的具体实现。行政释明的实践虽然依附于行政释明制度，但并不总是对制度进行机械、被动地验证，司法能动性的发挥，使行政释明的实践有可能超越、突破行政释明的制度规定，在某种意义上却成为了制度改良、完善的"试验品"。

一、研究样本的选择

实践形态的行政释明必须从司法实践中寻找答案，本部分的研究采取的是裁判文书分析法（整体性分析与个案分析相结合）。以中国裁判文书网为研究平台，选取其已公布的 2014 年和 2015 年行政诉讼类（含行政赔偿）案件做为研究对象。

（一）确定研究对象时考量的因素

1. 为什么选取中国裁判文书网为研究平台

第一，收录文书相对全面。中国裁判文书网最初为最高人民法院公开在最高人民法院发生法律效力的判决书、裁定书的一个互联网平台。2014 年 1 月 1 日，《最高人民法院关于人民法院在互联网公布裁判文书的规定》正式实施。该规定明确将中国裁判文书网作为全国裁判文书公开的统一平台，统一公布各级人民法院的生效裁判文书。对比 2014 年①中国法律年鉴上公布的数据，发现中国裁判文书网上还是存在行政诉讼裁判文书缺失的问题，总缺失率约为 37%（详见表 3-1：2014 年中国裁判文书网行政诉讼案件与中国法律年鉴的数据对比）。但是对比其他裁判文书网，中国裁判文书网仍然是收录裁判文书最全面的平台。如 Open Law 裁判文书网是目前民间开发得较完善的网站，但是经查，在 Open Law 裁判文书网上能够搜索到的 2014 年行政裁判文书仅有 148640 件，比中国裁判文书网少了 64761 件。② 另外，由于涉及释明的裁判文书相对较少，以"释明"为

---

① 由于最高人民法院尚未发布 2015 年度的司法统计数据，故该年度的数据无法比较。但是在司法公开越来越受重视的情况下，2015 年裁判文书公开的情况不会比 2014 年差。

② 经查看发现，仍有极少数法院在上传 2014 年或 2015 年的行政裁判文书，本书中的数据以 2016 年 3 月 22 日的数据为准。

关键词进行检索①，经查在中国裁判文书网公布的 214319 份裁判文书中仅有 2117 份与释明有关，释明案件量仅占总案件量的 0.99%。因此，本书认为，37% 的缺失率对行政诉讼释明情况的整体分析不会造成较大影响。

表 3-1　　**2014 年中国裁判文书网行政诉讼案件量与中国法律年鉴的数据对比**

类别	中国裁判文书网	2014 年中国法律年鉴	差额
一审	62635	135851②	73216
二审	36767	47818	11051
再审	1154	1381	227
非诉执行审查	95260	155427	60167
再审审查与审判监督	600	379③	−221
其他	16985	0	−16985
行政赔偿	918	缺失④	
总计	214319	340856	127455⑤

　　第二，搜索技术强大。中国裁判文书网使用的是专门的数据采集接口，通过机器学习技术，可以方便地从已公开的裁判文书中找到与研究内容有关的案例，

---

　　①　由于"释明"的提法是在 2014 年《行政诉讼法》条文中才出现的，且《行政诉讼法》中所谓的释明仅指对起诉状内容欠缺或者有其他错误的释明，并未包含释明的所有内容。因此，以释明为关键词进行检索并不一定能将所有存在释明的案件均检索出来。但是，首先，笔者选取的研究对象为 2014 年与 2015 年的行政裁判文书，2014 年，释明已经出现在《行政诉讼法》中，且释明作为在民事诉讼中被广泛认可的制度，法官对释明的概念并不陌生，当法官行使释明时，通常能够在裁判文书中体现出来；另外，通过研讨所检索出来的案件发现，人民法院在告知原告变更被告、提出新的证据时在裁判文书中也采用了释明这一提法；因此，用释明作为关键词进行检索所得数据在很大程度上还是反映了我国行政诉讼司法实践中释明的现实状况的。

　　②　中国法律年鉴将知识产权案件一审情况单独统计，此数据为法律年鉴中一审行政诉讼结案数 130964 与一审行政知识产权结案数 4887 之和。

　　③　中国裁判文书网对审判监督类案件未单独统计，而是分列各类别中。

　　④　中国法律年鉴对国家赔偿的情况统计仅包括刑事赔偿案件和非刑事赔偿案件，并未对行政赔偿案件进行单独统计。

　　⑤　该差额数据去掉了行政赔偿案件的对比。

便于运用法律技能分析这些裁判文书。

2. 为什么选取 2014 年和 2015 年的行政裁判文书为具体研究对象

第一，2014 年之前的裁判文书无法全面获取。由于《最高人民法院关于人民法院在互联网公布裁判文书的规定》是 2014 年 1 月 1 日正式实施的，因此，2014 年 1 月 1 日以前各级人民法院的裁判文书无须统一上传至中国裁判文书网。① 在 2014 年 1 月 1 日后，中国裁判文书网上的生效裁判文书更加全面。

第二，2014 年与 2015 年裁判文书分别代表《行政诉讼法》修改前后，行政诉讼释明的司法运行实况。新《行政诉讼法》将行政诉讼释明制度确立在法律文本中，于 2014 年 11 月 1 日颁布，于 2015 年 5 月 1 日起施行。从时间上来看 2014 年是行政诉讼释明制度的重要转折年，2014 年的裁判文书可以代表修法前行政诉讼释明的司法运行实况，2015 年的裁判文书某种程度上代表了修法后行政诉讼释明的司法运行实况。

综合言之，出于研究样本的全面性与代表性考虑，本书选取中国裁判文书网上 2014 年和 2015 年两年的行政裁判文书作为研究样本。

（二）调查对象基本介绍

除了一般行政案件、行政非诉案件外，行政赔偿案件也适用行政诉讼的审理规则，因此行政赔偿类案件也属于本书的研究对象。具体来说，2014 年一般行政案件量为 213670 件，行政赔偿案件量为 918 件，2015 年一般行政案件量为 219426 件，行政赔偿案件量为 906 件。

二、司法运行现状

（一）释明的整体状况

法律被认为是非常深奥的，复杂的起诉条件，烦琐的诉讼程序，令人头痛的

---

① 查看中国裁判文书网，该网所公布的 2013 年裁判文书仅有 35902 份，2013 年以前的更少。这也说明最高人民法院并未强制要求各级人民法院将 2014 年 1 月 1 日之前生效的裁判文书上传至中国裁判文书网。

举证规则等似乎都意味着法官释明空间巨大。行政诉讼因涉及公益，原告恒为弱势地位的相对人，这些要素更加突显行政释明的重要性。但实践状况恰恰相反，在 2014 年的 214319 件行政案件中，法院仅在 2117 件中运用了释明制度，释明案件量占总案件量的 0.99%。在 2015 年的 219881 件行政案件中，也仅有 3973 件存在法院的释明行为，释明案件量占总案件量的 1.81%。（详见表 3-2）这组数据说明，目前，法官对释明的态度是相对保守的。另外，2015 年相较于 2014 年释明比率上升了 0.82%，这样的上升比率在释明极少使用的情况下是极为珍贵的。推测原因，很可能与新《行政诉讼法》的颁布有关。

表 3-2 **行政诉讼案件释明整体情况**①

审判程序	2014 年			2015 年		
	案件总量	释明案件量	百分比	案件总量	释明案件量	百分比
一审	62635	1092	1.74%	71657	2479	3.46%
二审	36767	890	2.42%	44338	1383	3.12%
再审	1154	33	2.86%	1609	35	2.18%
非诉执行审查	95260	36	0.04%	84814	28	0.03%
再审审查与审判监督	600	1	0.17%	1592	7	0.44%
其他	16985	13	0.08%	14965	18	0.12%
行政赔偿	918	52	5.66%	906	23	2.54%
总计	214319	2117	0.99%	219881	3973	1.81%

对比民事诉讼中适用释明的比率发现，行政诉讼中释明的适用比率明显高于民事诉讼。2014 年，民事诉讼中适用释明的比率是 1.31%，2015 年是 1.42%。由于非诉执行案件与行政赔偿诉讼案件的特殊性，这两类案件不宜放入行政诉讼中与民事诉讼进行比较。扣除这两类案件，2014 年行政诉讼中适用释明的比率是 1.72%，2015 年是 2.92%，明显要高于民事诉讼释明。行政诉讼释明制度是从民事诉讼中发展而来，按理民事诉讼释明制度更加成熟，法院在民事诉讼中适

---

① 释明案件量是以"释明"为关键词检索得出。

用释明的几率也会更多。笔者口头咨询了分别来自基层人民法院、中级人民法院和高级人民法院从事行政审判工作的三名法官，他们认为行政诉讼释明与民事诉讼释明"没区别"，但事实证明，行政诉讼释明的使用频率更高。这或许是因为法官在行使释明的过程中会不自主地考虑行政诉讼的特殊性，原告与被告之间地位的不平等使法院的释明更为重要。

总而言之，行政诉讼法官极少释明，但是对其使用呈上升趋势，且明显高于民事诉讼释明的比率。

（二）释明与案件类型的关系

1. 行政赔偿类案件释明比率高

对比一般行政案件与行政赔偿类案件发现，行政赔偿案件法官释明的行使情况较多（详见表3-2：行政诉讼案件释明总体情况）。2014年行政赔偿类案件中，有5.66%的案件存在释明，遥遥领先于一般行政诉讼案件类的释明。2015年的2.54%的比例也远远超过平均百分比。针对这一现象，笔者首先想到的可能原因是行政赔偿类案件所适用的是民事诉讼审理规则，释明制度从民事诉讼中来，在民事诉讼中已被普遍认同。但如上文所述，对比民事诉讼中法官行使释明的情况发现，民事诉讼中法官行使释明的情形相比行政诉讼更少，在2014年的3879702件民事案件中，有50648案件中存在法官的释明行为，仅占比1.31%。在2015年的2632630件民事案件中，有37313中存在法官的释明行为，仅占比1.42%。因此，由于行政赔偿类案件适用民事诉讼规则，所以释明被普遍运用这一推理就不能成立。经过思考，笔者认为行政赔偿案中法官较多行使释明可能与赔偿类诉讼设立了先行程序有关。《国家赔偿法》第9条第2款规定：赔偿请求人要求赔偿应当先向赔偿义务机关提出，也可以在申请行政复议或者提起行政诉讼时一并提出。该条确定了当事人单独提起国家赔偿的先行程序即向赔偿义务机关提出处理请求。但是经过定位这89例存在释明的赔偿案件发现，这一推论同样不正确。在89例赔偿案件中也仅有5例是完成先行程序的释明。笔者推测，造成这一现象的原因可能有二：一是案件基数问题。2014年公布的行政赔偿类案件少，仅有918件，分母越小，数就越大；二是法官心理。法院释明原告完成先行程序的5例案件均以裁定驳回起诉结案，另外还有21件是采取驳回起诉的方式结案，剩下的 63 件案件进入实体审理阶段。行政赔偿案件进入实体审理的前提是行政行为的违法性已得到确认，这意味着法院在审理这 63 件案件时，不会遭受像审理一般行政案件一样的压力。受行政行为侵害的公民一般来说诉讼能力较为弱小，这时，法官是乐于向原告释明，以帮助其实现合法权益的。

2. 非诉执行审查类案件释明比率低

根据表 3-2 的数据可以看出，非诉执行审查诉讼中法官释明的比率最低，2014 年为 0.04%，2015 年为 0.03%。

所谓非诉执行审查诉讼是指相对人在法定的期限内既不提起行政诉讼，又不履行已经生效的具体行政行为所确定的义务，人民法院根据行政主体的执行申请，经过与诉讼审查不同的审查，裁定是否执行生效的行政行为的诉讼活动。非诉执行审查诉讼有三方面的主要特征：（1）法律关系主体只有两方，人民法院和非诉执行申请人；（2）法院对行政行为合法性采取的是书面审查，没有当事人的对抗辩论程序；（3）审查标准被限定在重大且明显违法。将释明与这三方面的特征联系起来，可知：（1）法官释明的对象只有一方，即作为非诉执行申请人的行政机关或第三人；（2）由于审查程序简单，审查标准严格，人民法院的审查基本限定于是否存在可执行的对象上，那么释明的范围也仅限于对申请人申请时的释明和执行对象上的释明。由此，非诉执行审查诉讼中释明适用比率低就很容易理解了。

（三）释明与人民法院所在地域之间的关系

以省一级行政区划为单位，分析 2014 年不同省级行政区划内人民法院使用释明的情况，可以发现行政诉讼释明比率呈现区域化差异，且此差异与区域的审判水平并无关系。

第一，各省级行政区域内人民法院使用释明的情况差异较大。在 32 个行政省级区划内（香港特别行政区、澳门特别行政区不在研究之列），西藏自治区各级法院从未有过释明行为。海南省释明所占比率则高达 6.45%，另有 16 个省级行政区划内法院的释明率低于平均值 0.97%。

第二，法院使用释明的情况与其所在的行政区划经济发展水平关系不大。之所以以各地的 GDP 数值为对比基础，主要是因为目前并没有关于各地行政审判工作情况的权威对比分析报告，而经济发展水平高的区域容易吸引人才前往，据此推测，经济发展水平高的区域行政人员的职业素质更高，行政审判水平也更高。

2014 年各省级行政区域的国内生产总值排名①前五的分别是广东省、江苏省、山东省、浙江省、河南省，倒数第 5 的分别是西藏自治区、青海省、宁夏回族自治区、海南省、甘肃省。而以上 10 个省级区域的行政诉讼释明比率分别是广东省（0.92%）、江苏省（2.25%）、山东省（0.85%）、浙江省（0.92%）、河南省（0.29%），倒数第 5 的分别是西藏自治区（0.00%）、青海省（3.23%）、宁夏回族自治区（2.93%）、海南省（6.45%）、甘肃省（0.67%）　（详见表 3-3）。

表 3-3　　　　　　　释明与人民法院所在地域之间的关系②

所在法院	全年案件量	释明案件量	释明所占比率
最高人民法院	152	3	1.97%
北京市	7430	74	1.00%
天津市	3675	111	3.02%
河北省	11617	14	0.12%
山西省	1476	9	0.61%
内蒙古自治区	915	14	1.53%
辽宁省	4686	110	2.35%
吉林省	3073	34	1.11%
黑龙江省	528	6	1.14%
上海市	2303	56	2.43%
江苏省	15315	345	2.25%
浙江省	18090	167	0.92%
安徽省	9834	29	0.29%

①　根据全国各个省市 2014 年 GDP 数据得出。
②　该项统计不包括行政赔偿类诉讼。

续表

所在法院	全年案件量	释明案件量	释明所占比率
福建省	30816	159	0.52%
江西省	1313	21	1.60%
山东省	13139	112	0.85%
河南省	13325	39	0.29%
湖北省	10789	69	0.64%
湖南省	14092	58	0.41%
广东省	17112	158	0.92%
广西壮族自治区	2666	53	1.99%
海南省	1039	67	6.45%
重庆市	8609	114	1.32%
四川省	8924	90	1.01%
贵州省	3208	37	1.15%
云南省	769	16	2.08%
西藏自治区	19	0	0.00%
陕西省	3822	27	0.71%
甘肃省	2845	19	0.67%
青海省	464	15	3.23%
宁夏回族自治区	443	13	2.93%
新疆维吾尔自治区	713	4	0.56%
新疆维吾尔自治区高级人民 法院生产建设兵团分院	143	22	15.38%
总计	213344	2065	0.97%

出现以上规律的原因，笔者分析可能是因为与当地行政审判的领导对待释明的重视程度不一有关。领导的意见在某种程度上决定着当地行政司法政策，而行政司法政策的实效多体现在司法审判机关内部。① 上海市是比较重视行政诉讼释

① 肖潇：《司法政策与司法能力——近年来我国行政司法政策实效之实证研究》，西南政法大学 2014 年硕士学位论文，第 27 页。

明在行政审判中的作用的，因此，上海市三级法院适用释明的比率也居于各省级区域内法院的前列，达 2.43%。

（四）释明与原告申请撤诉的关系

在我国行政诉讼中，撤诉率一直居高不下。2009 年、2010 年，撤诉案占总案件数的 46.4%，其中申请撤诉的案件占撤诉案件总数的 76.6%，被告改变被诉行为的占 11.0%，视为申请撤诉的占 0.4%，按撤诉处理的占 12%。① 此外，上诉人撤回上诉的比率也在整体上持续上升，从 1990 年的 3% 上升到 2010 年的 9.2%。② 撤诉率居高不下的一个很大原因在于法院想方设法动员原告撤回起诉或撤回上诉。③ 法院动员撤诉的方式无外乎两种：第一，在初步确定被诉行为违法的情况下，劝说行政机关改变违法具体行政行为，或者作出某些让步，满足原告要求；第二，在但被诉行政机关不愿意作出任何让步的情况下，陈明利害，以"不撤诉也只能败诉"的结果，劝诱原告撤诉。这两种情形都离不开法院的释明。

当被告在诉讼中改变原行政行为时，根据《行政诉讼法》的规定，原告可以不申请撤诉，不申请撤诉的，人民法院应当继续对原行政行为进行审理。但这种情况下，人民法院通常会与原、被告进行充分的沟通，被告也只有在原告同意撤诉的前提下才会同意变更被诉行为。作为裁断者的人民法院，通常也会极力向原告释明立法在被诉行为改变的情况下，原告可以撤诉的规定，同时避免释明原告可以不撤诉的相关规定。在被告不调整被诉行为时，人民法院动员原告撤诉又可以细分为两种情形：（1）被诉行为违法，且原告不存在任何问题，但是被告仰仗其强势地位，或因为涉及必须完成的任务而坚持不同意变更被诉行为时，动员撤诉；（2）原告确实存在一些问题，如原告不适格、原告起诉对象或诉讼标的错误时动员撤诉。在第一种情形下，人民法院为了达到原告撤诉的目的，很可能出现

① 林莉红主编：《行政法治的理想与现实——〈行政诉讼法〉实施现状实证研究报告》，北京大学出版社 2014 年版，第 135 页。
② 何海波：《困顿的行政诉讼》，载《华东政法大学学报》2012 年第 2 期。
③ 被告因"顶不住压力"或者为了"搞好与行政机关的关系"抑或者"怕社会影响不好"都会以撤为上，争取回旋余地的策略。参见何海波：《实质法治——寻求行政判决的合法性》，法律出版社 2009 年版，第 72 页。

违法释明、错误释明。在第二种情形下，人民法院一般可以通过合法行使释明，如在原告不符合起诉资格的情况下，释明原告继续起诉人民法院最终也会作出驳回起诉的裁定，动员原告撤诉。

依上述分析，原告申请撤诉案件中，大部分都离不开人民法院的释明，但是通过对裁定书进行文本分析，能直接看出原告是在人民法院释明下申请撤诉的却很少。如表 3-4 所示，2014 年原告经释明后申请撤回起诉的占撤回起诉案件量的 0.9%，撤回上诉的占 0.37%，2015 年有所改变，撤回起诉的占 1.74%，撤回上诉的占 1.53%。这一组数据从侧面反映出我国裁定书内容的单薄，案外人从裁定书上读取不到案件具体信息，人民法院书写裁定书的方式需要改进。

表 3-4　　　　　　　　　　　　　释明与原告申请撤诉

	2014 年			2015 年		
	案件量	释明量	所占比率	案件量	释明量	所占比率
撤回起诉	18931	170	0.90%	21951	382	1.74%
撤回上诉	2464	9	0.37%	2416	37	1.53%

（五）释明与行政诉讼案件涉及领域的关系

由于中国裁判文书网上对案件领域的统计存在明显错误，2014 年存在释明的 2065 件行政案件中，在行政案件领域（中国裁判文书网上名称为行政案由）却只有 1474 件。2015 年存在释明的 3929 件行政案件中，在行政案件领域（中国裁判文书网上名称为行政案由）却只有 1350 件。笔者只能退而求其次，以 Open Law 裁判文书网的相关数据来研究释明与行政诉讼案件涉及领域的关系。[①]

在进行具体数据分析前，首先可以做三点理论假设：第一，原告诉讼能力相对较弱的领域更需要释明；第二，专业性较强的案件领域更需要释明；第三，与

---

① Open Law 裁判文书网是由 Open Law 开放法律联盟组织设计并负责运营，面向律师、法官、检察官、法学教授、学者、学生以及从事法律相关工作的人员的开放型平台，Open Law 的裁判文书主要来源是中国裁判文书网以及各省高院网站，在数据抓捕过程中虽然存在遗漏但也是目前除中国裁判文书网外最为收录裁判文书最为全面的网络平台。

公共利益联系紧密的领域更需要释明。

原告诉讼能力的大小是一个相对概念，此处的原告诉讼能力是以原告之间的横向比较为基础的。相对而言，以乡政府为被告的农业行政管理（农业）领域的相对人通常生活在农村，这些人由于地域、经济收入等因素的影响也请不起或请不到好的律师。这类人员可以说是典型的诉讼能力弱小的人群。根据表3-5的数据，乡政府为涉案领域的行政案件有3.2%存在释明，农业行政管理为涉案领域的行政案件有3.7%存在释明。另外，劳动和社会保障行政管理（劳动、社会保障）领域案件的原告通常是申请工伤认定等争取社会保障的当事人，他们的诉讼能力一般较弱，这类案件有3.9%存在释明。司法行政领域的原告一般是经过案件的拖累，对其所请代理律师或者被告的代理律师不满的当事人，他们的诉讼能力相对来说也较弱，这类案件有6.1%存在释明。这四组数据说明，人民法院决定释明与否时会考虑原告的诉讼能力。

表3-5　　　　　　　　释明与行政诉讼案件涉及领域的关系

涉 案 领 域	2015 年		
	总案件量	释明案件量	百分比
公安行政管理	19557	502	2.6
资源行政管理	51433	933	1.8
城乡建设行政管理	14812	471	3.2
计划生育行政管理（计划生育）	48167	18	0
工商行政管理（工商）	4383	50	1.1
商标行政管理（商标）	727	0	0
质量监督检验检疫行政管理	443	10	2.3
卫生行政管理（卫生）	1659	15	0.9
食品药品安全行政管理（食品、药品）	1500	8	0.5
农业行政管理（农业）	871	32	3.7
物价行政管理（物价）	435	6	1.4
环境保护行政管理（环保）	4130	14	0.3
交通运输行政管理（交通）	4661	124	2.7

续表

涉 案 领 域	2015 年		
	总案件量	释明案件量	百分比
信息电讯行政管理（信息、电讯）	4979	92	1.8
邮政行政管理（邮政）	51	1	2.0
专利行政管理（专利）	205	8	3.9
新闻出版行政管理（新闻、出版）	76	4	5.3
税务行政管理（税务）	652	15	2.3
金融行政管理（金融）	177	3	1.7
外汇行政管理（外汇）	5	0	0
海关行政管理（海关）	65	1	1.5
财政行政管理（财政）	190	9	4.7
劳动和社会保障行政管理（劳动、社会保障）	2296	89	3.9
审计行政管理（审计）	38	0	0
经贸行政管理（内贸、外贸）	23	0	0
水利行政管理（水利）	457	15	3.3
旅游行政管理（旅游）	115	4	3.5
烟草专卖行政管理（烟草专卖）	57	0	0
司法行政管理（司法行政）	99	6	6.1
民政行政管理（民政）	12442	461	3.7
教育行政管理（教育）	568	13	2.3
文化行政管理（文化）	135	3	2.2
广播电视电影行政管理（广电）	30	1	3.3
统计行政管理（统计）	12	1	8.3
电力行政管理（电力）	39	1	2.6
国有资产行政管理（国资）	44	5	11.4
外资行政管理（外资管理）	1	0	0
盐业行政管理（盐业）	50	1	2.0
体育行政管理（体育）	23	2	8.7
行政监察（监察）	390	7	1.8

续表

涉 案 领 域	2015 年		
	总案件量	释明案件量	百分比
乡政府	11504	370	3.2
其他行政管理	277	11	4.0
总　　计	187778	3306	1.76

专利案件是典型的专业性较强的行政案件，目前所有专利行政案件已全部由知识产权法院负责审理。从表 3-5 可以看出，专利行政管理（专利）领域的案件释明量为 3.9%，比率较高。但是商标行政管理（商标）行政案件中未却未发现释明的情况，这在一定程度上说明，案件是否专业不是人民法院行使释明与否的关键影响因素。

公安行政管理与治安、消防、道路紧密联系，涉及社会的稳定性。资源行政管理与土地、林业、草原、地矿、能源有关，关系到国家据以生存的资源命脉。城乡建设行政管理包括规划、拆迁、房屋登记、城建等领域，这几类领域的案件由于涉及的群体广，且绝大多数都是针对公民据以生存的基础——房屋，因此容易引发群体性事件，这几类案件的处理得当与否直接关系到社会的和谐稳定。由于交通运输行政管理（交通）领域也涉及修建公路需要征收土地、房屋等问题，与城乡建设行政管理存在同样的问题。另外，国有资产行政管理（国资）类案件与公共利益也有联系。表 3-5 显示以上几类案件的释明比率都较高。公安行政管理 2.6%，资源行政管理 1.8%，乡建设行政管理 3.2%，交通运输行政管理（交通）2.7%，国有资产行政管理 11.4%。

从表 3-5 可以看出，财政行政管理（4.7%）、新闻出版行政管理（5.3%）、统计行政管理（8.3%）、体育行政管理（8.7%）等几类诉讼释明比率非常高，笔者认为，造成此现象的主要原因在于这几类行政案件量本身非常少，分母越小，数就越大。

从以上的分析可以看出，人民法院基本上还是从主观公权利的保护与客观法秩序的维护这两个方面去考虑释明行使的，出于主观公权利保护的需要，人民法院要照顾到弱势的原告，通过释明保障原被告之间在诉讼中的实质平等。出于客观法秩序的维护，对于与公共利益密切相关的案件领域，人民法院要积极行使释明，促进案件真实的发现。

（六）释明对象及内容的分布

释明是人民法院对当事人所采取的告知、发问、解释、指示或说明。行政机关作为强势的当事人，是否还需要人民法院的释明呢？由于无法通过中国裁判文书网定位释明对象的分布，而研读所有释明的案件对笔者来说存在现实的困难，因此笔者只好缩小样本范围。考虑到上海市第三中级人民法院已出台《行政诉讼释明规则》，且上海市总体释明比率较高，笔者选择以上海市 2014 年和 2015 年的一审行政裁判文书为研究对象。

上海市区域内的人民法院 2014 年共有 29 件释明案件，2015 年共有 23 件释明案件，释明的对象均为原告，没有对被告的释明。

目前，立法明确规定人民法院应当释明的情形为变更、增加被告的释明，正确表达诉讼请求以及起诉内容修正的释明。那么，司法实践中人民法院究竟在哪些情况下会行使释明呢？经过个案研读发现，人民法院主要针对原告资格、诉讼请求、证据以及法律规定作出释明。

行政诉讼中具备原告资格的是行政行为的相对人以及其他与行政行为有利害关系的公民、法人或者其他组织，一般来说在起诉阶段，立案庭会审理原告资格，不符合原告资格的立案庭可以直接裁定不予受理。但是从图 3-1 可以看出，庭审阶段仍存在对原告资格的释明（当然释明量相对较少，2014 年 3 件，2015 年 1 件），这说明，立案庭在审查原告资格时并不是非常严格，事实上行政案件纷繁复杂，利害关系又属于不确定法律概念，立案庭在难以确定原告资格的情况下一般会先将案件"收进来"，审判庭在审理过程中如果发现原告不具备主体资格，再向其释明，一方面可以促使当事人撤诉，另一方面便于在审理过程中对原告所做的裁判原因的解释。2014 年新《行政诉讼法》确定立案登记制后，可以推测未来对原告资格的释明案件会越来越多。

立法规定相对人在提起诉讼时只要确定了明确的被告，人民法院就应当受理。该规定无疑是从保护相对人诉权的角度出发的。但是诉权的实现还包括胜诉权的保障，若原告所起诉的被告不适格，不可以胜诉。若法院不依职权释明其适

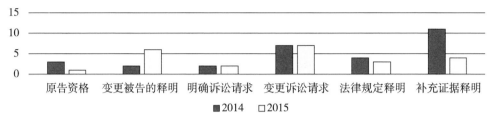

图 3-1　释明内容分布情况

格的被告，只要让原告陷入官司的漩涡，这也会造成司法资源的浪费。释明被告的案件量在全部释明案件中并非最多（2014 年 2 件，2015 年 6 件），可能的原因是行政机关较好地履行诉权告知义务，使原告能找准被告。但无论如何，被告资格的释明是行政诉讼中不可缺少的重要内容。

行政诉讼言词辩论阶段存在明确诉讼请求的释明，一方面说明起诉阶段的释明做得不是很到位，另一方面说明，立案庭在审理过程中对诉讼请求的把关不是很严格。变更诉讼请求与补充证据的释明占比非常重，这进一步印证了原告诉讼能力弱，同时说明释明在保护原告合法权益上起到了不可或缺的作用。

法律规定释明的主要内容集中在被告改变原具体行政行为，原告可以申请撤诉，以及涉及民行交叉时，释明原告提起民事诉讼这两方面。

（七）当事人对释明的态度

从释明制度的设计初衷来看，释明制度对原告而言是有百利而无一害的制度，以此推测，原告在法律释明后，通常会根据法院的释明调整自己的诉讼行为，但是实践中并非如此。在上海市各级法院的 52 件释明案件中，仅有 8 件（2014 年 3 件，2015 年 5 件）中的当事人调整了自己的诉讼行为，仅占比 15.38%。

原告在法院告知其不具备诉讼主体资格时，仍然坚持起诉是很容易理解的，因为对行政诉讼原告来说，既然认定自己合法权益受损，需要通过诉讼途径获得解决可能时，一般来说，不会因为法院告知其不具备诉讼主体资格，就中止诉讼的。

而被告不适格，若原告还坚持起诉，按照法律规定，人民法院会作出驳回诉讼请求的判决。原告在明知这一规定的前提下，出于维护自身权利的需要，应当是非常乐意变更被告的，但是在8件释明原告变更被告的案件中，仅有1件原告遵从了法院的释明，笔者认为，造成原告拒绝变更被告的原因有三：（1）原告带有报复心理，认为谁行为，谁被告，谁担责；（2）对人民法院的不信任，担心变更被告后，合法权益无法得到保护；（3）人民法院释明不足，原告无法确定谁是适格的被告，只能继续起诉行为主体。

诉讼请求是人民法院确定审理对象的基础，明确且具体的诉讼请求是人民法院对案件进行立案的前提。对于已立的行政案件，也是法院对案件进行实体审理的前提（当人民法院不能判决原告起诉是否符合立案条件时，应当先立案）。按照这一思路，当人民法院释明要求原告明确诉讼请求时，原告正常情况下，会遵从法院释明，调整其诉讼请求。然而18件释明诉讼请求的案件中，仅有2件中的原告确定或者变更了诉讼请求。

行政诉讼中关于法律规定的释明如前所述主要包括被告改变原具体行政行为，原告可以申请撤诉，以及涉及民行交叉时，释明原告提起民事诉讼。原告不申请撤诉可以理解，但是原告拒绝根据法院的释明选择救济途径，进一步说明了原告对法官的不信任。

补充证据的释明明显是有利于原告的，如房屋拆迁行政裁决案中，关于对房屋评估报告申请重新鉴定的释明对原告来说应当是直接有利的，但是原告拒绝申请鉴定，这多少有点令人匪夷所思。追问原因，只可能是原告对司法极度不信任，认为重新鉴定对案件实体判决产生不了有利的影响。

为了进一步印证原告对人民法院释明的排斥态度，笔者又随机选取了28份释明原告明确诉讼请求的案件作为研究对象，发现原告在面对法院明确诉讼请求的释明，有三种态度。第一，坚持以原诉讼请求起诉；第二，根据法院释明，明确诉讼请求；第三，直接申请撤诉。在随机选取的28份裁判文书中，有9份裁判文书显示，原告经法院释明后拒绝变更诉讼请求，有14份裁判文书显示，原告明确了其诉讼请求，另有6份裁判文书显示，原告经释明，直接申请撤消。虽然原告拒绝变更诉讼请求的案件比率有所降低，但是32.14%也并非小数字，而且原告申请撤诉的原因从裁定书上看是因为原告知悉了自己诉讼请求错误，但撤诉背后人民法院与被诉行政机关所做的努力是我们看不到的。

因此，我们认为，总体来说，在目前的行政诉讼背景下，原告对人民法院的释明还是持排斥的态度。

(八) 人民法院对待不当释明的处理

通过研究以"释明不当"为关键词检索出的 24 例案件中,发现二审法院对待不当释明的态度不尽相同。综合来说,人民法院对待"释明不当"有三种态度。第一,以释明不当是否对原告实体权利造成影响为标准,决定是否撤销原裁判;第二,认为释明是法院自由裁量的权利,释明不当不构成撤销原裁判的理由;第三,将释明视为法院的职责,二审法院直接以释明不当为由撤销原裁判。从目前检索到的案例来看,人民法院将释明视为法院的职责是在 2014 年《行政诉讼法》实施后所出现的趋势,这说明,人民法院越来越重视释明在行政诉讼中的功能。

1. 以释明不当是否对原告实体权利造成影响为标准,决定是否撤销原裁判。在涉及释明不当的 24 例案件中,有 12 例是从释明不当对原告实体权利是否造成影响的角度来处理释明不当的。它们分别是夏某某诉温州市龙湾区移民安置办公室其他行政行为案①,李绪忠诉齐河县仁里集镇人民政府确认行政行为违法及行政赔偿案②,庞某某、余某某、林祥益、林某某、李书某某诉北海市渔政渔港监督支队农业行政管理案③。从这 12 个案件的二审裁定书中均可以看到类似这样的文字:"一审法院未予释明××,审理程序存在瑕疵,但鉴于该瑕疵对上诉人的权利义务不产生实际影响,故本院予以维护。"以夏某某诉温州市龙湾区移民

---

① 案号:〔2015〕浙温行终字第 323 号。

② 案号:一审(2015)齐行初字第 27 号;二审(2015)德中行终字第 114 号。该案一审中,被告聘请了 3 名代理人,原告未提出疑义,法院也未给予释明。文书相关内容:"一审法院未予释明并指导一审被告减少委托代理人,审理程序存在瑕疵,但诉讼代理人的人数多少对案件处理结果并不产生实际影响。综上,一审裁定认定事实清楚,适用法律正确,审理程序虽有瑕疵,但对案件处理结果并无实质影响,依法可以维持。"

③ 以上 5 人均对同一被上诉人提出了两个同等性质的案件,北海市中级人民法院分别立案,每个案件都有自己的案号,但案件内容相同,文书内容除当事人存在区别外,实质内容并无区别。他们的案号为:(2015)北行终字第 30~39 号。文书相关内容:"本院查明上诉人×××的起诉错列被告,本应在法院释明后由当事人变更,但鉴于其起诉已超过法定起诉期限且无正当理由,应予驳回起诉,变更被告已无必要。综上所述,上诉人的上诉请求及理由,缺乏事实证据和法律依据,本院不予支持。原审法院裁定驳回其起诉正确,本院应予以维持。"

安置办公室其他行政行为案为例：

> 夏某某以温州市龙湾区移民安置办公室向温州市国土资源局出具的一份行政证明侵犯其合法权益为由向温州市龙湾区人民法院提起诉讼。在一审过程中，夏某某与龙湾区移民安置办公室就该行政证明是否影响其实体权利义务展开辩论，最终龙湾区人民法院认定该行政证明并未对夏某某的权利义务产生实际影响，并以此为由裁定驳回夏某某的起诉。夏某某也仅是针对一审法院的这一认定，向温州市中级人民法院提起上诉，上诉状及二审审理过程中夏某某都未对龙湾区移民安置办公室的被告资格提出疑义，龙湾区移民安置办公室也未以此作为抗辩理由。二审法院经审查也认定争议行政证明并未对夏某某的权利义务产生实际影响，因此驳回夏某某的上诉，维持原状。

> 但是根据该案二审行政裁定书的记载，温州市中级人民法院主动审查了龙湾区移民安置办公室的诉讼资格，并认定其不具有诉讼资格。温州市人民法院认为对于被告不适格这一情况，龙湾区人民法院应当主动释明，但是考虑到争议行政证明对夏某某不产生实体权利义务影响这一客观事实的存在，即使龙湾区人民法院释明夏某某变更被告，对夏某某而言最终也是得到驳回起诉的结果。因此，温州市人民法院仅用了"予以指正"的字眼。

依温州市人民法院的逻辑，（1）假如争议行政证明对夏某某的权利义务会产生影响，那么，该释明不当就是撤销原判决的理由之一；（2）假如龙湾区人民法院不释明夏某某变更被告会造成其权利义务的影响，则该释明不当可以成为撤销原判决的唯一理由。

2. 认为释明是法院自由裁量的权利，释明不当不构成撤销原裁判的理由。在涉及释明不当的 24 个案例中有 11 个案件持有此种看法。它们分别是潘某某等250 人诉茂名市人民政府行政复议申请决定纠纷案①；李某某，刘某某，钟某某，陈某某，王某某，唐某某，蔡某某，廖某某诉南县人力资源和社会保障局社会保

---

① 案号：（2015）粤高法行终字第 22 号。

障行政管理 8 案①；在冯某某与清镇市国土资源局资源行政管理土地行政登记案②；徐某某与舟山市公安局交通警察支队行政赔偿案③。从这 11 个案件的裁定书中均可以看到类似这样的文字："原审法院就×××未向上诉人进行释明不当，应予纠正"。以潘某某等 250 人诉茂名市人民政府行政复议申请决定纠纷为例：

> 原告潘某某等 250 名村民系茂名市牛六架村的村民。2010 年 12 月 18 日，原茂港区人民政府（以下简称茂港区政府）作出茂港府公〔2010〕31 号《茂名市茂港区人民政府征收土地方案公告》，决定征收原告所承包使用的集体土地。原告潘某某等 250 名村民不服，以原茂港区政府为被申请人，向茂名市政府提出行政复议申请。2012 年 12 月 7 日，茂名市政府以原告提起行政复议人数不足其所在村集体牛六架一组户数中的一半为由，驳回申请人的复议申请。潘某某等 250 人不服该行政复议决定，向原审法院提起行政诉讼。原审法院经审理作出〔2013〕茂中法行初字第 10 号行政判决，撤销了茂名市政府所作的茂府行复〔2012〕158 号《驳回行政复议申请决定书》，责令茂名市政府重新作出具体行政行为。2014 年 5 月 28 日，茂名市政府针对潘某某等 250 人的复议申请，以申请人中的梁某某等 19 人中有的在提起复议时不满 18 周岁，有的不属于牛六架村第一经济合作社的村民，不具备行政复议主体资格为理由之一，重新作出茂府行复〔2014〕19 号《驳回行政复议申请决定书》。原告不服，向广东省茂名市中级人民法院起诉，请求判决撤销被告茂名市政府作出的茂府行复（2014）19 号决定书，并判令其依法重新作出实体性的具体行政行为。广州市中级人民法院未支持原告这一诉求，认为潘某某等 250 人以茂名市政府认定梁某某等 19 人不具有行政复

---

① 案号：（2015）赣中行终字第 46~53 号。文书相关内容："原审法院就本案被告是否适格未向上诉人进行释明不当，应予纠正。"

② 〔2014〕筑行终字第 39 号。贵州省贵阳市中级人民法院认为对被告变更的释明属于人民法院的职责，但在做出裁判时，却未以此为由撤销原判决。文书相关内容："原审法院就本案被告是否适格未向上诉人进行释明不当，应予纠正。"

③ 案号：〔2014〕舟定行初字第 27 号。相关文书内容："对本案在原告上一次行政赔偿诉讼中，要求原告补正向赔偿义务机关提出过赔偿之证据一节，释明不当，特以指正。"

议主体资格错误为由主张撤销被诉具体行政行为，理据不充分。原告不服，向广东省高级人民法院提起上诉。

广东省高级人民法院认为根据《最高人民法院关于审理涉及农村集体土地行政案件若干问题的规定》第 3 条的规定：村民委员会或者农村集体经济组织对涉及农村集体土地的行政行为不起诉的，过半数的村民可以以集体经济组织名义提起诉讼。本案牛六架村集体土地被征用，牛六架村集体经济组织未起诉，牛六架村集体经济组织的过半数村民可以以集体经济组织的名义提起诉讼。但从本案复议申请书及行政起诉状来看，复议申请人和提起行政诉讼的原告均为 250 名村民个人，并非以集体经济组织的名义提起，其复议申请不符合上述司法解释规定的条件，复议机关茂名市政府未予释明不当，但驳回其行政复议申请的结果是正确的。因此，由于潘某某等 250 人以个人名义提起复议申请不符合规定，茂名市政府作出驳回行政复议申请的决定其处理结果是正确的。原审判决维持该复议决定，结果亦属正确，本院予以维持。

该案中，广东省高级人民法院明显认为针对本案原告不具有诉讼主体资格这一问题，一审法院可以通过释明来解决，但是一审法院并未释明，因此一审法院存在释明不当。但是，广东省高级人民法院并未将其作为一审法院程序违法的事由，而是认定潘某某等 250 人以个人名义提起复议申请不符合规定，茂名市政府作出驳回行政复议申请的结果是正确的，原审判决维持该复议决定结果也是正确的。该案的另一个争点是茂名市人民政府以复议申请超过期限为由驳回原告的复议申请是否合法，一审法院认定为合法，原告对此也提起了上诉，但二审法院对该点未进行审理。也就是说，省高院认为根据原告不适格这一事由，人民法院驳回起诉的理由即属充分，不需要对案件再进行其他审理就可以维持原判了。

3. 将释明视为法院的职责，二审法院直接以释明不当为由撤销原裁判。人民法院对待释明不当的态度在 2016 年发生了根本性的变化，在杨某某诉扶余市社会保险事业管理局（以下简称社保局）不履行法定职责纠纷案①中，吉林省松原市中级人民法院直接以原审法院未释明原告追加复议机关为被告为由撤销了原判决。

---

① 案号：〔2016〕吉 07 行终 13 号。

杨某某向扶余市社会保障管理局申请办理养老保险费全额办理退休手续。扶余市社会保障管理局拒绝其申请行为，并出具《关于杨某某集体所有制合同工人办理退休事宜的申请报告答复函》。杨某某不服，向扶余市人民政府提起行政复议，扶余市人民政府经审查后作出维持被申请行政行为的扶府复决字（2015）7号《扶余市人民政府行政复议决定书》。杨某某不服，以扶余市社会保障管理局为被告提起诉讼，提出四项诉讼请求。1. 请求依法认定社保局拒绝其到社保局交单位应交和个人应交的养老保险费全额办理退休手续的行为违法；2. 请求依法撤销扶府复决字（2015）7号《扶余市人民政府行政复议决定书》；3. 请求依法撤销社保局作出的答复意见《关于杨某某集体所有制合同工人办理退休事宜的申请报告答复函》；4. 请求依法据实判令复议决定中的社保局立即给杨某某合同工按企业职工对待办理退休手续，落实老有所养政策。原审法院以杨某某的诉讼请求属于国家政策调整的范畴，不属于人民法院主管范围为由，裁定对杨某某的起诉不予立案。二审法院审理后认为杨某某的起诉符合法定立案条件，应予立案；且根据行政诉讼法的规定，作出原行政行为的行政机关和复议机关是共同被告，杨某某只起诉了作出原行政行为的社保局，原审法院应对此予以释明，如杨某某不同意追加扶余市人民政府为被告的，原审法院应将扶余市人民政府列为共同被告。原审裁定适用法律错误，应予纠正。上诉人杨某某的上诉理由成立，本院予以支持。①

三、运行过程中存在的问题

根据对我国行政诉讼制度运行实况的考察发现，司法实践中存在怠于释明、

---

① 相关文书内容为："根据最高人民法院《关于适用〈中华人民共和国行政诉讼法〉若干问题的解释》第七条关于'复议机关决定维持原行政行为的，作出原行政行为的行政机关和复议机关是共同被告。原告只起诉作出原行政行为的行政机关或者复议机关的，人民法院应当告知原告追加被告。原告不同意追加的，人民法院应当将另一机关列为共同被告'的规定，杨某某只起诉了作出原行政行为的社保局，原审法院应对此予以释明，如杨某某不同意追加扶余市人民政府的，原审法院应将扶余市人民政府列为共同被告。原审裁定适用法律错误，应予纠正。"

释明不足、错误释明、越权释明的问题。

(一) 怠于释明

怠于释明是指当事人明显需要通过人民法院的释明来调整自己的诉讼行为，以确保通过诉讼及时有效解决争议时，人民法院不行使释明的情形。上文中关于二审人民法院对待释明不当的态度的 24 个案例中，一审人民法院均存在怠于释明的情形。怠于释明主要表现为怠于向原告释明适格被告，如冯某某与清镇市国土资源局资源行政管理土地行政登记案①；怠于向当事人释明调整诉讼中明显不合法的行为，如李某某诉齐河县仁里集镇人民政府确认行政行为违法及行政赔偿案中②。怠于释明意味着没有释明，释明成为了虚置的制度，笔者认为人民法院之所以会怠于释明，和大部分人民法院将释明看成是法院的权利有关。

(二) 释明不足

释明不足是指人民法院未尽到完全的释明职责，释明不具体、不充分，当事人无法根据人民法院的释明具体调整自己的诉讼行为。行政诉讼中，释明大部分情况是对原告的帮扶，行政机关与人民法院"两体但同源"的关系影响着人民法院在帮扶原告时的意愿。释明不足主要表现为 (1) 释明原告应当变更被告，但不释明适格被告具体是哪个机构。③ (2) 释明原告明确诉讼请求，但未具体什么

---

① 案号：〔2014〕筑行终字第 39 号。

② 案号：一审〔2015〕齐行初字第 27 号；二审〔2015〕德中行终字第 114 号。

③ 在福建易宇信息技术有限公司诉武平县人民政府采购委员会管理办公室财政行政处理案中〔案号：一审（（2015 武行初字第 18 号）；二审（2015）岩行终字第 112 号〕中，福建易宇信息技术有限公司起诉的是做出行政行为的武平县人民政府采购委员会管理办公室。被告是经武平县人民政府发文成立武平县政府采购委员会（武政〔1999〕文 274 号）下设的政府采购管理办公室，办公室地点设在县财政局。另外根据中共武平县委办公室、武平县人民政府办公室发出《关于印发武平县财政局主要职责、内设机构和人员编制规定的通知》（武委办发〔2015〕67 号）规定财政局负责行政审批的内设机构也加挂武平县人民政府采购委员会管理的牌子。一审法院仅向原告释明"行政机关组建并赋予行政管理职能但不具有独立承担法律责任能力的机构，以自己的名义作出行政行为，当事人不服提起诉讼的，应当以组建该机构的行政机关为被告。"但是要原告确定被告的组建机构谈何容易。原告后也以一审法院未释明具体应变更的被告为由提起上诉。

才是明确的诉讼请求，让原告无所适从。释明不足是借着释明的名义行不释明之实，与怠于释明会产生同样的危害。

(三) 错误释明

错误释明，是指法官在行使释明过程中囿于自身的原因导致释明的内容与案件的实际情况不符的情况。造成人民法院错误释明的原因是多方面的，有释明主体自身对法律理解的问题，也不排除有释明主体故意通过错误释明达到其所想要的案件效果的问题。但无论原因为何，错误释明对被释明的危害是相当大的。不仅损害了被释明人的程序利益和实体利益，而且严重危害司法的公信力。错误释明主要表现在法院错误告知原告将适格的被告变更为不适格的被告；错误释明原告提供与案件无关的证据材料等。以潘某某诉武汉市江汉区人民政府（以下简称江汉区政府）拆迁行为违法及行政赔偿案为例①。

> 因武汉地铁 6 号线江汉路站建设需要，江汉区政府于 2014 年 8 月 7 日作出了《房屋征收决定书》（江汉房征决字（2014）第 3 号），决定征收潘某某房屋在内兴业里××号、中山大道×××号、中山大道×××号等（详见房屋征收红线范围）范围内房屋，同时收回该范围内国有土地使用权。房屋征收部门为武汉市江汉区城区改造和房屋征收管理办公室，房屋征收实施单位为武汉市江汉区城市建设重点工程指挥部。潘某某因其房屋被拆，以江汉区人民政府为被告向江汉区人民法院起诉，请求人民法院确认江汉区政府实施的拆迁行为违法并给予赔偿。江汉区人民法院在审理过程中向潘某某释明，让其将被告变更为作为房屋征收部门的武汉市江汉区城区改造和房屋征收管理办公室及武汉市江汉区城市建设重点工程指挥部。因原告未依照法院的释明变更被告，江汉法院以被告不适格为原因之一驳回潘某某的起诉。潘某某不服，向武汉市中级人民法院提起上诉，中院最终认定江汉区政府是一审适格的被告，裁定撤销湖北省武汉市江汉区人民法院（2015）鄂江岸行

---

① 一审案号（2015）鄂江岸行初字第 00137 号；二审案号（2015）鄂武汉中行终字第 00597 号。

初字第 00137 号裁定；指令湖北省武汉市江岸区人民法院继续审理。

该案中，无论一审法官作出错误释明的真实意图为何，对原告而言，若根据释明将适格的被告变更为不适格的被告，如果江汉区法院判决原告胜诉，被告基于其自身的权利的需要，很有可能提起上诉，原告又要承担二审带给其时间、精力等方面的负担。如果被告不上诉，武汉市江汉区城区改造和房屋征收管理办公室与江汉区城市建设重点工程指挥部都是临时部门，拆迁任务完成，人去楼空，行政判决中关于赔偿款的执行又成空，潘某某最终无法维护其权利。该案中，原告并未根据一审法院的释明变更被告，最终二审法院也确定一审法院释明错误，这无疑是告诉原告一审法院司法能力不足，甚至让原告产生一审法院故意偏袒江汉区人民政府的想法，严重损害司法权威。

（四）越权释明

越权释明，是指法官超越释明的范围，对不属于其释明的内容或不属于释明制度规定的事项予以释明。

在行政诉讼中，越权释明主要表现为法院将释明作为协调撤诉的工具。以张某某诉庆阳市人民政府行政确认案①和张某诉盱眙县社会医疗保险管理处不履行法定案②为例。

1. 张某某诉庆阳市人民政府行政确认案

张某某因认为庆阳市人民政府给惠鹏洲颁发的庆市国用（2010）第 4130 号土地使用证侵犯了其合法权益，于 2014 年 12 月 22 日向甘肃省庆阳市中级人民法院提起诉讼。庆阳市中级人民法院在审理过程中向张某某释明，让其按照物权权属确认纠纷提起民事诉讼，张某某在法院释明后向庆阳市中级人民法院申请撤销，庆阳市中级人民裁判准许张某某撤回起诉。

---

① 案号：（2015）庆中行初字第 1 号。
② 案号：（2015）淮中行终字第 00193 号。

本案是典型的民行交叉案件，民事诉讼的法官认为只有通过行政诉讼确定庆阳市人民政府的颁证行为的合法性才能确定争议土地的使用权人。而行政诉讼的法官则会认为只有民事诉讼直接对申请争议土地的物权归属进行判定，才能确定庆阳市人民政府的颁证行为的合法性。我们不讨论此类案件该如何审理，但是有一条可以明确，张某某在提起行政诉讼的同时，也可以同时提起土地确权的民事诉讼。而人民法院直接释明张某某撤诉后，张某某的权益很有可能也无法通过民事诉讼解决。庆阳市中级人民法院在其无权直接释明原告撤诉的情况下释明原告撤诉，变相避开了对庆阳市人民政府行政行为的合法性审查，有帮助庆阳市人民政府之嫌。

2. 张文诉盱眙县社会医疗保险管理处不履行法定职责案

张文因不服盱眙县社会医疗保险管理处不履行法定职责，向盱眙县人民法院起诉，人民法院作出有利于张文的判决。盱眙县社会医疗保险管理处不服向江苏省淮安市中级人民法院提起上诉。本案在审理过程中，上诉人以同意支付给被上诉人张文一次性工伤医疗补助金为由，向人民法院申请撤回上诉。江苏省淮安市中级人民法院在同意上诉人撤回上诉的同时，向被上诉人释明，让其撤回起诉，被上诉人张文也同意撤回起诉。

我国行政诉讼法并未有二审中上诉人可以撤回起诉的规定，此案中，淮安市中级人民法院不但同意上诉人撤回上诉，还越权释明让被上诉人撤回起诉。

（五）将释明作为拒绝裁判的理由

人民法院不得拒绝裁判是保障诉权的基本要求，只要原告符合起诉条件，人民法院就应当对原告的起诉作出裁判。但司法实践中，存在人民法院以原告的两个诉讼请求属于不同诉讼标的为由，拒绝对其中一个诉讼请求进行审理的情况，以唐某某诉苏州市公安局姑苏分局行政处罚案①为例：

----

① 案号：一审（2014）姑苏行初字第 00105 号；二审（2014）苏中行终字第 00270 号

唐某某与陈某某因琐事发生纠纷,被陈某某伙同另外两名女子殴打。公安姑苏分局针对此事对陈某某作出姑公(石)行罚决字(2014)1991号行政处罚决定,决定对陈某某行政拘留12日并处罚款500元。唐某某对姑苏分局仅对陈某某一人进行处罚不服,诉至苏州市姑苏区法院。唐某某一共向姑苏区人民法院递交了两份起诉状,其中第二份起诉状的诉讼请求在第一份起诉状的基础上增加了"法院依法责令公安姑苏分局向唐某某公开其所申请信息公开的相关资料"这一诉讼请求。姑苏区人民法院围绕第二份起诉状进行审理。关于增加的诉讼请求这一项,姑苏区人民法院认为:"原告庭审中增加的要求信息公开的诉讼请求,与本案非同一具体行政行为,本院亦向唐某某进行了释明,故在本案中不予理涉"。最终姑苏区人民法院未对唐某某的这一诉讼请求进行实体审理,在判决主文部分也未对其进行回应。唐某某不服,提起上诉。在上诉状中唐某某写道:"一审法院认定事实错误,上诉人并非是在庭审中增加诉讼请求,而是在向一审法院立案庭窗口提交起诉状后又向一审法院邮寄了一份新的起诉状,在第二份起诉状中,上诉人要求法院依法责令公安姑苏分局向唐某某公开其所申请信息公开的相关资料,因此,一审法院遗漏了该项诉讼请求。"针对这一上诉理由,江苏省苏州市中级人民法院认为:"原审判决已经对上诉人要求政府信息公开的诉讼请求作出评判,其认为,上诉人的该项诉讼请求与本案并非同一具体行政行为,故在本案中不予理涉,该裁判理由并无不当。"

很显然,苏州市中级人民法院认为一审法院的释明可以代替实体裁判。同样的情况在董某某诉上海市浦东新区司法局司法行政管理一案中[①]也可以看到。

第三节　我国行政诉讼释明运行之评析

行政诉讼释明自2000年在司法解释中被提及至今,已二十余载。然而从法

---

① 案号:一审(2015)浦行初字第116号、二审(2015)沪一中行终字第329号。相关文书内容:"原审经释明,董明祥坚持两项诉讼请求,原审法院依法对其不属于行政诉讼受案范围的第一项诉讼请未作审理。"

律文本的分析以及司法案件的研读中可知，行政诉讼释明制度无论从立法还是司法上都存在诸多问题。

一、法律规定不够完善

（一）立法对释明内涵界定不清

任何一个法治国家的都有一套完善的法律体系，在法律体系中，不同法律规定之间存在位阶的差异。宪法作为根本大法，是其他法律、法规等下位法的依据；法律位阶高于行政法规、地方性法规、行政规章；行政法规的位阶则高于行政规章；根据地方性法规制定的主体不同，不同地方性法规之间的层级又不一样。就行政诉讼制度而言，全国人大依据宪法制定《行政诉讼法》，其他行政法规、地方性法规、行政规章皆不得与其相抵触。最高人民法院作为司法机关享有解释法律的权能，但是司法机关的解释也不能超越《行政诉讼法》的规定。

目前，在法律层次上规定行政诉讼释明的是 2014 年《行政诉讼法》。但是该法仅将释明限定在起诉上的释明。结合司法解释的规定，人民法院还应负有向原告释明适格被告的职责。二审法院在上诉人于二审中提出赔偿请求的，可以先对赔偿请求进行调解，调解不成，释明上诉人另行起诉。照此看来，释明的内容仅限于起诉上的释明、被告资格的释明以及赔偿诉讼中救济途径的释明。但是从上海市第三中级人民法院、兰州铁路运输中级人民法院出台《行政诉讼释明规则》看来，上海市第三人民法院和兰州铁路运输中级人民法院不但规定了起诉的释明、还规定了对证据规则的释明和诉讼程序的释明，甚至将诉讼中的告知、发问行为，法制宣传行为以及所有的心证公开行为都纳入到释明的范围，混淆了释明与诉讼法上的其他概念。另外，由于事实审言词辩论终结后，当事人的声明已经不能反映到判决中，因此，言词辩论终结后，当事人是不得再向人民法院提出新的事实主张与证据材料的，此时也不可能存在人民法院向当事人释明，因此，所谓的判后释明也纯属对释明内涵的错误理解。

之所以导致地方法院对释明内涵的扩大甚至误解，最主要的原因还是上位法未对行政诉讼释明的内涵进行明确界定。所谓行政诉讼释明是指法院在审理行政案件的过程中，发现当事人的主张（包括权利主张、事实主张与法律主张）存在问题（不正确、有矛盾，或者不清楚、不充分）时，或者当事人误以为自己提出的证据已经足够时，法官应当向当事人提出关于事实以及法律上的质问或提示，让当事人把存在问题的主张予以改正，把不充分的证据予以补充的职责。表现为对诉讼请求的释明、对事实主张的释明、对当事人资格的释明、对救济途径的释明和对证据释明。要解决上位法对释明内涵界定不清这一问题，笔者认为，最高人民法院可以出台关于行政诉讼释明制度的司法解释，明确界定行政诉讼释明制度的内涵，以指导司法实践工作。

（二）立法所规定的释明制度体系不够完善

行政诉讼法及相关司法解释在规定行政诉讼释明内容时，均使用了"应当"这种带有职责性质的词语。但是却未规定人民法院应当释明而未释明时、不应当释明而释明时当事人可以采取的救济措施。另外，规定的不明确性，导致当事人无法根据法院的释明正确调整自己的行为，这样的释明形同虚设。如2000年《若干问题的解释》规定了在案件审理过程中人民法院需要对被告资格问题进行释明，但释明的程度也止于告知原告其起诉的被告不适格，应当变更，但具体变更谁为被告，不属于人民法院释明的范围。如果人民法院仅释明原告其所起诉的被告不适格，由于行政主体复杂，要想让原告自己找到适格的被告并非易事，原告在找不到适格被告的前提下，也只有选择坚持不变更被告。①

由于法律未规定释明不当的救济措施，本属于职责性质的释明成为法官自由裁量的权力，法官是否释明以及释明到什么程度等都由法官个人素质决定。在司法容易受到干预的今天，这样的设置很容易使释明从增加原告诉讼能力变成法官"帮扶"被告的工具。由于法律规定的不明确性，释明在发挥维护原告权益方面的功能也很难被发挥。当务之急，我们必须完善释明制度，在明确界定释明内涵的前提下，确立释明行使的原则、释明行使的界限，并构建不当释明的救济措施。

---

① 现实生活中存在很多原告找不准被告的情形。如2014年6月5日，楚天都市报法治之眼报道：《市民骑车掉进无盖窨井，打官司遇插花地难题——两次撤诉三次起诉耗时5个月才找准被告》，参见http://ctdsb.cnhubei.com/HTML/ctdsb/20140605/ctdsb2358181.htm，2016年3月25日访问。

二、释明制度未发挥其应有作用

(一) 法院未严格遵守现有关于释明的法律规定

总体来说，司法实践中，人民法院未严格遵守现有法律的规定。在司法实践中，人民法院未严格遵守法律的规定主要表现在落后与突破两方面。在落后方面，人民法院未严格遵守已有的规定，使现有制度应发挥的功能没有发挥出来。在突破方面，人民法院在释明内容上又突破了现有的规定，使释明在内容上更加契合释明的本质内涵。

落后方面主要有，立法条文均以"应当"来要求人民法院必须依法行使释明，这表明释明是人民法院必须行使的职责，若应当释明而未释明则可以成为上诉或再审的事由。但是从具体案件可以看出，绝大多数二审法院并不会直接因为一审法院释明不当而撤销原审裁判。大部分法院将释明当作法院的权利，发现不当释明时也仅会用"予以指正""应予纠正"这种无关痛痒的字眼。在释明的内容上，虽然人民法院在各个阶段都有行使释明，但是极少的释明案件量与行政诉讼中急需释明形成鲜明对比。另外怠于释明、释明不足、错误释明、越权释明的存在使立法对释明规定投射到实践中的作用大打折扣。在司法实践中，人民法院并未严格遵守法律关于释明的规定。

突破主要表现在对释明内容的突破。如此所述，2014年《行政诉讼法》与最高人民法院的相关司法解释只在起诉、变更适格被告、行政救济途径方面规定了释明，地方法院也仅有上海市第三中级人民法院出台了相关司法解释规定了内容全面的释明，但是从司法实践的情况可以看出，人民法院在案件审理的方方面面都运用了释明这一手段，这无疑是对现有规定的突破。

(二) 释明在维护当事人合法权益方面作用甚微

首先，立法规定的不完善导致我国未建立完整意义上的释明制度，释明所应发挥的功能无法真正发挥出来。其次，从释明运行的整体状况看出，释明案件量在行政案件总量中所占比率非常低，这说明人民法院对释明采取的消极态度，若人民法院不行使释明，释明制度将无法发挥其应有的作用。再次，由于释明作为人民法院的职责，并不与当事人的义务相对，当事人可以根据释明调整诉讼行为，也可以坚持己见，拒绝调整诉讼行为。释明发挥作用的前提条件就是当事人遵从人民法院的释明。从当事人对待释明的态度分析可知，当事人对人民法院的释明是持排斥态度的，即使人民法院行使了释明，但是当事人不根据释明调整行为，释明制度依然不能发挥作用。

（三）释明在维护客观法秩序方面的功能没有被发挥

为了维护客观法秩序的需要，必要时，人民法院应当向被告释明。以行政诉讼证据失权制度为例，人民法院及时、公正地释明有利于缓解证据失权制度对公共利益的损害。但是无论从立法规定还是司法运行现状来看，人民法院都未曾向被告作出释明。证据失权又称举证时限，是指负有举证责任的当事人以及不承担举证责任的当事人应当在法律规定或者法院指定的期限内提出证明其主张的相应证据，逾期不举证则承担证据失效等不利法律后果的一项诉讼期间制度。① 《行政诉讼法》第34条规定："被告对作出的行政行为负有举证责任，应当提供作出该行政行为的证据和所依据的规范性文件。被告不提供或者无正当理由逾期提供证据，视为没有相应证据。但是，被诉行政行为涉及第三人合法权益，第三人提供证据的除外。"行政诉讼中规定证据失权一方面因行政机关在行政行为作出时已收集了证明其行为合法性的所有证据，规定证据失权有实现的可能性，另一方面是出于促进诉讼的目的，证据提交得越早、越全面，案件争点越容易形成，案件就越能在尽可能短的时间内得到公平公正的处理。但是行政诉讼证据失权制度忽略了行政诉讼的特殊性。行政诉讼所争议的并不是平等主体之间的私权纠纷，而是原告对行政机关行使公权力的行为不服从而引起的纠纷。作为公权力代表的行政机关并非实体权利的主体，没有及时举证的动力。因为即使因其怠于举证，法院判决其败诉，但败诉的后果是由国家或第三人承担，对被诉行政机关的实体权利并无影响。因此，被告很可能会怠于举证。如上所述，行政诉讼除起到维护主观公权利的作用外，还承担着维护客观法秩序的使命，若因被告未及时举证而

---

① 参见江必新、梁凤云：《行政诉讼法理论与实务（上卷）》北京大学出版社2011年版，第534~535页。

直接判决其败诉，则损害的是国家利益或第三人的合法权益。

既然被诉行政机关有怠于举证的动机，那么人民法院仅向被告送达举证通知书、告知其举证期限和延期举证的后果外是远远不够的。姑且不论行政诉讼证据失权制度的合理性，在该制度未修改以前，人民法院要做的是如何合法地规避证据失权制度对公共利益和第三人合法权益造成的损害。向第三人释明提交证据就是一个很好的方法，但是不仅立法未规定人民法院对第三人释明的制度，司法实践中也未发现有人民法院释明第三人提交证据。

（四）释明的功能被异化

释明的直接作用是促使诉讼中不明了、不明确的主张明了、明确，使不充分的证据变得充分。然而，随着释明被冠上促进"和谐司法"的"荣冠"，释明已经无法再恪守本分。几乎所有的诉讼指导行为被认为是释明，甚至判决生效后人民法院对裁判理由的解释也被认为是释明。另外，以"和谐司法"为指导，释明也成为法院协调和解的重要手段。

第四章 行政诉讼释明之规范论

释明作为司法机关的诉讼指挥权，有侵犯性与腐蚀性的一面，如何制约释明权，实现释明的制度价值，成为释明制度成功与否的关键。对权力的制约路径，根据古典自然法学派的观点，形成了权力行使者自治论、权力制约权力论和权利制约权力论。释明来源于对当事人诉讼权利的保障，诉讼权利制约审判权力，因此对释明的规范须以保障诉讼权利的思路开展。

第一节 确定释明行使的原则

虽然释明属于法院的职责范围，但是穷尽列举法院应当释明的情形似乎不太可能，确立释明行使的原则恰恰能弥补列举不足的缺陷。笔者认为，法院在行使释明过程中必须坚持公正中立、审慎适度、合理合法、公开透明这四项原则。

一、公正中立原则

法官释明职责所体现的理论——法官的职权应受当事人权利的制约，其地位保持中立，但从解决争议和维护社会秩序的角度出发，法官又不能作为一个消极的旁观者，中立地位的保持不应以牺牲实体的正义和诉讼的效率为代价，同样也是实现诉讼的公正与效率的一种比较理想的方案。① 随着法治进程的推进，法官中立已由过去完全的消极被动转变为有限的积极主动。具体释明过程中，法官遵循中立原则，同等情况同等对待的同时，对存在诉讼能力差异的当事人，特别是

---

① 曹付华：《论和谐社会诉讼模式下释明权制度之建构》，湘潭大学第 2007 届硕士毕业论文，第 10 页。

对诉讼能力较弱的一方当事人应给予较多释明，使双方获得基本平等的攻击防御能力，充分、实质地参与到辩论中，通过程序正义实现最大限度的实质正义。因此，法官的中立不是形式的中立，而是实质意义上的中立，是在当事人双方诉讼能力平衡基础上的中立。①

二、审慎适度原则

法官释明的结果总是意味着对一方当事人的援助，稍加逾越就会构成对法官中立性的违反。即使在职权主义的行政诉讼中，法院作为"维持社会正义最后一块堡垒"仍然应当恪守裁判者的身份，超然地站在当事人之外。法官在行使释明时，不能以原告诉讼能力弱小而无止境地释明，甚至用释明来代替其职权调查；也不能以维护公共利益为由对被告做过多的释明，造成人民法院与被告勾连的外像。人民法院在行使释明时必须坚持审慎适度原则。

三、合理合法原则

合法性原则是任何行为都必须遵守的基本原则。人民法院行使释明除必须要遵循合法的原则外，还必须保证释明在合理的范围内。所谓"合理"依照著名的温斯伯利原则的解释，就是指排除不相干的考虑，按照有正常理智者的正常思维行事。人民法院在行使释明时，只能是出于平衡当事人的诉讼能力和公共利益，不能考虑其他无关的因素。

四、公开透明原则

"阳光是最好的防腐剂"，人民法院在行使释明时，必须坚持公开透明。释明内容涉及当事人诉讼权利和义务选择的，或者可能影响当事人后续权利或诉讼进程的，对释明事项依法记录在案。

第二节　明确释明行使的界限

所谓释明行使的界限，即释明行使的范围，指法院对哪些人、在何时、什么

---

① 陈伟山：《释明制度探析》，南昌大学 2008 届硕士学位论文，第 24 页。

情况下应当释明。包括主体界限、时间界限以及内容界限。

一、释明行使的主体界限

释明行使的主体界限是指法院可以向哪些人行使释明，也即释明行使的对象。追溯释明制度的历史，我们知道释明是为了使当事人的声明以及证据明确、适当、正确而出现的制度。释明的对象是当事人，行政诉讼中的当事人是指在国家行政机关实施行政管理的活动中，因行政机关的行政行为发生争议，依照《行政诉讼法》的规定，以自己的名义到人民法院进行诉讼，并受人民法院裁判约束的有利害关系的公民、法人和其他组织以及行政机关。① 原、被告作为受法院裁判约束的人，是典型的当事人。由于行政诉讼中的第三人是与被诉行政行为有利害关系，或者同案件的处理结果有利害关系的人，其具有原告或被告同等的诉讼地位，如有权提出本案有关的诉讼主张，在诉讼中可以提供证据，对人民法院的一审判决不服，也有权提出上诉、申请执行等。第三人同样受到人民法院裁判的约束，因此，第三人也属于当事人的范畴。因诉讼代理人是当事人委托进行诉讼的人，特别是那些特殊委托的代理人从某种意义上代表的是当事人，依此，委托代理人也应当是法院释明的对象。

由于我国特殊的诉讼主体构造，法院对原、被告行使释明时必须区分对待。行政诉讼中，原告的弱势地位与被告的强势地位形成鲜明的对比。在完善对原、被告释明制度时，必须遵循一个基本原则：加强对原告的释明，限制对被告的释明。由于第三人可分为与原告地位相同的第三人及与被告地位相同的第三人，对与原告地位相同的第三人的释明与对原告的释明类似，对与被告地位相同的第三人的释明则与对被告的释明类似。对诉讼代理人的释明则要根据诉讼代理人的能力差异区分对行。

（一）对原告展开全过程的释明

根据诉讼三阶段构造理论，行政诉讼由起诉要件、诉讼要件和本案要件组成。当事人提起行政诉讼，其目的在于请求行政法院就其争议的法律关系为实体

---

① 林莉红：《行政诉讼法学》，武汉大学出版社 2020 年版，第 96 页。

判决，但行政诉讼本质上是司法权对行政权的监督，涉及司法权的界限等问题，并非只要有原告的起诉，司法审查就可以启动。行政诉讼首要解决的问题是在什么情况下可以"启动司法审查"，尔后再解决法院如何"司法审查"的问题。因此要完成因起诉开始至以法院对诉讼上的请求作出判决为目标的整个发展过程必须经历为了让法院启动"司法审查"的要件审理阶段和让法院进行"司法审查"，作出判决的本案审理阶段。

启动法院"司法审查"的要件通常被称为诉讼要件或诉的合法性要件、诉的适法性审查要件、实质判决要件，也即我国行政诉讼中常用的起诉条件。司法权的被动性决定司法的不告不理，要启动司法审查首先在形式上必须有原告提交诉状、交纳了诉讼费用等形式要件；符合形式要件后，再进入司法权能否审查某一行政权的实质性要件审理阶段。前者被称为"起诉要件"，后者又被称为狭义上的"诉讼要件"。起诉要件所要解决的问题是原告的起诉是否合法提起，这是起诉成立的条件，起诉要件成立意味着法院应当立案。诉讼要件所要解决的问题是法院是否能够对案件进行实体审理并作出裁判，诉讼要件成立意味着法院应当受理。起诉要件和诉讼要件的满足是启动"司法审查"的前提，涉及的都是程序性的问题，之所以对其进行区分是因为起诉要件涉及的是形式上的审查（如诉讼费用是否提交、诉状内容是否规范），人民法院在审查起诉要件时无司法裁量权，该审查直接由立案庭完成即可。但诉讼要件涉及司法权与行政权的关系，按照诉讼要件创始人标罗的看法，诉讼要件属于具有强烈公益色彩的程序事项，因此必须以职权主义方式进行审理。一般认为行政诉讼的诉讼要件包括：被诉行政行为是否属于受案范围、案件是否属于受诉法院管辖、当事人是否适格、诉讼代理人是否有权限、法定复议前置型案件是否已经经过行政复议程序、起诉是否超过起诉期限、案件是否属于重复起诉。诉讼要件虽然属于人民法院依职权调查的范围，并不是剥夺原告对人民法院调查事实进行抗辩的权利。因此对诉讼要件的审查通过由审判庭来完成，且在审查过程中，人民法院必须充分赋予当事人程序上的抗辩权。我国行政诉讼未严格遵守起诉要件、诉讼要件和本案要件的分类，通过2014年《行政诉讼法》第49条规定了起诉条件，后又通过2018年《司法解释》第69条的规定对起诉条件进行了补充。在立案阶段，如果原告之诉不符合起诉条件，立案庭直接通过书面审查的方式就可以裁定不予受理。这一立法方式，将起诉要件和诉讼要件混合成为起诉条件，导致立案高阶化的同时，剥夺了原告对诉讼要件的抗辩权。为了弥补这一缺陷，在立案阶段立案庭就应当针对起诉条件对原告加以释明，特别是人民法院认为原告之诉不符合起诉条件时。

第一，对原告资格的释明。2014 年《行政诉讼法》明确规定与行政行为有利害关系的公民、法人或者其他组织具有原告资格。但是"法律上的利害关系"作为一个不确定的法律概念，在理论上与司法实践中其并没有明确的判断标准。目前理论界关于"法律上的利害关系"学说主要有：（1）权益+因果关系说。该说认为"法律上的利害关系"仅要求相对人或相关人有应受司法保护的利益，且应受保护的利益被行政行为的效力所影响。① （2）权益+成熟的具体行政行为+因果关系说。该说认为"法律上的利害关系"是公民、法人或其他组织的合法权益与行政行为之间存在的一种因果关系，包括原告受损之权益为公法上的权利、被诉行为为成熟的具体行政行为、受损权益与被诉行为之间存在因果关系。② （3）权益+本人特有权益+因果关系说。该说认为"法律上的利害关系"要求起诉人具有权益，且必须是起诉人本人所特有的权益，起诉人的权益受到行政行为的直接影响。③ （4）权益+因果关系+争议行为具有可诉性说。该说认为"法律上的利害关系"除了要求原告享有权益、权益受损、权益受损与被诉行为存在因果关系外，还要求争议行为具有可诉性。④ 原告资格理论的晦涩难懂直接造成了立案庭在审查原告资格时的"放水"，立案登记制的确立以及解决立案难的呼吁更会使对原告资格的审查流于形式。这会带来"该立的案件都收进来"的良好效果，但是同时也会造成"不该立的案件也都收进来"的弊端。不具有原告资格的案件进入审查阶段，对原告来说不可避免的结局是裁定驳回起诉。这对原告来说损害更大，一方面，如果在立案阶段就了解自己不具有起诉资格，原告还可以及时寻求其他的救济途径；另一方面，原告为了取得胜诉的结果，会投入人力、物

---

① 参见张树义主编：《寻求行政诉讼制度发展的良性循环》，中国政法大学出版社 2000 年版，第 81~89 页。

② 参见张旭勇：《"法律上利害关系"新表达——利害关系人原告资格生成模式探析》，载《华东政法学院学报》2001 年第 6 期。

③ 参见高家伟：《论行政诉讼原告资格》，载《法商研究》1997 年第 1 期，第 67 页。

④ 参见王万华：《行政诉讼原告资格》，载《行政法学研究》1997 年第 2 期。王学贤：《行政诉讼原告若干问题探讨》，载《法学》2006 年第 8 期。

力、财力成本。对被诉行政机关和人民法院来说，投入的司法资源与行政资源也将不会产生任何正效益。笔者认为，立案难的真正原因并不是人民法院对原告资格审查过于严格，而是存在其他法律外的因素，试图通过法律来解决法律外的因素的做法"未找准病根"，只会越医病越重。因此，人民法院应当严格审查原告资格，对于不符合原告资格的案件进行释明，促使原告及时放弃诉讼或补正原告资格中存在瑕疵的部分。

第二，对明确被告的释明。明确的被告与适格的被告是两个不同的概念，人民法院在立案审查阶段只需要审查原告所列被告是否明确、是否真实存在即可。若不明确则释明其明确，若非真实存在，则释明其确定真实存在的被告。

第三，对具体诉讼请求和事实依据的释明。行政起诉条件中关于诉讼请求和事实依据的要求是明确具体。因此立案阶段的释明对象仅限于具体的诉讼请求与事实依据。2018 年《司法解释》将具体的诉讼请求定义为："请求判决撤销或者变更行政行为；请求判决行政机关履行法定职责或者给付义务；请求判决确认行政行为违法；请求判决确认行政行为无效；请求判决行政机关予以赔偿或者补偿；请求解决行政协议争议；请求一并审查规章以下规范性文件；请求一并解决相关民事争议；其他诉讼请求。"这样的定义似有具体诉讼请求认定为符合法律规定诉讼请求之嫌，会带来一系列问题。首先，立案审查仅是对程序的审查，立案庭在未对实体进行审查前无法确定原告受损权益通过何种请求权实现救济，很可能造成原告应提起确认之诉时，人民法院释明其提起撤销之诉。其次，释明错误会造成案件争点的偏颇，使当事人和人民法院围绕错误的案件争点展开诉讼活动。笔者认为，只要根据原告的诉讼请求和事实依据可以探究出原告诉讼的目的即属于具体的诉讼请求和事实依据，无需要明确到诉讼类型上。

第四，行使诉权形式的释明。行政诉讼法规定原告起诉原则上应当采用书面形式，作为法律文书，并非一般人所能掌握的。起诉人书写的诉状不符合法律规定的，应向起诉人释明诉状中应当记明的必要事项。原告在提起诉讼时，还需要根据被告的多少提供起诉状副本、同时必须提供证据目录及相关的证据材料。起诉人随诉状提交的材料不符合要求的，应向起诉人释明其需补正的内容及要求。

第五，对司法管辖权的释明。受司法权与行政权关系、宪法对监督行政权的权力配置以及司法权化解行政争议的能力等因素的影响与制约，并非所有的行政争议都属于人民法院的受案范围。① 受司法机关内部分工的影响，属于受案范围的行政争议也并非可以由任意人民法院管辖。当人民法院认为原告所起诉的行政争议不属于行政诉讼受案范围时，应当给予原告释明，并充分给予原告抗辩的机会。当收到起诉状的人民法院认为自己无管辖权时，也应当向原告释明法律关于管辖权的规定，能够确定管辖法院的，人民法院应告知起诉人该管辖法院的名称、联系方式。

第六，对复议与诉讼衔接的释明。在行政主体基于同一事实和理由，对多个相对人作出同一行政行为的案件中，很可能有部分相对人提起行政复议，部分提起行政诉讼，针对这种情况，人民法院应当区别情况处理。如果行政行为属于复议前置的，人民法院应当向原告释明，告知其复议前置的法律规定，指导其申请撤诉后，通过行政复议程序解决争议；如果行政行为属于既可选择行政复议又可选择行政诉讼，且原告的诉讼请求中有要求人民法院对行政行为合理性进行审查的，人民法院应当向原告释明，告知其人民法院无法审查行政行为的合理性，指导其申请撤诉后，通过行政复议程序解决争议；如果行政行为属于既可选择行政复议又可选择行政诉讼，且当事人的诉讼请求限定于对行政行为合法性审查的，人民法院应当向原告释明，告知其与提起复议的相对人协商，共同选择一致的救济途径。

除此之外，当发现被告不适格时，人民法院应当释明原告适格被告的具体名称、联系方式等。当发现有遗漏的被告时，应当告知当事人追加被告，如复议机关维持原具体行政行为，原告仅起诉原行为机关的，人民法院应当告知原告追加复议机关为被告。如发现代理人超过法定人数或不具有代理资格时，应当释明原告调整代理人人数或变更诉讼代理人。并对起诉期限、诉讼程序、案件是否属于重复起诉的释明，以给予原告充分的抗辩机会，使其能够最后理解并接受法院的裁判。

（二）在法律明确规定的情况下可对被告释明

由于行政诉讼中人民法院与被诉行政机关具有同源性，且被诉行政机关具有

---

① 参见梁君瑜：《论行政纠纷可诉性》，载《北方法学》2019 年第 6 期。

诉讼能力上的优势，在设计行政诉讼释明制度时，必须注意防止释明沦为人民法院帮扶被告的工具，对被告的释明必须在有法律规定的特殊情形下。该特殊情形应限定在提交证据材料的释明与说明行政行为过程的释明。

1. 对被告释明提交证据材料

提交证据材料的释明与其对待证据失权的态度有很大的关系。域外一般没有严格的证据失权制度，被告未按时举证的，人民法院应当释明其提出行政行为作出过程中所收集的与案件有关的证据材料。我国行政诉讼法规定了严格的举证时限制度，被诉行政机关应当在收到起诉状副本之日起 15 日内提交据以作出行政行为的所有证据及其所依据的规范性文件，逾期提交的视为没有证据。基于该制度出发，人民法院通常在案件进入实体审理前就会向被告释明其举证的范围、举证的时间以及延期举证的后果。当案件进入实体审理后，人民法院不得再释明被告提供证明被诉行为合法性的证据。

纵观域外立法，没有任何一个国家或地区规定如此严格的失权制度。美国行政诉讼对当事人提出证据的时间作出了严格限制，但是当事人若不遵守该限制是否导致证据失权，由法官自由裁量，但绝大情况下，法官会排除逾期提供的证据的可采性。法国行政诉讼中同样设置了当事人举证的时间，但是并没有规定逾期举证必然导致证据失权。《日本行政诉讼法典》第 34 条第 3 款规定："原告被告和第三人可以就事实上或者法律上的问题对书面未尽事宜进行补充，也可以对其错误进行更正，也可以提出新证据或者提示证书。"① 《德国行政法院法》第 86 条规定了行政诉讼当事人在法院涉及不清楚的问题时，有义务提供并证明属于其自身范围内的有关事实。《德国行政诉讼法》第 87 条规定首席法官和主办法官负有如下任务：在言词审理的准备阶段促请原告，呈交他认为并可能有助于法院澄清案情的物品和证明材料。中国台湾地区行政诉讼采职权探知主义，"行政法院"调查证据与相关事实不受当事人主张的拘束，即使当事人没有适时提出证据，"行政法院"基于职权调查义务，也应自行收集一切为裁判基础所需的诉讼资料，调查证据以及证明事实真相与为实体判决。也就是说当事人未及时提出证据，并

---

① 王天华：《行政诉讼的构造：日本行政诉讼法研究》，法律出版社 2010 年版，第 300 页。

不一定导致败诉的后果。

没有严格的证据失权制度，意味着被告在诉讼过程中可以提交新的证据。当人民法院为了查明案件真实，有必要调取被告所保存的证据时，法院应当释明被告提交这些证据。我国《行政诉讼法》第 39 条规定了人民法院有权要求当事人提交证据，这里的当事人应当包含被告。为了排除行政机关的优越地位，保证释明的效果，笔者认为必须赋予人民法院一定的权力：第一，在释明行政机关提供其据以作出行政决定的规范性文件而行政机关拒绝出示的情况下，有权判决行政机关所作的行政行为无效。第一，对行政机关声明保密的规范性文件，有权依法判断是否属于保密范畴，决定是否予以公开。决定公开的，释明行政机关提交。

2. 对被告释明说明行政行为过程

行政机关在适用法律的过程中面临着许多"不确定法律概念"，行政主体具体化不确定法律概念往往面临两个或两个以上解释意义的选择，这些选择过程充斥着价值选择、综合权衡与判决，很多情况下有着明显的行政裁量权运行痕迹。① 法律规范作为规范其制定后的行为，无法预计未来所有可能会发生的情况，为了应付日新月异的行政管理事务，立法也必须赋予行政机关充足的裁量权，使其能够根据行政管理事务的具体情况，作出最有效的行政决定。行政裁量行为无处不在。理由是对武断决定的一处制约，即使决定是不利的，利害关系人也可能被理由所说服，接受该决定是对裁量权的合理的、无偏见的行使，如果该决定理由充分，那么审查机关将能更多地理解该决定；公众对决定程序的信任，因了解必须说明可支持的理由而提高。② 为了规范行政裁量权的行使，行政法确定了正当程序原则，行政说明理由即是正当程序原则的基本要求之一。我国立法确定的对行政裁量司法审查的强度是自由裁量明显不当或达到滥用程度。③ 这种审查强度是非常低的，适合审查效果行政裁量的行为。行政裁量行为除了效果裁

---

① 参见尹建国：《不确定法律概念具体化的说明理由》，载《中外法学》2010 年第 5 期。

② ［英］卡罗尔·哈洛、理查德·罗林斯：《法律与行政》（下册），杨伟东等译，商务印书馆 2004 年版，第 963~964 页。

③ 2014 年《行政诉讼法》第 70 条规定，人民法院对机关超越或滥用职权（包括积极滥用裁量权）、明显不当的情形可以判决撤销，第 77 条规定，行政处罚显失公正的，可以判决变更。

量外，还存在过程裁量，对过程裁量行为，人民法院应当确定与效果裁量不同的审查标准，域外的判断行政过程审查方式值得借鉴。

日本行政裁量观念的变迁对释明制度的发展产生了深远的影响。日本裁量观发生了从裁量二元论到裁量一元论的转变。裁量二元论将裁量问题与法律问题分开，作为两个独立的问题来看待。裁量行为属于行政机关绝对的权力，在裁量领域内，行政机关是自由的，不受法律拘束，因此司法无权对其审查。裁量一元论者基于行政裁量也是法律授权的结果的观点，认为裁量行为在法律裁定的范围内也存在合法与违法的问题，不能把裁量问题理解为法律问题之外的问题，应当受到司法的审查。裁量一元论形成共识后，各国开始探究审查裁量行为的方式。对于这个问题，德国和日本作为典型的大陆法系国家，不约而同地将目光投向了裁量过程。① 日本通过太郎杉事件二审判决确定了通过判断行政过程来审理行政裁量行为的审查方式。日本太朗杉控诉案的判决②包含着判断过程审查方式的典型表达：法院根据行政机关的陈述，对行政机关以何种方式考虑何种事项作出行政行为进行重构，并在此基础上对裁量过程的妥当性进行评价。③ 要想实现判断过程审查，一个必要的前提是行政机关向法院陈述作出行政行为时考虑了哪些事项，如果行政机关对其裁量行为的过程未进行说明，法院无法进行判断，因此，有必要规定行政诉讼释明特则，法院可以要求行政机关提出作出裁量处分的理由资料以及有关案件记录。

综上，判断行政过程的审查方式实施的一个基本前提是被诉行政机关向人民法院陈述其作出裁量过程所考虑的因素，这些因素是主观的，无法通过证据形式固定下来，因此，人民法院应当释明被告作出陈述。

---

① 王天华：《行政裁量过判断过程审查方式》，载《清华法学》2009 年第 3 期。

② 日本栃木县知事为了迎接东京奥运会，计划对某条国道进行拓宽。为此，他制订了 A 方案，要对"日光东照宫"（世界文化遗产）境内的部分土地进行征用，并对其上的古树太郎杉进行砍伐。栃木县知事的这个计划获得了建设大臣的批准，太郎杉因此面临被砍伐的风险。于是，作为宗教法人的"日光东照宫"以建设大臣为被告对建设大臣的批准行政提出了撤销诉讼。东京高等法院最后用判断过程审查方式认可了原告的撤销请求。见东京高判昭和 48 年 7 月 13 日行集 24 卷 6・7 合并号，第 558 页。

③ 参见［日］小早川光郎："事 认定 と 土地 用法 20 条 3 号 の 要件——日光太郎杉事件"，街づり・国づくり 判例百选（别册ジュリスト 103 号）56 事件，第 120 页。转引自王天华：《行政裁量过判断过程审查方式》，载《清华法学》2009 年第 3 期。

（三）根据诉讼代理人是否为专业人员区分对待对诉讼代理人的释明

诉讼代理人有法定代理人与委托代理人之分。法定代理人作为无诉讼行为能力人的代理人，其行为完全代表着被代理人。委托代理又有一般委托与特殊委托之分，对于特殊委托的代理人，与法定代理人一样，其行为完全代表着被代理人；一般委托代理人除了不能对代理人实体权利进行处分（申请撤诉、变更诉讼请求）外，其诉讼行为也代表着被代理人。代理人的权限和诉讼地位其实与当事人是类似的，特别是法定代理人与特殊委托代理人。因此，对于法院对委托代理人的释明应当与对当事人的释明一样。

值得讨论的是，如果诉讼代理人是律师时，法院是否仍然应当向其释明。由于诉讼代理人代表的是当事人，因此，该问题与如果当事人委托了律师代理，法院还需不需要对当事人进行释明相似。通说认为，法院的释明应因当事人有无委任代理人而存在区别。对于本人诉讼的案件，人民法院应当给予积极释明，而对于有委托代理人的案件，人民法院的释明范围则相应缩减。如当当事人有委托律师或精通法律的人进行诉讼，如根据其诉讼上的陈述可直接推导出特定法律效果或特定声明之可能性甚为明确时，法院不负释明义务。[1] 但是也有反对观点认为释明规定的主要目的，在于保障当事人的主观权利。诉讼应使具有权利的当事人获得其应享有的权利，即使其不具备充分法律知识或已委任律师进行诉讼，亦应透过法院的释明义务使其有实现实体法上权利之机会。法院的释明义务，不因当事人已委任律师或精通法律之人进行诉讼而缩减。[2] 我国未规定律师强制代理制度，且因行政诉讼的特殊性，律师代理行政诉讼的意愿低且行政诉讼中律师代理效果不明显，[3] 也就是说律师在调节当事人诉讼武器上不平等的作用有限，律师尚且如此，其他代理人的作用也可想而知。本书认为，结合我国国情，目前

---

[1]　Leipold, aaO. (Fn. 10), § 139 Rn. 49. 转引自刘明生：《论补充处分权主义之法院阐明义务》，载《台北大学法学论业》第 76 期，第 157 页。

[2]　参见刘明生：《论补充处分权主义之法院阐明义务》，载《台北大学法学论业》第 76 期，第 157 页。

[3]　参见顾大松：《行政诉讼法律师卷调查报告》，载《行政法学研究》2013 年第 3 期。

当事人是否委托代理人不应当成为法院行使释明与否、行使释明的范围的决定性因素。

二、释明行使的时间界限

释明行使的时间界限是指法院应当在何时对当事人进行释明。释明的目的是让当事人根据法院的释明调整自己的行为，而在言词辩论终结后，当事人已无法再对自己的行为进行调整，因此，言词辩论终结时这个时间点是释明行使的终期。各国对诉讼开始的理解不一，有观点认为，起诉只有符合有关诉讼要件而不存在何种欠缺，才能够使诉讼系属于法院，诉讼才算是真的开始。[①] 对于采取立案登记制的国家，原告的起诉行为即为诉讼的开始。如法国法官并不参与"诉讼开始"之过程，仅凭原告的起诉行为就可启动诉讼，亦即起诉于法院接收诉状后便告完成。[②] 本书认为，起诉人从向法院递交起诉状时起，就意味着其意欲将行政纠纷交由法院解决，从化解纠纷的角度上来说，此时法院应当对原告的起诉进行释明；从保护当事人诉权的角度来说，起诉行为即当事人行使诉权的开始，为实现对当事人诉权的保障，此时，法院也应当对其进行释明，因此，释明的始期是起诉时。确定释明行使的始期和终期可以解决文前所说的判后答疑不属于释明的问题。但是释明行使也有阶段之分，在不同阶段应当释明的内容不一样，有的释明必须在此阶段行使，若延迟或提前至另一阶段，则可能会构成释明不当。

（一）起诉阶段的释明

按诉讼三阶段构造，通常而言，在起诉阶段，人民法院审查集中表现为诉状审查，即核对诉状中是否写明必要记载事项，例如当事人、诉讼请求及理由是否明确。根据 2014 年《行政诉讼法》第 49、25 条的规定，在我国，提起诉讼应当符合下列条件：原告是与行政行为有利害关系的公民、法人或其他组织；有明确的被告；有具体的诉讼请求和事实根据；属于法院受案范围和受诉法院管辖。也

[①] 参见毕玉谦：《民事诉讼起诉要件与诉讼系属之间关系的定位》，载《华东政法学院学报》2006 年第 4 期。

[②] 参见段文波：《起诉程序的理论基础与制度前景》，载《中外法学》2015 年第 4 期。

就是说，我国目前将适格原告、明确的被告、具体的诉讼请求和事实根据、法院有管辖权这四方面作为起诉要件。由于适格的原告是起诉人获得权利救济的基本前提，如果原告不适格，但是法院却受理了其诉讼，如前所述，在原告资格无法补正的情况下，法院在起诉阶段就该事项对起诉人进行释明有利于节约当事人的诉讼成本，也有利于节约司法资源，因此，对于该事项应当尽可能地在起诉阶段进行释明。明确的被告与适格的被告不同，笔者认为，如果法院在起诉阶段发现起诉人所起诉的对象不明确，甚至发现了明确且适格的被告，应当在此阶段对原告释明。因为被诉意味着需要应诉，如果被告不适格意味着本不应当应诉的行政机关受到了诉讼与其无关的诉讼连累，进一步说，行政资源遭到了浪费，如果尽早确定适格的被告，可以尽量减少行政资源的浪费。同理可以适用在有管辖权法院这一项上。具体的诉讼请求和事实根据是当事人进行诉讼对抗的前提，也是法院进行案件审理的基础，诉讼请求和事实根据越早明确对诉讼程序的推进越有利，越能保证当事人之间进行完全且充分的对抗，法院也越能在此基础上发现案件真实，作出符合实质正义的裁判，应该对于具体的诉讼请求和事实根据也应当尽早释明。特别值得注意的是，我国 2000 年《若干问题的司法解释》第 45 条规定："起诉状副本送达被告后，原告提出新的诉讼请求的，人民法院不予准许，但有正当理由的除外。"也就是说，对于新诉讼请求提出的释明必须在起诉阶段作出，否则原告在起诉状副本送达被告后，就无法再增加新的诉讼请求。换句话说，对新诉讼请求提出的释明"必须"而不是"应当"在起诉阶段提出。对司法实践人员来说，要掌握在什么情况下"必须"释明原告提出新的诉讼请求是首先要解决的问题。笔者认为，如果法院根据原告提起诉讼的意图并结合法律规定，发现原告要完成权利保护，必须提出新的诉讼请求，如在行政赔偿诉讼中，起诉人在未请求确认被诉行政机关的行政行为违法且未请求相关行政机关提前处理的情况下，单独提起行政赔偿之诉，此时，立案庭法官在立案受理时就应当审查原告单独提起行政赔偿之诉是否具备法定的前提条件，即行政行为是否已被确认违法，是否已经行政机关先行处理。如果不具备上述前提条件，立案庭应当向原告释明变"单独提起行政赔偿之诉"为"一并提起行政赔偿之诉"才能使起诉得到受理。如果在这种情况下法官未释明原告提出新的诉讼请求，原告在案件审理阶段再提出新的诉讼请求，构成 2000 年《若干问题的解释》第 45 条所说的

"正当理由"，法院应当准许。由于法院对诉讼要件与本案要件的审查都是在言词辩论阶段，且司法实践中未严格区分这两个阶段，因此，关于诉讼要件与本案要件的释明只要是在言词辩论之前作出即符合释明行使的时间界限。

(二) 审前准备阶段的释明

审前准备程序是案件受理后，开庭审理前的一个诉讼程序，由诉答阶段（pleading）、发现程序阶段/证据开示阶段（discovery）和审前会议阶段（pretrial conference）组成。诉答阶段的主要任务是明确案件争点，由当事人在法官面前陈述主张，法官在听取双方当事人主张后确定当事人之间的争点。证据开示是指当事人或者其代理律师从对方当事人和其他与案件相关的证人那里获取有关信息的正式程序。[1] 审前会议的实质内容就是由法官出面，帮助当事人归纳或总结通过发现程序从事准备所获得的结果并将其固定下来，以便给开庭审理提供一个事前的完整计划。[2] 与大陆法系国家和地区相似，英美法系国家在诉讼中规定释明制度的一个目的是避免诉讼过分依赖当事人的诉讼能力而可能导致诉讼实质正义的缺失。但是，这并不是其考虑的主要因素，释明制度最主要的功能在于防止诉讼程序完全由当事人控制后随之而来的诉讼拖延。英美法系国家完善的庭前准备程序使诉讼的争点整理、证据的收集等最基础也非常重要的工作都集中在庭前审理准备阶段。这一阶段也是最容易出现诉讼拖延的，法官的释明也多在这一阶段实施。在言词辩论阶段，即开庭审理过程中，法官依然保持着中立的裁判者形象，极少进行释明。

在美国，由于诉答程序直接决定着案件是否可以进入审理阶段，且美国的令状制度规定诉答必须以法定的形式完成才可获得司法救济，因此，为了使诉答程序能够顺利进行，保证能准确整理争点，法院通常会促使当事人提出正确的诉答形式。释明就是促使其提出正确诉答形式的最主要方法。美国奉行当事人主义，法官并不具有调查证据的权力，但是其有职责对证据的形式、证据的采集等进行引导。根据《联邦证据规则》第103条第2项的规定，法官可以指示用提问和问

---

① 参见汤维建主编：《美国民事诉讼规则》，中国检察出版社2003年版，第114页。

② 参见王亚新：《民事诉讼准备程序研究》，载《中外法学》2000年第2期。

答的方式来提供与表明证据特征、证据提供方式、提出异议和相关的裁定有关的其他的或进一步的证词。这种提问和问答的方式即是释明的表现形式。随着对诉答程序的放松以及对证据开示程序功能的有限性的认识，审前会议阶段更需要法官对程序的控制，有较强的诉讼指挥特征。美国《联邦民事诉讼规则》第 16 条第 3 款规定，在审前会议上，法院可以采取相应的行动确定下列审议事项：争点的明确和简化，包括对无意义的请求或答辩的排除；修改诉答文书的必要性和妥当性；为避免不必要的证明而对事实或文件获得自认的可能性；可能获得有关文件真实性的协议，以及法院对证据可采性的预先裁定；为避免不必要的证明和重复证据，限制或限定证言的使用；确定法庭调查的证人和文书。① 在审前会议阶段，法官依职权促使当事人将请求或陈述予以明确，告知当事人证据的证据能力都是法院释明的具体表现。

我国目前没有完善的庭前准备程序，为了防止法官"先入为主"思想的产生，自 20 世纪 90 年代中期，我国行政诉讼就开始大规模地试行"一步到庭"的审判方式。案件受理后，法官不先调查取证，也不接触当事人，而是直接开庭，强调证据在庭审上由当事人举证、质证、认证。② 在司法不独立的司法环境下，这种一步到庭的审判模式也许可以限制法官与原告的接触，但是并不能限制政府对行政审判的干预，且容易造成审判过程中的证据突袭。未来完善审前准备程序或许会成为完善行政诉讼制度的突破口。结合审前准备程序的完善，从当事人诉权保障、防止诉讼迟延的角度来看，释明的阶段也应当尽可能地在该阶段完成。

（三）庭审阶段的释明

日本释明处分并不限于诉讼的早期阶段，只要法院认为有必要，在以后的阶段也可以要求行政机关提出资料。③ 修改前的《日本行政事件诉讼法》第 7 条规定："行政事件诉讼法未有的规定可以参照民事诉讼。"日本民事诉讼法规定了文

---

① 参见白绿铉：《美国民事诉讼法》，经济日报出版社 1998 年版，第 209 页。

② 参见林念贺：《论行政诉讼审前程序及其运行机制之构建——从普通程序的视角设计》，载《行政法学研究》2003 年第 3 期。

③ 日本行政诉讼检讨会第 26 回议事录（事务局发言），转引自王天华：《行政诉讼的构造：日本行政诉讼法研究》，法律出版社 2010 年版，第 144 页。

书提出义务，根据文书提出义务的原理，作为被告的国家或公共团体所属的行政机关是应当将其所持有的证据材料提交给法院的，日本之所以在《行政事件诉讼法》中以释明特则的形式规定其提交证据材料的义务，有其特殊性。民事诉讼中的文书提出义务中所指的文书最开始不包括公务员关于其职务所保管或所持有的特殊文书，在判例中，行政机关专供自己使用制作的内部文书也不属于"法律关系文书"。这意味着根据民事诉讼中的文书提出义务，行政机关的文书提出范围受到了严格的限定。后来，日本虽然将上述几种文书纳入了文书提出义务的范围内，但是有关公务员职务秘密文书、可能有损公共利益或者显著妨碍公务执行的文书仍被排除于行政机关的文书提出义务范围之外，这给法院审理带来了很大困扰。解决这些困扰的最好办法自然是制定符合行政诉讼的特点的释明制度。

由于我国目前没有完善的庭前准备程序，在完善庭前准备程序的同时，也应当根据实际情况重视庭审阶段的释明，如果案件争点还不确定，案件的证据材料还未完全提出，也应当允许人民法院通过释明的方式明确案件争点，促使当事人及时、全面地提供可证明其事实主张的证据材料。

三、释明行使的内容界限

（一）限定释明内容的标准

所谓释明行使的内容界限是指法院在什么情况下应当释明，什么情况下不能释明。

关于构成释明的内容界限，日本学者提供了一个大致的标准："在因法院未进行释明而使裁判结果发生逆转之盖然性较高的情形下，上级审法院应当在斟酌双方当事人公平的基础上（而且，附加以上告申请受理的一般性条件），来撤销违反释明义务的原审法院判决。"[①] 但这个界限是极其模糊的，在日本主要依靠判例的累积来加以明确。关于构成释明违法的界限，同样也没有非常明确的标准。依照日本的司法实践，下列情形必须释明：（1）可以造成失权后果的程序性

---

① ［日］高桥宏志：《民事诉讼法——制度与理论的深层分析》，林剑锋译，法律出版社2003年版，第360页。

事项必须释明；（2）自设的规则必须释明；（3）不利的推定必须释明；（4）当事人与法官对案件事实证据与法律适用的认识存在差距，影响诉讼结果的必须释明；（5）当事人的诉讼请求、主张抗辩意见不明确、不充分、不恰当时，法官必须释明。下列情形则属于对释明制度的违反。（1）从当事人已提交的诉讼资料中可以证实与案件有关的事实主张，但当事人未提出该事实主张，这时法院未对当事人或其代理人释明该旨意；（2）从当事人一审已提交的证据看不能证明当事人所提的诉讼请求，但如果依此证据提出另一个诉讼请求可以得到与原判决相反的判决，一审法院未对当事人释明让其提出适当的诉讼请求；（3）对于可以鉴定有争议的证据，法院未释明当事人让其申请鉴定等。因德国行政法院将释明视为确定当事人协力义务的前提，德国行政诉讼中法院释明义务范围是非常广的。依德国通说的见解，如果审判长认为适当，可以指示原告为诉的变更，即使原告有律师作为诉讼代理人亦同，因其亦属有益且必要之声明。另外，为免困扰，若案件在法律上仍然存有疑议，审判长应当与当事人就各种可能情况加以讨论。但是讨论时应避免劝说当事人或强调其法律见解试图以此影响当事人，当事人到底采取何种诉讼行为仍然应当由当事人自行决定。① 另外，法院在对法律问题进行释明时，应将释明限定在不是决定案件胜负的法律问题上。法官对于其法律见解，一般不需要释明，但是若该法律见解尚未经过当事人辩论，是当事人不能预见的，且判决将以此为基础，法官应当在言词辩论时，向当事人释明，令其辩论。此外，若法院对应作为判决基础的重要法律见解有所改变时，应于言词辩论终结前告知当事人，给予当事人适当的反应期间。

释明违法的界限本质上就是不当释明的界限。判断释明行使是否得当，学者提出了不同的标准。有学者认为：以释明的行使是否会使原判决发生重要变更乃至改变双方当事人的胜败关系为依据，如果释明使该败诉的没败诉，使该胜诉的没胜诉则属于释明不当；有学者认为：如果法官不释明，当事人因难以预测法官的判断导致参加诉讼的机会不能得到富有实质意义的保障，则属于释明不当；有学者主张：应将折中主义价值理念浸透到法官释明制度之中，即由法官根据法律

---

① 参加翁岳生：《行政诉讼法逐条释义》，台湾五南出版图书有限公司 2002 年版，第434 页。

精神，依据程序正义和实体正义相结合的价值取向，据以决定个案上行使释明的程度；① 有学者认为：法官应以当事人的请求、主张、陈述中有需要释明情形的线索存在为限，来判断是否应行使释明。如果当事人的陈述中包含了某种对诉讼有意义的意思表示，但仅仅因当事人诉讼技巧或表述能力等方面的欠缺而无法明确表达出来，法官应当行使释明加以指示，否则就属于释明不当。②

（二）确定释明行使内容界限应当考量的因素

确立释明行使的界限可以从释明行使时应当考量的因素入手，如果法官在释明时考量了不相关的因素，或者没有考量相关的因素，都构成释明不当。释明的行使有一个特点，就是不容易预先确立一个抽象的、一般化的标准，来规定什么时候应该怎么处理。所以宜透过案例的研究来了解问题解决的基本方向，正如同透过判例的形成来回应社会上各种千变万化的状况一样，理论上很难期待没有经过判例去接触社会的实情，就马上先确立一个抽象的标准或形成一个可以普遍通用的法则。透过具体案件发现，人民法院在决定是否需要行使释明时应考量当事人的诉讼目的、诉讼经济原则。

第二，当事人的诉讼目的。法院的释明，很大程度上是为了使原告通过诉讼程序来达到起诉的目的。当事人诉讼目的可做狭义与广义上的解释。狭义上的解释将诉讼目的定位在具体诉讼请求上，法院仅于具体的诉讼请求内负释明义务，协助当事人提出符合诉讼主体的声明。如从当事人诉讼请求和案件事实与理由看，当事人所欲提起的是撤销之诉，但在诉讼请求表达上不明确，此时法院应当释明当事人将诉讼请求明确为撤销被诉具体行政行为。广义的解释认为探究当事人诉讼目的时应当结合当事人的声明与案件的具体情况，如在行政机关拒绝给付的诉讼中，当事人仅提出撤销被诉行为之诉，但是人民法院应当结合案件具体情况，认识到当事人起诉的真正目的是获得给付，此时人民法院应当释明原告追加给付之诉的诉讼请求。将诉讼目的作狭义解释，人民法院则只释明原告将不具

---

① 参见贺小荣、王松：《法院释明方法及合理限制》，载奚晓明主编：《民事审判指导与参考》，法律出版社 2006 年版，第 90~91 页。

② 参见骆永家：《阐明权》，载《民事诉讼法之研讨（四）》，台湾三民书局 1993 年版，第 185 页。

体、不充分的诉讼请求变得具体、充分;将诉讼目的作广义解释,人民法院则可以释明原告变更、追加诉讼请求。对诉讼目的的理解应采取广义说。释明的主要目的在于协助当事人以正确的诉讼形式达到诉讼目的,将当事人心理意志所设定的诉讼目标,转换成诉讼上正确的声明。诉讼目的作为当事人主观的表达,仅参考字面上的表达是远远不够的,应结合案件具体情况,探究当事人内心深处真实的想法。当事人可能因法律知识不足而提出不明确、不特定或无助于事件解决的声明,根据处分权主义与当事人自己责任原则,原告负有提出明确、特定与有助于事件解决声明的责任,当原告未提出有助于事件解决的声明,将因未尽处分权主义方面的表明责任,而受败诉的不利。为避免此等不利,法院应尽力协助其提出符合诉讼主题的声明。关于某项诉讼声明是否切合诉讼主题,得否达成诉讼目的,主要取决于法院对当事人所主张的生活事实与声明的法律判断。生活事实的明确化与完整化有助于诉讼目的的理解,法院须先将当事人主张的生活事实明确化与完整化,而后找出与此相符合的诉讼目标与诉的声明并加以释明。

第二,诉讼经济原则。人民法院行使释明,可以使当事人之间的纠纷得到终局及完整的解决,避免一个纠纷多个诉讼。因此人民法院在决定是否行使释明时,应当从如何具体化解纠纷上。从诉讼经济的角度上来看,单纯以当事人设定的诉讼目的为判断标准的主观说,并不完全切合实际诉讼的状况,实际上,有的诉讼虽然当事人诉讼目的已明确决定,但就同一事实关系唯有提出新的诉讼请求才能使当事人的权益得到真正的救济。例如:当事人明确提起撤销诉讼,但是人民法院经过审理发现被诉行政行为已无被撤销的可能,这个时候人民法院应当释明原告将撤销之诉变更为确认之诉。在这种情形下,法院所为诉讼请求方面的辅助,已不再局限于原告原先所设定的诉讼目的,而是将释明集中在如何全面与迅速填补当事人权利所受到的损害,以一次性化解纠纷。新声明的释明,开启法院将当事人间之纷争全面性与终局解决的机会,使当事人之主观权利实现,并确保客观的法秩序。① 如此声明方面之辅助,并不会违反法官非偏颇性之要求,因被告之利益已完全被顾及,或根本不会影响被告之利益。况且全面性与终局解决当

---

① 参见 Laumen, aaO. (Fn. 3), S. 206. 转引自刘明生:《论补充处分权主义之法院阐明义务》,载《台北大学法学论丛》第 76 期,第 155 页。

事人间之纷争，多数情形亦符合被告之利益状况。①

根据我国目前的司法实践积累，在以下情况下，法院必须进行释明。第一，原告诉讼请求不明确、不具体、不适当、错误时应当释明；第二，原告事实主张不明确、不充分、不妥当时应当释明；第三，起诉人不具有起诉资格时必须释明；第四，原告所起诉的被告不适格时必须释明；第五，原告选择救济途径错误时必须释明；第六，原告所提出的证据申请不符合形式要件、证据形式不合法、证据材料不充分时必须释明；第七，被告未在举证期限内提交证据时必须释明；第八，被告在庭审过程中未说明行政过程理由时必须释明。

第三节　规范释明行使的法律效力及其保障

所谓释明行使的法律效力是指法院行使释明后对当事人及法院所发生的法律上的效应和后果。释明制度作为调整当事人诉权与法院审判权的一项制度，要想发挥其应有作用必须明确释明行使的法律效力并确定相应的保障机制。

一、释明行使的法律效力

（一）对当事人的法律效力

释明是带有"司法救助"特点的制度，其直接目的在于平衡当事人之间的诉讼能力，使其能够充分、完整地展开诉讼攻防。"司法救助"是带有授益性质的司法行为，根据授益性行政行为理论，相对人想要取得授益必须以申请为前提，也就是说，是否想要授益由相对人自主决定。同理，当事人有权自主决定是否根据法院的释明调整自己的行为，当当事人认为法院的释明有利于其权利的保护，可以遵照法院的释明相应调整行为，当当事人认为法院的释明无助于其权利的保护，当事人也可以无视法院的释明，继续在原有行为的基础上进行诉讼。

对行政案件审理来说，我们必须进一步思考的问题是：如果当事人拒绝根据

---

① 参见 Laumen, aaO. (Fn. 3), S. 206, 207. 转引自刘明生：《论补充处分权主义之法院阐明义务》，载《台北大学法学论业》第 76 期，第 156 页。

法院的释明调整自己的行为，法院应当如何进行裁判？如前所述，我国的行政诉讼模式是职权进行主义与辩论主义的结合。在诉讼程序的推进方面，如果当事人不顾法院的释明，法院可以进一步依职权推进诉讼程序，如对于原告在法院释明的情况下仍然不交纳诉讼费用时，法院可以对案件按撤销处理。但对于案件诉讼标的的确定以及证据材料的收集与提供，如果当事人无视法院的释明，法院不能依职权确定诉讼标的、不能依职权直接调查取证。如果原告在法院释明的前提下，仍然坚持以不明确、不适当或者不正确的诉讼请求起诉，人民法院仍然应当尊重原告的处分权，围绕当事人的诉讼请求进行审查，并按照诉讼规则进行裁判。如果当事人在法院释明的前提下不补充提交证据，法院仍然应当按照举证规则进行裁判。前文提到由于行政诉讼关系到公共利益的维护，人民法院必要时应当向被告释明提交证据，以缓解严格的证据失权制度给公共利益造成的损害；同时人民法院应当向被告释明说明行政过程，以增强法院对行政裁量行为的审查强度。这里的释明并非指强制要求被告提交证据、强制被告说明行政过程，若被告在释明的前提下仍然未提交证据，证据失权制度仍然适用，若被告在释明的前提下不说明行政裁量的过程，法院可以按照客观举证责任规则，认定行政裁量过程存在明显不当的情形，从而裁判被告败诉。

（二）对法院的法律效力

释明作为法院的实质性诉讼指挥权，从性质上说属于法院的职责，也就是说释明制度对法院具有强制约束力。如果法院释明不当，则会产生相应的法律后果。

在明确释明不当的法律后果前，必须明确何为释明不当。释明不当包括以下几种情形。第一，应当释明而没有释明；第二，超过释明的界限；第三，释明不足。应当释明而没有释明是指该类事项属于法院必须释明的情形，但法院却没有释明。如当原告起诉的被告不适格时，法院未加释明而直接判决驳回原告诉讼请求。超过释明的界限是指法院对不该释明的诉讼参与人释明、在释明行使的时间界限外释明或未在应当释明的阶段释明以及对不应当释明的事项进行了释明。如法院在言词辩论终结后才向原告释明其起诉的被告不适格，在起诉状副本已经送达至被告后才向原告释明其应当提出新的诉讼请求。释明不足是指法院未尽到完全的释明职责，释明不具体、不充分，当事人无法根据法院的释明调整自己的行为。如法院未具体释明适格的被告具体是哪个机构。

释明作为诉讼指挥权的一种，在当事人主义诉讼模式下，法院必须对当事人的异议作出裁判，而在职权主义诉讼模式下，当事人的异议仅仅是法院启动诉讼指挥权的来源之一，法院可以无视当事人的异议。我国行政诉讼在诉讼程序推进上是职权进行主义，而对诉讼资料的搜集、诉讼标的的决定方面是辩论主义，似乎可以推导出，若法院的释明仅涉及诉讼程序的推进，法院可以对当事人的异议不采取任何措施，若法院的释明涉及诉讼资料的搜集、诉讼标的的决定，则法院必须作出相应的法定行为。如果释明所涉及的是当事人的实体权利、义务，释明不当很可能直接影响案件的实体裁判结果，从保护当事人权利的角度来说，法院应当对当事人的异议作出回应。异议成立，则法院补正自己的行为，异议不成立，则向当事人说明理由。

大陆法系国家通常认为释明不当可以成为当事人异议、上诉和申请再审的事由。当事人如果认为法院释明不当，其在裁判未作出前有权提出异议，如果一审法院已经作出裁判则可提起上诉，若裁判已经生效，则有权申请再审。当事人的异议权、上诉权和申请再审权是法律应当赋予的权利，对法院而言，关键问题在于，面对当事人的异议、上诉和申请再审时如何处理的问题。释明义务说认为，法官对释明义务的违反会影响案件的裁判结果，当事人可以通过上诉的方式推翻原审法院的裁判，这一观点实际是对违反诉讼义务法律后果的误解。以对诉讼义务违反所造成的后果严重程度为依据，可将诉讼违法行为分为严重诉讼违法行为与一般诉讼违法行为。严重诉讼违法行为足以对后续诉讼行为的公正性、诉讼结果的公正性和合法性造成明显的消极影响；一般诉讼违法行为并不会对后续诉讼行为及诉讼结果形成不良影响，或影响的影响轻微。对于严重诉讼违法行为，除对行为人予以必要制裁外，还会导致违法行为被撤销或以此类行为为基础的所有后续的诉讼行为被撤销，甚至判决、裁定和决定被撤销的法律后果；对一般诉讼违法行为，一般而言只会导致制裁行为人的后果，而不会对后续诉讼行为以及裁判结果造成影响。[1]

---

[1]　参见袁岳：《诉讼法律责任论》，载《学习与探索》1991 年第 3 期，第 45 页。

2014 年《行政诉讼法》第 89 条详细规定了对上诉案件的裁判方式，对原判决确有问题应当根据不同情形作出裁判。对原裁判认定事实错误或者适用法律、法规错误的，依法改判、撤销或者变更；原判决认定基本事实不清、证据不足的，发回原审人民法院重审，或者查清事实后改判；原判决遗漏当事人或者违法制度判决等严重违反法定程序的，裁定撤销原判决，发回原审人民法院重审。释明不当可能造成当事人举证不足，从而导致原裁判认定事实不清，也可能导致原判决遗漏当事人等，但总的来说，释明不当首先所侵犯的是当事人在积极参与诉讼程序的权利，必然构成程序违法。笔者认为，当二审法院发现一审法院存在释明不当时，应当首先保障当事人的程序，将案件发回重审。

2014 年《行政诉讼法》第 91 条规定了当事人可以启动再审程序的八点事由，也就是说当事人要想启动再审程序，必须向申请再审的法院提供证据证明生效裁判确实存在（1）不予立案或者驳回起诉确有错误；（2）有新的证据，足以推翻原判决、裁定的；（3）原判决、裁定认定事实的主要证据不足、未经质证或者系伪造的；（4）原判决、裁定适用法律、法规确有错误的；（5）违反法律规定的诉讼程序，可能影响公正审判的；（6）原判决、裁定遗漏诉讼请求的；（7）据以作出原判决、裁定的法律文书被撤销或者变更的；（8）审判人员审理该案件时有贪污受贿、徇私舞弊、枉法裁判的。笔者认为，释明不当可能造成上述所说的第（1）（2）（3）（5）（6）种情形发生，值得注意的是第（2）（3）情形必须是在当事人提交了新证据的前提下才能得证实的，由于立法对再审期间的新证据进行了严格规定，如果当事人的新证据是由于法院的释明不当造成其只能在裁决生效后，申请再审前才有提出的，应当被认定为再审期间的新证据。

二、释明行使的保障

理论上再完美的制度设计若无相应配套的制度措施，便无法落地，如同空中楼阁，美而无用。因此，要想在行政诉讼中发挥释明的作用，实现释明的功能，必须完善相关的保障机制。

（一）建设高水平的行政诉讼法官队伍

发挥制度运行的效用离不开制度的执行者，提高制度执行者的水平是应有之义。行政诉讼属于司法权对行政权的再判断，具有维护当事人合法权益和客观法秩序等多元诉讼目的，行政诉讼的性质决定了行政诉讼的复杂性，同时，由于释明的灵活特点，释明制度效果的发挥很大程度上取决于承办法官政治素质和业务水平、个人能力，换言之，释明制度在一定程度上是以承办法官具有高尚的品格、丰富的经验及广博的学识为前提。因此，要想发挥行政诉讼释明的效用，就必须要加强行政诉讼法官队伍建设，提高释明人员的素质。

对法官自身而言，应不断地求知学习，任何判断，必须于法有据，于理可通；最忌粗心大意不求甚解。对司法机关而言，在构建法官队伍时，必须以知识水平、政治素质为第一要义；在法官队伍培养方面，要鼓励法官积极进取，不断提高业务能力，围绕行政诉讼目的提高释明的主动性，同时，防止释明不当。

（二）建立行政诉讼释明行为指导制度

由于没有关于行政诉讼释明的明确的、详细的、全国性的规定，实践中法官关于释明的自由裁量空间过大，这导致行政诉讼释明的效果往往直接取决于个案中行使释明的法官的品格、经验和学识。如前文所述，在实践中，行政诉讼释明存在着怠于释明、释明不足、错误释明、越权释明、将释明作为拒绝裁判的理由等不当释明情形，无法实现释明在维护当事人合法权益和客观法秩序等方面的作用，造成释明的功能被异化。

在法官水平存在差异而提高法官水平需要过程的现实情况下，为避免怠于释明、释明不足、错误释明、越权释明等不当释明情形的出现，可考虑制定统一的详细的具有可操作性的释明规则，但目前，由最高人民法院出台司法解释性文件的可能性已不大，因此，可考虑由最高人民法院制定相关释明行为规范，或通过指导案例等，构建对释明行为进行标准化的指导制度，在一定程度上实现对法官释明的约束。

（三）建立行政诉讼律师强制代理制度

释明发挥作用的前提条件是当事人遵从法院的释明。从当事人对待释明的态度分析可知，当事人对人民法院的释明是持排斥态度的。即使人民法院行使了释明，但是当事人不根据释明调整行为，释明制度依然不能发挥作用。要实现释明的效果，除了加强法制宣传，完善法院自身建设，提高法官职业素养，增加当事人对法院的信任之外，切实可行且立即见效的方法是建立行政诉讼律师强制代理制度。

如前文所述，在我国行政诉讼中，公民群体是行政诉讼原告的主要来源。但实践中，有大部分原告并未聘请代理人，即使聘请了代理人，其所请代理人为专业律师的比率也不高。建立行政诉讼律师强制代理制度，可在一定程度上缓解当事人之间诉讼武器的不平等。律师作为法律专业人员，能够较为准确判决法院的释明是否对其有利，并根据专业的判决选择是否调适自己的诉讼行为，从而有效回应法院的释明，实现释明的作用。当然，行政诉讼律师强制代理制度也会带来一定的负面影响，如提高了诉讼的门槛和成本。因此，可在建立行政诉讼律师强制代理制度的同时，完善法律援助制度，对于低收入等需要帮助的行政诉讼原告能够顺利行使诉权。

在我国台湾地区，一般而言，若当事人请了律师作为诉讼代理人也不能免除法官的释明义务，但是释明的范围会相对缩小。原则上，在律师应当具备的一般性法律专业知识及陈述能力范围内，法官可以免除其释明义务。如果当事人经合法传唤没有正当理由不按时到庭的话，原则上是可以免除法官的释明义务的，因为当事人依法到场是法官履行释明义务的前提要件。即便如此，法院若以当事人在复议程序或先前的程序从未讨论过的理由作为裁判的唯一依据，且法官未向当事人释明的话，这种判决仍然会被认为因为违反释明义务而违法。在这种情况下，法院应当另行向当事人书面通知开庭日期，并告诉当事人若再缺席的法律后果，促使该当事人有陈述的机会。台湾职权调查的规定仅适用于撤销诉讼和与公益有关的案件，但法官在所有诉讼中皆负有释明义务，此项义务并非仅存在于撤销诉讼及其他有关公益的诉讼中。①

---

① 参见张文郁：《权利与救济——以行政诉讼为中心》，台湾元照出版有限公司 2005 年版，第 48 页。

第四节 规范释明行使的特殊问题

一、主客观诉讼中的释明

我国行政诉讼制度属于"舶来品",从行政立法目的上来看,立法者试图构建主客观诉讼同时存在的诉讼制度。但是由于对域外制度研究不够透彻,我国行政诉讼"既不是完整意义上的主观诉讼,也不是完整意义上的客观诉讼,诉讼请求的主观性与法院审判的客观性使得我国行政诉讼在构造上呈现出一种扭曲的'内错裂'状态"。① 2014 年《行政诉讼法》并未改变这种错裂的局面,但从行政诉讼制度发展的趋势来看,诉讼类型化很有可能是我国行政诉讼制度的归宿,因此,有必要探讨主客观诉讼中释明制度的建构。

(一) 主观诉讼中的释明

1. 对诉讼请求的释明

主观诉讼具有两个鲜明的特点:第一,诉讼标的为原告的请求权,裁判必须与原告的请求权一一对应;第二,为了给予原告全面、有效的权利救济,主观诉讼更倾向于全面审查。根据特点一可知原告想要得到全面有效救济必须提出合适的诉讼请求。根据特点二可知,人民法院通过全面审查,通常能够得出原告提起何种诉讼请求对其最有利的判断结论。

在行政诉讼中,原告所提诉讼请求不合适有主观上与客观上的原因。从主观上说,行政诉讼类型复杂,原告因知识的有限,很难提出恰当类型的请求。以行政裁决案件为例,在行政裁决案件中原告想要获得行政机关赋予第三人的某种授益,仅仅通过撤销之诉撤销行政机关授予给第三人的授益是远远不够的,可行的方法是提起给付之诉。从客观上说,原告提起诉讼后,案件情势有时会发生变更,如原来可撤销的行为被行政机关强制执行,被诉行为不存在可撤销的内容,

---

① 薛刚凌、杨欣:《论我国行政诉讼构造:'主观诉讼'抑或'客观诉讼'?》,载《行政法学研究》2013 年第 4 期。

这时原告撤销被诉的诉讼请求显然不能得到满足，原告要想得到权利救济应当将诉讼请求变更为确定违法之诉。综合言之，行政诉讼中，原告因受主客观因素的限制，容易提出错误或不适当的诉讼请求，而人民法院通过全面审查，能够掌握何种诉讼请求对原告来说最有利，因此，在主观诉讼中，人民法院应当全面积极地对原告释明，让其提出合适、恰当的诉讼请求。

人民法院在主观诉讼中释明原告追加、变更诉讼请求，无法回避的一个问题是如何避免对原告处分权的干预。根据诉讼标的二分支理论，可将释明后的诉讼请求与原诉求是基于同一基础事实作为人民法院释明的前提。

何谓同一的基础事实，不同角度有不同定义。（1）从诉讼法的观点上解释：基础事实是从诉讼法的观点加以规定的。判决的基础事实、诉讼请求基础事实同一应解为判决之基础事实同一。（2）从实体法的观点上解释：诉讼请求的基础事实仅指纷争事实关系，不是审判资料，所以诉讼请求的基础事实同一，应为纷争本身的事实关系同一或与原因事实同一社会事实的意义，并非诉讼资料、证据资料同一，争点共通等。（3）同时以诉讼法和实体法为视角解释：先后两诉讼请求的主要争点共通，而应原诉讼请求的诉讼资料及证据资料，得期待于后诉讼请求的审理中予以利用，且各诉讼请求的利益主张在社会生活上可认为同一或关联的纷争者，应属于诉讼请求基础事实同一。①

无论是判决的基础事实，还是行政纠纷产生的基础事实，行政诉讼中的基础事实均为被诉行政机关的权力行使行为，因此，只要人民法院的释明是围绕被诉行政行为而言，就不属于对原告处分权的干预。

2. 对证据的释明

行政诉讼的程序标的为被诉行政行为，人民法院应当全面审查行政行为的违法性，而非仅审查部分违法事由，原告或第三人提出的认定行政行为违法或合法的事实及理由，仅属于攻击防御方法。基于纠纷的一次性解决的诉讼目的，原告和第三人可以在审理过程中追加、变更有关行政行为违法或者合法的一切事实和理由。行政诉讼中原告的诉讼能力弱小，很难掌握复杂的举证规则，人民法院应

---

① 参见王甲乙、杨建华、郑建才：《民事诉讼法新论》，台湾三民书局 2000 年版，第 306 页。

当尽可能地释明。既可作消极的释明，亦可作积极的释明。人民法院不会因为积极释明而变成违法。纵使当事人依据法院的不当的积极释明提交了新的但是没有证明力证据，也不会影响到其所作的其他举证行为。释明不当对原告的实体权利造成不了实质影响。在人民法院释明观念不强的今天，尤其应当重视对原告的积极释明。

与原告相反的是，人民法院应该严格控制对被告的释明，不得作出任何积极释明行为。首先，被告作为行政权主体，在作出行政行为时就应当掌握证明其行为合法性的证据，这是依法行政的要求。其次，面对原告所提出的在行政程序中未提出的证据材料，被告作为行政机关理应有抗辩的能力，而无需通过法院释明来加以指导。最后，如前所述被告与人民法院的同源性造成人民法院对被告的释明容易沦为帮助被告的工具。

3. 对调解的释明

2014 年《行政诉讼法》确定了行政赔偿、补偿以及行政机关行使自由裁量权的案件可调解的制度。行政调解制度的引入，承认了行政主体对行政职权具有一定的处分权。但是行政职权作为公权力，行政主体不可以对其自由处分，行政主体在处分行政职权时，必须以国家利益、社会公共利益和他人合法权益为前提。在行政诉讼未确定调解制度时，司法实践中大量调解的案件都通过撤诉表现出来。如前所述，人民法院为了达到使原告撤诉的目的，很容易出现违法释明的情形，也就是说人民法院在调解的过程中，为了达到调解的目的，也很容易违法释明。为了防止这一违法释明的发生，人民法院在调解的过程中，必须着重释明调解应当遵循自愿、合法原则，不得损害国家利益、社会公共利益和他人合法权益，当事人为达成调解协议而对案件事实的认可，不得在其后的诉讼中作为对其不利的证据。调解协议达成后，法官还应释明履行、执行调解协议的相关事项，并提示违反调解协议的不利后果。

（二）客观诉讼中的释明

客观诉讼作为监督行政机关依法行政的诉讼，其审判中心为被诉行为的违法或越权，裁判种类也是对被诉行为违法或越权的回应。例如，法国越权之诉作为客观诉讼，其实质判决只有两类：一类是驳回起诉，适用于行政法规没有起诉人所指控的瑕疵，也没有即便起诉人疏忽而由法官自己发现的瑕疵。另一类是撤销判决。这通常是撤销整个法规，但若法规中只有完全涉及个人的一部分违法，也可以只撤销相关部分。① 客观诉讼中法院可以忽略原告的诉求直接作出合适的裁判。当法院发现原告诉讼请求不合适或错误时，释明原告变更或追加仅仅是为了增加原告对裁判的接受度。客观诉讼的任务在于查明案件真实，作出有利于公共利益的裁判，凡是有利于查明案件真实的证据，法院都应当尽可能调取，当这些证据由行政机关掌握，且行政机关未主动提供时，人民法院应当释明被告提供。

二、非诉执行案件撤回执行申请的释明

非诉执行案件释明的对象仅限于执行申请人，释明的内容也集中于对执行标的是否存在，执行对象是否正确上。非诉执行案件释明中需要解决的一个重要问题是法院能否释明申请人撤回非诉执行申请。

（一）申请执行人可以申请撤回执行申请

由于《行政诉讼法》及相关法律、法规未对非诉执行的申请能否撤回作出明确规定，而各法院却对此问题存在不同理解，司法实践中同案不同裁定的情形普遍存在。持严格法条主义的观点认为，行政权属于公权力，行政诉讼法属于公法范畴，法院理应严格依照法律的规定裁判。而按照《行政诉讼法》和 2000 年《若干问题解释》对行政非诉强制执行制度的专门的规定，法院受理行政非诉案件，应先对行政行为进行合法性审查后再作出是否准予强制执行的裁定。法院裁定的方式只有准予执行和不准予执行。因此，不允许法院在法律规定的裁决方式之外作出是否准许非诉执行申请撤回的裁定。反对观点认为行政机关在此阶段可以撤回执行申请，他们认为行政机关的非诉执行申请权属于广义的诉权范畴，法院不应该对此作过多地限制。虽然《若干问题解释》第 95 条没有规定行政机关可以撤回执行申请，但是我们可以从《行政诉讼法》和《若干问题解释》等相关规定中找到裁判依据。鉴于目前法院执行压力，宜将非诉执行申请认定为广义

---

① 参见［法］让·里韦罗、让·瓦利纳：《法国行政法》，鲁仁译，商务印书馆 2008 年版，第 823~824 页。

的诉权，允许撤回执行申请。

（二）法院释明行政机关撤销非诉执行申请的方式

允许行政机关撤回执行申请的一个重要的理论依据是将行政机关申请强制执行视为诉权，当事人对诉权可以随意处分。法院一般采用法律释明的方式释明行政机关撤回执行申请，法律依据为《行政诉讼法》第 62 条之规定，"人民法院对行政案件宣告判决或裁定前，原告申请撤诉的，或者被告改变其所作的行政行为，原告同意并申请撤诉的，是否准许，由人民法院裁定"。除此之外，人民法院向执行申请人释明执行对象错误、执行标的存在问题等都可以促使行政机关撤回执行申请。

进一步思考，如果法院对执行申请人释明相关的法律规定，释明执行对象错误、执行标的存在问题后，申请人仍然不撤回执行申请，法院是否可以直接释明申请人撤回执行申请呢？答案是肯定的，因为非诉执行案件的目的是保障行政行权力行使的保障制度，行政权力代表的是公共利益，而司法机关也代表的是公共利益，当法院发现非诉执行的申请不可能得到执行或者裁定执行申请会对公共利益造成重大影响时，出于节约司法资源、保护公益利益，可以直接释明申请人撤回执行申请。

附录1：行政诉讼释明指导规则（建议稿）

第一章 总 则

第一条 为保证当事人充分、及时、正确行使诉讼权利，实现行政诉讼当事人的实质平等，保证人民法院公正、及时审理行政案件，一次性解决行政争议，人民法院应当对当事人进行释明。

依照前款进行释明的人员包括法官、法官助理、法院导诉人员、诉讼服务中心接待人员等依法履职人员。

第二条 本规则所指的行政诉讼释明是指法院在审理行政案件的过程中，发现当事人的主张（包括权利主张、事实主张与法律主张）存在问题（不正确、有矛盾，或者不清楚、不充分）时，或者当事人误以为自己提出的证据已经足够时，法官应当向当事人提出关于事实以及法律上告知、发问、解释、指示让当事人把存在问题的主张予以改正，把不充分的证据予以补充的职责。

释明表现形式有对诉讼请求的释明、对事实主张的释明、对当事人资格的释明、对救济途径的释明和对证据释明。

前款所指的当事人包括原告、被告和第三人。

第三条 行政诉讼释明应当遵循公正中立、公开透明、合法合理、审慎适度的原则。

第四条 释明人员可以依职权或依当事人的申请，根据法律规定以及案件审理的实际需要进行释明。

第五条 释明可以由释明人员以口头、书面方式进行。释明应当积极、规范、准确、通俗易懂。

第六条 释明内容涉及当事人诉讼权利和义务选择的，或者可能影响当事人后续权利或诉讼进程的，对释明事项依法记录在案。

第七条 释明可以在立案、言词辩论终结前行使。可以在立案阶段释明的事项，人民法院应当尽可能在立案阶段释明，对增加诉讼请求的释明必须在立案阶段作出。

第八条 法院应当在积极对原告释明的同时限制对被告的释明。对被告的释明应当限定在按期提交证据及行政过程说明理由上，但出于公共利益维护的除外。

第九条 释明不当是指人民法院应当释明而没有释明、超过释明的界限、释明不足。

当事人对释明不当享有异议权、上诉权和申请再审权。

释明不当构成审判中的重大瑕疵，上级法院应当此为由撤销原裁判，发回重审。再审法院应当将释明不当认定为申请再审的事由。

第二章 立案释明

第十条 起诉人不具有原告资格的，应向起诉人释明理由。

第十一条 起诉人书写的诉状不符合法律规定的，应向起诉人释明诉状中应当记明的必要事项。

第十二条 起诉人随诉状提交的材料不符合要求的，应向起诉人释明其需补正的内容及要求。

第十三条 起诉状所列诉讼请求或事实依据不具体的，应依法引导起诉人明确诉讼请求或事实依据。

第十四条 起诉状所列被告不明确的，应向起诉人释明明确的被告。

第十五条 起诉存在不符合法律规定情形的，应对法定起诉条件及时作出释明。为保障当事人诉权，已经先行登记立案的，应当在审理过程中予以释明。

第三章 审判释明

第十六条 案件由立案庭移交至审判庭后，审判人员可以在庭前交换证据、庭审进行中或调解过程中等各阶段依法进行释明。

第十七条 审判释明一般应在各方当事人均在场的情况下行使。

在对方当事人不在场的情况下对一方当事人作出的释明，若涉及对方当事人权利义务事项，应及时告知另一方当事人。

第十八条 起诉事项不属于行政诉讼受案范围的，应向原告释明关于受案范围的相关规定，给予当事人抗辩的机会。

第十九条 起诉事项不属于法院管辖的，应向原告释明行政诉讼管辖范围的相关规定。已经移送管辖的，应告知原告该管辖法院的名称、联系方式。

第二十条 原告所起诉的被告不适格，人民法院应当在告知原告变更被告；原告所起诉被告不完全的，人民法院应当告知原告追加被告。

人民法院应当依职权调查适格被告的具体情况，并向原告释明。

第二十一条 诉讼过程中，当事人主张的法律关系的性质与其诉状表达的诉讼请求不一致时，应告知当事人进一步明确诉讼请求或变更诉讼请求。

第二十二条 当事人之间存在举证责任分配争议的，应当依法及时释明，并告知当事人不遵从举证责任分配要求的后果。

第二十三条 当事人申请法院调取证据经审查不符合调取证据条件的，法院应当说明不准许调取的理由，并告知申请人可以申请书面复议一次。

经审查符合调取证据条件，但经调取未能取得相应证据的，应当告知申请人并说明原因。

第二十四条 当事人申请法院保全证据的，法院应当告知其在举证期限届满前以书面形式提出，并说明证据的名称和地点、保全的内容和范围、申请保全的理由等。

经审查不符合保全证据条件的，法院应当作出释明。

第二十五条 对需要鉴定的事项负有举证责任的当事人，法院应告知其在举证期限内提出鉴定申请、预交鉴定费用、提供相关材料，并告知其不申请鉴定、不预交费用或不提供相关材料导致案件争议事实无法通过鉴定结论予以认定的，将对该节待证事实承担举证不能的法律后果。

第二十六条 法官在行政赔偿、补偿以及行政机关行使自由裁量权的案件中主持调解时，应释明调解应当遵循自愿、合法原则，不得损害国家利益、社会公共利益和他人合法权益，当事人为达成调解协议而对案件事实的认可，不得在其后的诉讼中作为对其不利的证据。

调解协议达成后，法官还应释明履行、执行调解协议的相关事项，并提示违反调解协议的不利后果。

第二十七条 法院依法作出中止诉讼、终结诉讼等决定的，应作必要的释明。

第二十八条 原告申请撤诉，法院审查予以裁定准许前，应就撤诉后能否重新起诉予以释明。

第二十九条 庭审过程中出现的法律概念、法律专业术语及其他相关法律用语，当事人表示不能理解或表示疑惑时，法官应及时作出释明。

上海市第三中级人民法院行政诉讼释明规则（试行）

为规范和完善诉讼释明，创新跨行政区划法院审判权力运行机制，保障当事人在行政诉讼中的知情权和参与权，促进当事人依法诉讼、诚信诉讼、平等诉讼，推动行政诉讼透明、公正、高效，根据《中华人民共和国行政诉讼法》及最高人民法院相关司法解释，结合行政审判工作实际，制定本规则。

第一章 总 则

第一条 在行政诉讼过程中，为引导当事人、诉讼参与人、旁听人员等相关人员依法有序参与诉讼活动，充分、正确行使诉讼权利，全面、及时履行诉讼义务，准确理解并切实尊重和执行行政裁判，实现行政诉讼当事人的实质平等，提升行政诉讼的效率和效果，法院、法官或相关工作人员通过一定方式，就诉讼请求、证据规则、诉讼程序等诉讼问题向相关人员依法进行告知、发问、解释、指示或说明。

依照前款进行释明的人员包括法官、法官助理、法院导诉人员、诉讼服务中心接待人员、法律志愿者等依法履职人员。

第二条 行政诉讼释明应当遵循公正中立、公开透明、合法合理、审慎适度的原则。

第三条 释明人员可以依职权或依当事人的申请，根据法律规定以及案件审理的实际需要，对行政诉讼相关事项进行释明。

第四条 释明一般限于涉及行政诉讼的法律法规、证据规则、诉讼风险、审理程序、裁判理由以及其他与行政诉讼相关且有必要予以说明的事项。

第五条 释明可以由释明人员以口头、书面方式进行，也可以由法院采用画报、宣传册、滚动播放视频等多种方式进行。

释明应当规范、准确、通俗易懂。

第六条 释明内容涉及当事人诉讼权利和义务选择的，或者可能影响当事人后续权利或诉讼进程的，对释明事项依法记录在案。

第七条 释明可以在立案、证据交换、调解、开庭、庭后、判后等各阶段行使。

第二章 立 案 释 明

第八条 法院可以采取多种形式在诉讼服务中心大厅进行行政诉讼法律法规的宣传、提示诉讼风险、解答社会公众关注的常见诉讼事务问题。

释明人员也可以在导诉台、立案窗口、法律志愿者窗口等场所解答当事人对立案事项的疑问。

第九条 法院应积极倡导诚信诉讼，提醒当事人不得滥用诉权，不得虚假诉讼，不得通过行政诉讼追求非法或不正当的目的，并告知当事人违法诉讼的法律后果。

第十条 起诉人书写的诉状不符合法律规定的，应向起诉人释明诉状中应当记明的必要事项。

第十一条 起诉人随诉状提交的材料不符合要求的，应向起诉人释明其需补正的内容及要求。

第十二条 诉状所列当事人不适格的，应释明告知起诉人变更。

第十三条 诉状所列诉讼请求不具体的，应依法引导当事人正确表达诉讼请求。

第十四条 起诉事项不属于行政诉讼受案范围的，应向起诉人释明关于受案范围的相关规定。

第十五条 起诉事项不属于本院管辖的，应向起诉人释明行政诉讼管辖范围的相关规定。

能够确定管辖法院的，应告知起诉人该管辖法院的名称、联系方式。

第十六条 起诉存在不符合法律规定情形的，应对法定起诉条件及时作出释明。为保障当事人诉权，已经先行登记立案的，在审理过程中予以释明。

第十七条 对符合法律规定的起诉，法院当场予以登记立案。

对不符合法律规定的起诉，能够补正的，应告知当事人在指定期限内补正。当事人在指定期限内没有补正或拒绝补正的，或经补正仍不符合法定起诉条件的，法院可以退回诉状；当事人坚持起诉的，裁定不予立案，并释明不予立案的理由。

对当场不能判定是否符合法律规定的起诉, 接收诉状, 出具书面凭证并注明收到日期, 同时向当事人释明, 法院在七日内决定是否立案。

第三章 审 判 释 明

第十八条 案件由立案庭移交至审判庭后, 审判人员可以在庭前交换证据、庭审进行中或调解过程中等各阶段依法进行释明。

第十九条 审判释明一般应在各方当事人均在场的情况下行使。

在对方当事人不在场的情况下对一方当事人作出的释明, 若涉及对方当事人权利义务事项, 应及时告知另一方当事人。

第二十条 对依法属于适用简易程序审理范围的案件, 应向当事人发放《简易程序审理通知书》, 告知当事人案件适用简易程序。

对可以由当事人自主选择适用简易程序的案件, 受理后, 可以向当事人发放《适用简易程序建议书》, 征求当事人的意见, 并要求当事人在规定期限内作出是否同意选用简易程序的回复。

第二十一条 庭审开始前, 可以就必要的事项进行法律释明。

告知诉讼各方当事人和其他诉讼参与人, 法院依法对行政案件独立行使审判权, 不受行政机关、社会团体和个人的干涉。诉讼各方当事人和其他诉讼参与人不得通过法院外部或内部人员干预案件审理。对干扰审判的行为, 法庭将记录在案, 并视情节依法追究相关人员干扰审判的法律责任。

告知诉讼各方当事人和其他诉讼参与人, 应当诚信诉讼, 保证所提交的证据和发表的意见客观、真实, 否则法院将视情节依法追究诉讼失信的法律责任。

告知诉讼各方当事人和其他诉讼参与人, 庭审将全程录音录像, 要求诉讼各方当事人、其他诉讼参与人以及旁听人员尊重司法礼仪, 共同维护法庭秩序。违反法庭秩序的, 法院将视情节依法追究妨害诉讼的法律责任。同时告知, 如存在聚众哄闹、冲击法庭, 殴打、侮辱、诽谤、威胁司法工作人员或者诉讼参与人, 毁坏法庭设施, 或抢夺、损毁诉讼文书、证据等扰乱法庭秩序行为, 情节严重的, 将依法追究刑事责任。

第二十二条 发现案件需要追加当事人的, 法院应根据当事人申请或依职权追加，说明追加理由，并应向被追加的当事人告知诉讼权利和义务。

第二十三条　诉讼过程中，当事人主张的法律关系的性质与其诉状表达的诉讼请求不一致时，应告知当事人进一步明确诉讼请求或变更诉讼请求。

第二十四条　法院应当在举证通知书中向当事人释明其举证范围、举证期限和逾期提供证据的法律后果，并告知因正当事由不能按期提供证据时应当提出延期提供证据的申请。

第二十五条　当事人之间存在举证责任分配争议的，应当依法及时释明，并告知当事人不遵从举证责任分配要求的后果。

第二十六条　当事人申请法院调取证据经审查不符合调取证据条件的，法院应当说明不准许调取的理由，并告知申请人可以申请书面复议一次。

经审查符合调取证据条件，但经调取未能取得相应证据的，应当告知申请人并说明原因。

第二十七条　当事人申请法院保全证据的，法院应当告知其在举证期限届满前以书面形式提出，并说明证据的名称和地点、保全的内容和范围、申请保全的理由等。

经审查不符合保全证据条件的，法院应当作出释明。

第二十八条　对需要鉴定的事项负有举证责任的当事人，法院应告知其在举证期限内提出鉴定申请、预交鉴定费用、提供相关材料，并告知其不申请鉴定、不预交费用或不提供相关材料导致案件争议事实无法通过鉴定结论予以认定的，将对该节待证事实承担举证不能的法律后果。

第二十九条　申请证人或相关行政执法人员出庭作证的，应当告知申请条件。证人或相关执法人员出庭作证时，应当告知其诚实作证的法律义务和作伪证的法律责任。

第三十条　鉴定人出庭接受询问的，应当告知其如实说明鉴定情况的法律义务和故意作虚假说明的法律责任。

第三十一条　法官应指引当事人围绕证据的关联性、合法性和真实性，针对证据有无证明效力以及证明效力大小进行质证，确保各方当事人能够充分表达质证意见。

对与案件没有关联的证据材料，法庭可以当庭予以排除并说明理由。

第三十二条 法官在行政赔偿、补偿以及行政机关行使自由裁量权的案件中主持调解时，应释明调解应当遵循自愿、合法原则，不得损害国家利益、社会公共利益和他人合法权益，当事人为达成调解协议而对案件事实的认可，不得在其后的诉讼中作为对其不利的证据。

调解协议达成后，法官还应释明履行、执行调解协议的相关事项，并提示违反调解协议的不利后果。

第三十三条 法院依法作出中止诉讼、终结诉讼等决定的，应作必要的释明。

第三十四条 原告申请撤诉，法院审查予以裁定准许前，应就撤诉后能否重新起诉予以释明。

第三十五条 庭审过程中出现的法律概念、法律专业术语及其他相关法律用语，当事人表示不能理解或表示疑惑时，法官应及时作出释明。

第四章 判后释明

第三十六条 案件宣判后，法官可以根据案件实际情况，对裁判理由、依据等当庭进行判后释明。

第三十七条 判后释明应注重正面引导，主动对当事人释明有关法律规定，以及涉案证据的采信理由、裁判的依据、争议焦点的处理、审判程序的适用过程等。

第三十八条 判后释明应当重点解释法院判决结果的合法性与正当性，帮助当事人理解和接受法院判决，尽可能使用有助于平稳当事人情绪的语言，促进当事人服判息诉。

第五章 附 则

第三十九条 本规则由院审判委员会负责解释。

第四十条 本规则自印发之日起实施。

兰州铁路运输中级法院行政诉讼释明规则（试行）

为规范行政诉讼释明工作，引导当事人依法有序参与诉讼，充分、正确行使诉讼权利，全面、及时履行诉讼义务，推动跨行政区划法院审理机制创新，建立公正、高效、透明、便捷的审判权运行机制，根据《中华人民共和国行政诉讼法》（以下简称《行政诉讼法》）及最高人民法院相关司法解释，结合行政审判工作实际，制定本规则。

第一章　总　　则

第一条　在行政诉讼过程中，法院、法官或相关工作人员应当根据案件实际情况，通过一定方式就受案范围、起诉条件、证据规则、审判程序、诉讼风险等问题依法向当事人进行告知、解释或说明。

第二条　行政诉讼释明应当遵循公正中立、公开透明、合法合理、审慎适度的原则。

第三条　法官或相关工作人员可以依职权或依当事人申请，根据法律规定以及案件审理的实际需要，对行政诉讼相关事项进行释明。

第四条　释明可以由法官或相关工作人员以口头、书面方式进行，也可以由法院采用宣传册、滚动播放视频等多种方式进行。（不同针对个案情况）

释明内容涉及当事人诉讼权利选择的，或者可能影响当事人后续权利行使或诉讼进程的，对释明事项应记录在案。释明笔录应由当事人、法官或相关工作人员签字确认。

释明应当依法、规范、准确、通俗易懂。

第五条　释明可以在立案、证据交换、调解、开庭、庭后、判后等各阶段行使。

第二章　起诉条件释明

第六条　起诉不符合法律规定情形的，应对法定起诉条件及时作出释明。

为保障当事人诉权，已经先行登记立案的，在审理过程中予以释明。

第七条　起诉事项不属于行政诉讼受案范围的，应根据《行政诉讼法》第十二条、第十三条及有关规定，依法向起诉人释明关于受案范围的法律规定，并告知可依法通过其他渠道主张权利。

第八条　起诉事项不属于兰州铁路运输中级法院和兰州铁路运输法院管辖的，应按照《行政诉讼法》第十八条和《甘肃省高级人民法院关于兰州铁路运输两级法院跨行政区划集中管辖行政案件的公告》，向起诉人释明。

能够确定管辖法院的，应告知起诉人管辖法院的名称、联系方式等。

当事人提出管辖异议，应当在接到法院应诉通知后在法定期限内以书面形式提出。

第九条　提起诉讼的原告资格应符合法律规定。行政行为的相对人以及其他与行政行为有利害关系的公民、法人或者其他组织，有权提起诉讼。有下列情形之一的，可认为与行政行为有利害关系：

（一）被诉的行政行为涉及其相邻权或者公平竞争权的；

（二）与被诉的行政复议决定有法律上利害关系或者在复议程序中被追加为第三人的；

（三）要求主管行政机关依法追究加害人法律责任的；

（四）与撤销或者变更行政行为有法律上利害关系的。

有权提起诉讼的公民死亡，其近亲属可以提起诉讼；公民因被限制人身自由而不能提起诉讼的，其近亲属可以依其口头或者书面委托以该公民的名义提起诉讼。"近亲属"，包括配偶、父母、子女、兄弟姐妹、祖父母、外祖父母、孙子女、外孙子女和其他具有扶养、赡养关系的亲属。

有权提起诉讼的法人或者其他组织终止，承受其权利的法人或者其他组织可以提起诉讼。

第十条　提起诉讼应有明确的被告。起诉状所列被告不适格的，应按照《行政诉讼法》第二十六条的规定告知起诉人予以变更。

第十一条　提起诉讼应有具体的诉讼请求和事实根据。起诉人未能正确表达诉讼请求或者所列诉讼请求不明确、不具体的，应当予以释明。

"具体的诉讼请求"是指下列情形之一：

（一）请求判决撤销或者变更行政行为；

（二）请求判决行政机关履行法定职责或者给付义务；

（三）请求判决确认行政行为违法；

（四）请求判决确认行政行为无效；

（五）请求判决行政机关予以赔偿或者补偿；

（六）请求解决行政协议争议；

（七）请求一并审查规章以下规范性文件；

（八）请求一并解决相关民事争议；

（九）其他诉讼请求。

第三章　登记立案释明

第十二条　登记立案的释明

对符合起诉条件的案件应当当场登记立案，依法保障当事人行使诉讼权利。

对当事人依法提起的诉讼，应当根据《行政诉讼法》第五十一条的规定，一律接收起诉状。能够判定符合起诉条件的，应当当场登记立案；当场不能判定是否符合起诉条件的，应当接收起诉状，出具注明收到日期的书面凭证，并释明在接收起诉状后七日内决定是否立案；七日内仍不能作出判定的，应当先予立案。

起诉状内容或者材料欠缺的，应当一次性全面告知当事人需要补正的内容、补充的材料及期限。在指定期限内补正并符合起诉条件的，应当登记立案。当事人拒绝补正或者经补正仍不符合起诉条件的，裁定不予立案，并载明不予立案的理由。不得未经指导和释明即以起诉不符合条件为由不接收起诉状。当事人对不予立案裁定不服的，可以提起上诉。

当事人提起行政诉讼，应当提交书面起诉状，起诉状应当由本人签字并捺指印，同时在《当事人送达地址确认书》上如实填写送达地址和通讯方式，并按照被告人数提出副本。书写起诉状确有困难的，可以口头起诉，由法院记入笔录，出具注明日期的书面凭证，并告知对方当事人。

第十三条　司法为民、便民诉讼措施的释明

当事人除直接到跨行政区划法院提起诉讼外，也可采取电话预约、网上立案或邮寄等方式提起诉讼。

当事人可以到非集中管辖法院递交诉讼材料，由非集中管辖法院予以代收并及时移送跨行政区划法院登记立案。

跨行政区划法院可以委托非集中管辖法院代为送达相关法律文书。

第十四条 复议前置程序的释明

法律、法规规定应当先申请复议，公民、法人或者其他组织未申请复议直接提起诉讼的，法院不予受理。

复议机关不受理复议申请或者在法定期限内不作出复议决定，公民、法人或者其他组织不服，依法提起诉讼的，法院应当依法受理。

第十五条 起诉期限的释明

根据《行政诉讼法》第四十五条、第四十六条、第四十七条、第四十八条之规定，可就一般起诉期限、经复议案件的起诉期限、行政机关不履行法定职责案件的起诉期限、最长起诉期限和起诉期限的扣除等向当事人释明。

第十六条 诉讼风险的释明

原告或者上诉人未按照规定的期限预交案件受理费，又不提出缓交、减交、免交申请，或者提出申请未获批准的，按自动撤诉处理。

有下列情形之一，已经立案的，应当裁定驳回起诉：

（一）不符合《行政诉讼法》第四十九条规定的；

（二）超过法定起诉期限且无正当理由的；

（三）错列被告且拒绝变更的；

（四）未按照法律规定由法定代理人、指定代理人、代表人为诉讼行为的；

（五）未按照法律、法规规定先向行政机关申请复议的；

（六）重复起诉的；

（七）撤回起诉后无正当理由再行起诉的；

（八）行政行为对其合法权益明显不产生实际影响的；

（九）诉讼标的已为生效裁判所羁束的；

（十）不符合其他法定起诉条件的。

第十七条 法院应积极倡导诚信诉讼，提醒当事人不得滥用诉权，不得虚假诉讼，不得通过行政诉讼追求非法或不正当的目的，并告知当事人违法诉讼的法律后果。

第四章　证据规则释明

第十八条　法院应当在《举证通知书》中向当事人释明其举证范围、举证期限和逾期提供证据的法律后果，并告知因正当事由不能按期提供证据时应当提出延期提供证据的申请。

第十九条　向被告释明的特殊事项

应当在收到起诉状副本之日起十五日内，提供据以作出被诉行政行为的全部证据和所依据的规范性文件。不提供或者无正当理由逾期提供证据，将视为被诉行政行为为没有相应证据。

认为原告起诉超过法定起诉期限，应当承担举证责任。

原告或者第三人提出其在行政程序中没有提出的反驳理由或者证据的，经法院准许，可以在第一审程序中补充相应的证据。

在诉讼过程中，被告及其诉讼代理人不得自行向原告、第三人和证人收集证据。

第二十条　向原告释明的特殊事项

应当提供符合起诉条件的相应证据材料。

在起诉被告不作为的案件中，还应当提供在行政程序中曾经提出申请的证据材料。但下列情形除外：

（一）申请的事项是被告应当依职权主动履行法定职责的；

（二）因被告受理申请的登记制度不完备等正当事由不能提供相关证据材料并能够作出合理说明的。

在行政赔偿、补偿诉讼中，应当对被诉行政行为造成损害的事实提供证据。

可以提供证明被诉行政行为违法的证据。提供的证据不成立的，并不免除被告对被诉行政行为合法性承担的举证责任。

法院组织庭前交换证据的，应在指定的证据交换之日提供证据；未组织庭前交换证据的，应当在开庭审理前提供证据。如果在前述期限内不提交证据材料，视为放弃举证权利。在第一审程序中无正当理由未提供而在第二审程序中提供的证据，法院不予接纳。

第二十一条　当事人之间存在举证责任分配争议的，应当依法及时释明，并告知当事人不遵从举证责任分配所要承担的法律后果。

第二十二条 向当事人释明的其他事项

向法院提供证据，应当对提交的证据材料分类编号，对证据材料的来源、证明对象和内容作简要说明，签名或者盖章，注明提交日期，并依照对方当事人人数提出证据清单。

因客观原因不能自行收集，但能够提供确切线索的，可以申请法院调取下列证据材料：

（一）由国家有关部门保存而须由法院调取的证据材料；

（二）涉及国家秘密、商业秘密、个人隐私的证据材料；

（三）确因客观原因不能自行收集的其他证据材料。

申请法院调取证据，应当在举证期限内提交书面申请。调取证据申请书应写明证据持有人的姓名或名称、住址等基本情况，拟调取证据的内容以及申请调取证据的原因及其要证明的案件事实。

在证据可能灭失或者以后难以取得的情况下，可以向法院申请保全证据。申请保全证据，应当在举证期限届满前以书面形式提出，并说明证据的名称和地点、保全的内容和范围、申请保全的理由等事项。

如果对需要鉴定的事项负有举证责任，应当告知在举证期限内无正当理由不提出鉴定申请、不预交鉴定费用或者拒不提供相关材料，致使对案件争议的事实无法通过鉴定意见予以认定的，将对该事实承担举证不能的法律后果。

第二十三条 当事人申请法院调取证据经审查不符合调取证据条件的，应当说明不准许调取的理由，并告知申请人可以申请书面复议一次。

经审查符合调取证据条件，但经调取未能取得相应证据的，应当告知申请人并说明原因。

第二十四条 当事人申请证人、相关行政执法人员出庭作证的，应当告知其在举证期限届满前提出以及法律、司法解释规定的申请条件。

证人、相关执法人员出庭作证时，应当告知其诚实作证的法律义务和作伪证的法律责任。

鉴定人出庭接受询问的，应当告知其如实说明鉴定情况的法律义务和故意作虚假说明的法律责任。

第五章 审判程序释明

第二十五条 审判释明一般应在各方当事人均在场的情况下行使。

在对方当事人不在场的情况下对一方当事人作出的释明，如涉及对方当事人权利义务事项，应及时告知另一方当事人。

第二十六条 案件属于《行政诉讼法》第八十二条第一款所列情形之一，可以适用简易程序的，应向当事人发放《简易程序审理通知书》，告知当事人案件适用简易程序审理。

事实清楚、权利义务关系明确、争议不大的一审案件，法院认为可以适用简易程序审理的，应根据《行政诉讼法》第八十二条第二款之规定，向当事人发放《适用简易程序建议书》，征求各方当事人的意见，并在规定期限内作出是否同意适用简易程序的书面答复。当事人各方均同意适用简易程序的，可以适用简易程序审理。

第二十七条 开庭前通过《行政案件当事人诉讼权利义务告知书》的方式，向各方当事人告知依法享有的诉讼权利和承担的诉讼义务。

第二十八条 根据《行政诉讼法》第三条第三款之规定，被诉行政机关负责人应当出庭应诉，不能出庭的，应当庭前向法院提交书面说明材料，并委托行政机关相应的工作人员出庭。

"行政机关负责人"包括行政机关的正职和副职负责人。行政机关负责人出庭应诉的，可以另行委托一至二名诉讼代理人。

开庭前通过送达《行政机关负责人出庭通知书》及电话告知等方式，释明行政机关负责人出庭应诉是法律规定的被告应承担的诉讼义务。

第二十九条 开庭前或庭审中，可以就下列事项进行释明：

（一）当事人在行政诉讼中的法律地位平等；

（二）法院依法对行政案件独立行使审判权，不受行政机关、社会团体和个人的干涉；

（三）当事人和其他诉讼参与人不得通过法院外部或内部人员干预案件审理。对干扰审判的行为，法庭将记录在案，并视情节依法追究相关人员干扰审判的法律责任；

（四）经法院传票传唤，原告无正当理由拒不到庭，或者未经法庭许可中途退庭的，可以按照撤诉处理；被告无正当理由拒不到庭，或者未经法庭许可中途退庭的，可以缺席判决；

（五）庭审过程同步录音录像，当事人和其他诉讼参与人应尊重司法审判，文明参加庭审，维护法庭秩序。对违反法庭秩序的，法院将视情节依法追究妨害诉讼的法律责任。

第三十条 发现案件需要追加当事人的，法院应根据当事人的申请或者依职权追加，并释明追加的理由，即公民、法人或者其他组织同被诉行政行为有利害关系，或者同案件处理结果有利害关系。

法院判决第三人承担义务或者减损第三人权益的，应明确告知其有权依法提起上诉。

第三十一条 诉讼过程中，当事人主张的法律关系的性质与起诉状表达的诉讼请求不一致时，应告知当事人进一步明确诉讼请求或者变更诉讼请求。

第三十二条 起诉状副本送达被告后，原告提出新的诉讼请求的，法院不予准许，但有正当理由的除外。不予准许的，应告知其可以根据本案裁判结果，通过其他渠道包括提起诉讼予以解决。

第三十三条 当事人请求一并审理《行政诉讼法》第六十一条规定的相关民事争议，告知其应当在第一审开庭审理前提出；有正当理由的，也可以在法庭调查中提出。

有下列情形之一的，法院应当作出不予准许一并审理民事争议的决定，并告知当事人可以依法通过其他渠道主张权利：

（一）法律规定应当由行政机关先行处理的；

（二）违反民事诉讼法专属管辖规定或者协议管辖约定的；

（三）已经申请仲裁或者提起民事诉讼的；

（四）其他不宜一并审理的民事争议。

对不予准许的决定，当事人可以申请复议一次。

第三十四条 当事人请求一并审查《行政诉讼法》第五十三条规定的规范性文件，告知其应当在第一审开庭审理前提出；有正当理由的，也可以在法庭调查中提出。

第三十五条 庭审中，法庭应指引当事人围绕证据的关联性、合法性和真实性以及证明目的，针对证据有无证明效力以及证明效力大小进行质证，确保各方当事人能够充分表达质证意见。

对与案件没有关联的证据材料，法庭可以当庭予以排除并说明理由。

第三十六条 法庭在行政赔偿、补偿以及行政机关行使自由裁量权的案件中主持调解时，应释明调解遵循自愿、合法原则，不得损害国家利益、社会公共利益和他人合法权益。

当事人为达成调解协议而对案件事实的认可，不得在其后的诉讼中作为对其不利的证据；当事人在调解中对民事权益的处分，不能作为审查被诉行政行为合法性的根据。

调解协议达成后，还应释明履行或执行调解协议的相关事项，并告知违反调解协议应承担的不利后果。

第三十七条 依法作出中止诉讼、终结诉讼等裁定的，应作必要的释明。

第三十八条 原告申请撤诉，准许裁定作出前，应就撤诉后能否重新起诉予以释明。

第三十九条 庭审过程中出现的法律概念、法律专业术语及其他相关法律用语，当事人表示不能理解或表示疑惑时，法庭应及时作出释明。

第六章　判后释明

第四十条 案件宣判后，法官可以根据案件实际情况，对裁判理由、依据等进行判后释明。

第四十一条 判后释明应注重正面引导，主动对当事人释明有关法律规定，以及涉案证据的采信理由、裁判的依据、争议焦点的处理、审判程序的适用过程等。

第四十二条 判后释明应当重点解释法院判决结果的合法性与正当性，帮助当事人理解和接受法院判决，尽可能使用有助于平稳当事人情绪的语言，促使当事人服判息诉。

第七章　附　则

第四十三条　本规则由本院审判委员会负责解释。

第四十四条　本规则自印发之日起施行。

北京四中院登记立案释明规则

为依法保障当事人的诉权，加强对当事人的立案指导和诉讼引导，规范登记立案释明行为，提高诉讼效率和司法公信力，切实贯彻"有案必立，有诉必理"的原则要求，根据《中华人民共和国民事诉讼法》、《中华人民共和国刑事诉讼法》、《中华人民共和国行政诉讼法》、《最高人民法院关于人民法院登记立案若干问题的规定》、《北京法院登记立案实施办法》、《北京市第四中级人民法院登记立案实施办法》及登记立案工作指南等规定，结合我院登记立案工作实际，制定本规则。

第一条 释明是法官依法享有的法定权力和应当履行的法定义务。释明应当遵循依法、公开、中立、适度、效率及当事人处分原则。

第二条 人民法院对当事人在立案过程中诉讼主张不清楚、不正确、有矛盾，提交证据不充分时，应当进行释明。

第三条 释明可以采用书面、口头告知等方式。口头告知的内容应当记入笔录，并由当事人签字确认。起诉状内容欠缺或者有其他错误的，应当给予指导和释明，并一次性告知当事人需要补正的内容。

第四条 对应当先行释明的登记立案事项，人民法院不得未经指导和释明即作出裁定。人民法院向当事人释明并告知其相关法律后果后，当事人仍拒绝按照释明要求处理或者补正，人民法院依据法律规定处理。

第五条 人民法院应当推进标准化释明，按照法律、司法解释规定的权限、范围、程序等标准化事项进行释明。当事人认为释明超过规定的权限、范围、程序的，可以向人民法院纪检监察部门进行投诉。

第六条 当事人在诉讼活动中应当遵循诚实信用原则。人民法院应当在立案中及时提示或指导当事人诚信诉讼及其法律后果，对虚假诉讼、恶意诉讼、无理缠诉等滥用诉权行为依法进行规制。

第七条 人民法院在释明中应当坚持中立地位，不得为当事人提出诉讼主张和诉讼理由。当事人提出的诉讼主张和诉讼理由与法律规定的起诉条件明显不当或者存有遗漏时，人民法院应当告知当事人更正或者补充。

第八条 起诉状中所列当事人存在错误或不明确情形的，法官应当向当事人释明，告知当事人起诉状中存在的瑕疵情况并要求当事人按期予以补正。民事诉讼中当事人遗漏必要共同诉讼当事人的，人民法院应当释明其依程序申请追加。民事诉讼中当事人遗漏非必要共同诉讼当事人的，当事人未起诉共同诉讼其他当事人，且不追加该当事人可能影响案件事实查明或造成误判的，人民法院应当向当事人释明依程序申请追加。行政诉讼中复议机关维持原行政行为的，当事人只起诉作出原行政行为的行政机关或者复议机关的，人民法院应当向当事人释明依照法定程序追加被告。

第九条 当事人提出的诉讼请求不明确、不充分、不正确的，人民法院应当要求当事人就诉讼请求的具体内容进行说明。对当事人的诉讼主张存在不明了、有歧义或自相矛盾等诉讼请求不明确情形的，人民法院通过指导和释明要求当事人将真实意思表示陈述清楚以明确诉讼请求并尊重当事人对自己实体权利的处分。对当事人因对法律理解不准确而造成不能充分提出诉讼主张等诉讼请求不明确情形的，人民法院应当根据案件的具体情况，及时告知其法律的相关规定。经释明，当事人仍坚持原诉讼请求的，人民法院应当尊重当事人对自己实体权利的处分并依法进行处理。对当事人诉讼请求存在不符合相关法律规定等诉讼请求不正确情形的，人民法院应当告知其不正确的原因及可能产生的法律后果，并明确告知当事人可以变更诉讼请求。经释明后，当事人仍拒不变更的，人民法院依法处理。

第十条 当事人所提之诉，涉及请求金额的，请求金额不明确的，人民法院应当释明要求当事人明确具体请求金额；具体请求金额计算方法不明确的，人民法院应当一并指导当事人明确其请求金额的计算方法。

第十一条 对于当事人所提诉讼不属于受案法院管辖或人民法院主管的，人民法院应当及时向当事人释明，并指导当事人依照相关规定向有管辖权的人民法院提起诉讼或依法通过其他途径解决。当事人所列被告系管辖连接点的依据，但该被告明显不适格，人民法院应当释明，指导当事人向有管辖权的人民法院提起诉讼。当事人仍坚持起诉的，人民法院依法处理。

第十二条 当事人邮寄起诉的，人民法院应当依据当事人邮寄起诉状的地址或起诉状中列明的地址向当事人邮寄《邮寄立案告知书》或者电话通知当事人或其委托的代理人持当事人有效身份证件原件及授权委托书在指定期限内到人民法院进行核实。未在指定期限内到人民法院进行身份核实的，人民法院对其邮寄起诉依法不予处理。当事人因不可抗拒的法定事由或者其他正当事由耽误起诉期限的，在障碍情形消除后的十日内，可以申请顺延期限，是否准许，由人民法院审查决定。当事人在人民法院依法指定的期限届满后到人民法院起诉的，应视为当事人另行提起诉讼。人民法院按另诉依法处理。

　　第十三条　案件经人民法院立案登记后，应当向当事人送达登记立案通知书、权利义务告知书和廉政监督卡，明确告知当事人依法享有的诉讼权利及应履行的诉讼义务。当事人对人民法院所告知的诉讼权利义务的相关内容存有疑问的，人民法院应当作出必要的释明，告知当事人依法正确行使诉讼权利、履行诉讼义务。

　　第十四条　法官应当告知当事人如实提供自己准确的送达地址，并告知其拒不提供送达地址、送达地址不准确、送达地址变更未及时告知人民法院、受送达人或其所指定的代收人拒绝签收的法律后果。

　　第十五条　当事人提起诉讼的纠纷属于多元纠纷调解范围的，人民法院应当根据其意愿指导当事人将纠纷提交诉前调解等多元纠纷化解程序调处。人民法院应当告知当事人多元纠纷化解程序由专业调解组织、行业调解组织或行政机关等主持进行。人民法院主持案件诉前调解时，应当向当事人作以下释明：（一）告知其诉前调解的意义、原则、方式、程序；（二）告知其诉前调解结案减半收取诉讼费用；（三）告知其特别授权代理人参加调解的效力；（四）告知其调解协议经各方当事人签名或者盖章后即具有法律效力。

　　第十六条　当事人在登记立案阶段申请财产保全的，人民法院应当告知当事人保全申请的流程、担保条件、保全的风险等。对于符合法定条件的财产保全，人民法院应当在法定期限内作出财产保全裁定并实施财产保全。

　　第十七条　本规则自下发之日起施行。

附录2：与行政诉讼释明制度相关的规定

最高人民法院关于执行《中华人民共和国 行政诉讼法》若干问题的解释

法释〔2000〕8号

第一条 公民、法人或者其他组织对具有国家行政职权的机关和组织及其工作人员的行政行为不服，依法提起诉讼的，属于人民法院行政诉讼的受案范围。公民、法人或者其他组织对下列行为不服提起诉讼的，不属于人民法院行政诉讼的受案范围：

（一）行政诉讼法第十二条规定的行为；

（二）公安、国家安全等机关依照刑事诉讼法的明确授权实施的行为；

（三）调解行为以及法律规定的仲裁行为；

（四）不具有强制力的行政指导行为；

（五）驳回当事人对行政行为提起申诉的重复处理行为；

（六）对公民、法人或者其他组织权利义务不产生实际影响的行为。

第二条 行政诉讼法第十二条第（一）项规定的国家行为，是指国务院、中央军事委员会、国防部、外交部等根据宪法和法律的授权，以国家的名义实施的有关国防和外交事务的行为，以及经宪法和法律授权的国家机关宣布紧急状态、实施戒严和总动员等行为。

第三条 行政诉讼法第十二条第（二）项规定的"具有普遍约束力的决定、命令"，是指行政机关针对不特定对象发布的能反复适用的行政规范性文件。

第四条 行政诉讼法第十二条第（三）项规定的"对行政机关工作人员的奖惩、任免等决定"，是指行政机关作出的涉及该行政机关公务员权利义务的决定。

第五条 行政诉讼法第十二条第（四）项规定的"法律规定由行政机关最终裁决的具体行政行为"中的"法律"，是指全国人民代表大会及其常务委员会制定、通过的规范性文件。

第六条 各级人民法院行政审判庭审理行政案件和审查行政机关申请执行其具体行政行为的案件。

专门人民法院、人民法庭不审理行政案件，也不审查和执行行政机关申请执行其具体行政行为的案件。

第七条 复议决定有下列情形之一的，属于行政诉讼法规定的"改变原具体行政行为"：

（一）改变原具体行政行为所认定的主要事实和证据的；

（二）改变原具体行政行为所适用的规范依据且对定性产生影响的；

（三）撤销、部分撤销或者变更原具体行政行为处理结果的。

第八条 有下列情形之一的，属于行政诉讼法第十四条第（三）项规定的"本辖区内重大、复杂的案件"：

（一）被告为县级以上人民政府，且基层人民法院不适宜审理的案件；

（二）社会影响重大的共同诉讼、集团诉讼案件；

（三）重大涉外或者涉及香港特别行政区、澳门特别行政区、台湾地区的案件；

（四）其他重大、复杂案件。

第九条 行政诉讼法第十八条规定的"原告所在地"，包括原告的户籍所在地、经常居住地和被限制人身自由地。

行政机关基于同一事实既对人身又对财产实施行政处罚或者采取行政强制措施的，被限制人身自由的公民、被扣押或者没收财产的公民、法人或者其他组织对上述行为均不服的，既可以向被告所在地人民法院提起诉讼，也可以向原告所在地人民法院提起诉讼，受诉人民法院可一并管辖。

第十条 当事人提出管辖异议，应当在接到人民法院应诉通知之日起 10 日内以书面形式提出。

对当事人提出的管辖异议，人民法院应当进行审查。异议成立的，裁定将案件移送有管辖权的人民法院；异议不成立的，裁定驳回。

第十一条 行政诉讼法第二十四条规定的"近亲属"，包括配偶、父母、子女、兄弟姐妹、祖父母、外祖父母、孙子女、外孙子女和其他具有扶养、赡养关系的亲属。

公民因被限制人身自由而不能提起诉讼的，其近亲属可以依其口头或者书面委托以该公民的名义提起诉讼。

第十二条 与具体行政行为有法律上利害关系的公民、法人或者其他组织对该行为不服的，可以依法提起行政诉讼。

第十三条 有下列情形之一的，公民、法人或者其他组织可以依法提起行政诉讼：

（一）被诉的具体行政行为涉及其相邻权或者公平竞争权的；

（二）与被诉的行政复议决定有法律上利害关系或者在复议程序中被追加为第三人的；

（三）要求主管行政机关依法追究加害人法律责任的；

（四）与撤销或者变更具体行政行为有法律上利害关系的。

第十四条 合伙企业向人民法院提起诉讼的，应当以核准登记的字号为原告，由执行合伙企业事务的合伙人作诉讼代表人；其他合伙组织提起诉讼的，合伙人为共同原告。

不具备法人资格的其他组织向人民法院提起诉讼的，由该组织的主要负责人作诉讼代表人；没有主要负责人的，可以由推选的负责人作诉讼代表人。同案原告为 5 人以上，应当推选 1 至 5 名诉讼代表人参加诉讼；在指定期限内未选定的，人民法院可以依职权指定。

第十五条 联营企业、中外合资或者合作企业的联营、合资、合作各方，认为联营、合资、合作企业权益或者自己一方合法权益受具体行政行为侵害的，均可以自己的名义提起诉讼。

第十六条 农村土地承包人等土地使用权人对行政机关处分其使用的农村集体所有土地的行为不服，可以自己的名义提起诉讼。

第十七条 非国有企业被行政机关注销、撤销、合并、强令兼并、出售、分立或者改变企业隶属关系的，该企业或者其法定代表人可以提起诉讼。

第十八条 股份制企业的股东大会、股东代表大会、董事会等认为行政机关作出的具体行政行为侵犯企业经营自主权的，可以企业名义提起诉讼。

第十九条 当事人不服经上级行政机关批准的具体行政行为，向人民法院提起诉讼的，应当以在对外发生法律效力的文书上署名的机关为被告。

第二十条 行政机关组建并赋予行政管理职能但不具有独立承担法律责任能力的机构，以自己的名义作出具体行政行为，当事人不服提起诉讼的，应当以组建该机构的行政机关为被告。

行政机关的内设机构或者派出机构在没有法律、法规或者规章授权的情况下，以自己的名义作出具体行政行为，当事人不服提起诉讼的，应当以该行政机关为被告。

法律、法规或者规章授权行使行政职权的行政机关内设机构、派出机构或者其他组织，超出法定授权范围实施行政行为，当事人不服提起诉讼的，应当以实施该行为的机构或者组织为被告。

第二十一条 行政机关在没有法律、法规或者规章规定的情况下，授权其内设机构、派出机构或者其他组织行使行政职权的，应当视为委托。当事人不服提起诉讼的，应当以该行政机关为被告。

第二十二条 复议机关在法定期间内不作复议决定，当事人对原具体行政行为不服提起诉讼的，应当以作出原具体行政行为的行政机关为被告；当事人对复议机关不作为不服提起诉讼的，应当以复议机关为被告。

第二十三条 原告所起诉的被告不适格，人民法院应当告知原告变更被告；原告不同意变更的，裁定驳回起诉。

第二十四条 行政机关的同一具体行政行为涉及两个以上利害关系人，其中一部分利害关系人对具体行政行为不服提起诉讼，人民法院应当通知没有起诉的其他利害关系人作为第三人参加诉讼。

第三人有权提出与本案有关的诉讼主张，对人民法院的一审判决不服，有权提起上诉。

第二十五条 当事人委托诉讼代理人，应当向人民法院提交由委托人签名或者盖章的授权委托书。委托书应当载明委托事项和具体权限。公民在特殊情况下无法书面委托的，也可以口头委托。口头委托的，人民法院应当核实并记录在卷；被诉机关或者其他有义务协助的机关拒绝人民法院向被限制人身自由的公民核实的，视为委托成立。当事人解除或者变更委托的，应当书面报告人民法院，由人民法院通知其他当事人。

第二十六条 在行政诉讼中，被告对其作出的具体行政行为承担举证责任。被告应当在收到起诉状副本之日起 10 日内提交答辩状，并提供作出具体行政行为时的证据、依据；被告不提供或者无正当理由逾期提供的，应当认定该具体行政行为没有证据、依据。

第二十七条 原告对下列事项承担举证责任：

（一）证明起诉符合法定条件，但被告认为原告起诉超过起诉期限的除外；

（二）在起诉被告不作为的案件中，证明其提出申请的事实；

（三）在一并提起的行政赔偿诉讼中，证明因受被诉行为侵害而造成损失的事实；

（四）其他应当由原告承担举证责任的事项。

第二十八条 有下列情形之一的，被告经人民法院准许可以补充相关的证据：

（一）被告在作出具体行政行为时已经收集证据，但因不可抗力等正当事由不能提供的；

（二）原告或者第三人在诉讼过程中，提出了其在被告实施行政行为过程中没有提出的反驳理由或者证据的。

第二十九条 有下列情形之一的，人民法院有权调取证据：

（一）原告或者第三人及其诉讼代理人提供了证据线索，但无法自行收集而申请人民法院调取的；

（二）当事人应当提供而无法提供原件或者原物的。

第三十条 下列证据不能作为认定被诉具体行政行为合法的根据：

（一）被告及其诉讼代理人在作出具体行政行为后自行收集的证据；

（二）被告严重违反法定程序收集的其他证据。

第三十一条 未经法庭质证的证据不能作为人民法院裁判的根据。复议机关在复议过程中收集和补充的证据，不能作为人民法院维持原具体行政行为的根据。

被告在二审过程中向法庭提交在一审过程中没有提交的证据，不能作为二审法院撤销或者变更一审裁判的根据。

第三十二条 人民法院应当组成合议庭对原告的起诉进行审查。符合起诉条件的，应当在 7 日内立案；不符合起诉条件的，应当在 7 日内裁定不予受理。7 日内不能决定是否受理的，应当先予受理；受理后经审查不符合起诉条件的，裁定驳回起诉。

受诉人民法院在 7 日内既不立案，又不作出裁定的，起诉人可以向上一级人民法院申诉或者起诉。上一级人民法院认为符合受理条件的，应予受理；受理后可以移交或者指定下级人民法院审理，也可以自行审理。

前三款规定的期限，从受诉人民法院收到起诉状之日起计算；因起诉状内容欠缺而责令原告补正的，从人民法院收到补正材料之日起计算。

第三十三条 法律、法规规定应当先申请复议，公民、法人或者其他组织未申请复议直接提起诉讼的，人民法院不予受理。

复议机关不受理复议申请或者在法定期限内不作出复议决定，公民、法人或者其他组织不服，依法向人民法院提起诉讼的，人民法院应当依法受理。

第三十四条 法律、法规未规定行政复议为提起行政诉讼必经程序，公民、法人或者其他组织既提起诉讼又申请行政复议的，由先受理的机关管辖；同时受理的，由公民、法人或者其他组织选择。公民、法人或者其他组织已经申请行政复议，在法定复议期间内又向人民法院提起诉讼的，人民法院不予受理。

第三十五条 法律、法规未规定行政复议为提起行政诉讼必经程序，公民、法人或者其他组织向复议机关申请行政复议后，又经复议机关同意撤回复议申请，在法定起诉期限内对原具体行政行为提起诉讼的，人民法院应当依法受理。

第三十六条 人民法院裁定准许原告撤诉后，原告以同一事实和理由重新起诉的，人民法院不予受理。

准予撤诉的裁定确有错误，原告申请再审的，人民法院应当通过审判监督程序撤销原准予撤诉的裁定，重新对案件进行审理。

第三十七条 原告或者上诉人未按规定的期限预交案件受理费，又不提出缓交、减交、免交申请，或者提出申请未获批准的，按自动撤诉处理。在按撤诉处理后，原告或者上诉人在法定期限内再次起诉或者上诉，并依法解决诉讼费预交问题的，人民法院应予受理。

第三十八条 人民法院判决撤销行政机关的具体行政行为后，公民、法人或者其他组织对行政机关重新作出的具体行政行为不服向人民法院起诉的，人民法院应当依法受理。

第三十九条 公民、法人或者其他组织申请行政机关履行法定职责，行政机关在接到申请之日起 60 日内不履行的，公民、法人或者其他组织向人民法院提起诉讼，人民法院应当依法受理。法律、法规、规章和其他规范性文件对行政机关履行职责的期限另有规定的，从其规定。公民、法人或者其他组织在紧急情况下请求行政机关履行保护其人身权、财产权的法定职责，行政机关不履行的，起诉期间不受前款规定的限制。

第四十条 行政机关作出具体行政行为时，没有制作或者没有送达法律文书，公民、法人或者其他组织不服向人民法院起诉的，只要能证明具体行政行为存在，人民法院应当依法受理。

第四十一条 行政机关作出具体行政行为时，未告知公民、法人或者其他组织诉权或者起诉期限的，起诉期限从公民、法人或者其他组织知道或者应当知道诉权或者起诉期限之日起计算，但从知道或者应当知道具体行政行为内容之日起最长不得超过 2 年。

复议决定未告知公民、法人或者其他组织诉权或者法定起诉期限的，适用前款规定。

第四十二条 公民、法人或者其他组织不知道行政机关作出的具体行政行为内容的，其起诉期限从知道或者应当知道该具体行政行为内容之日起计算。对涉及不动产的具体行政行为从作出之日起超过 20 年、其他具体行政行为从作出之日起超过 5 年提起诉讼的，人民法院不予受理。

第四十三条 由于不属于起诉人自身的原因超过起诉期限的，被耽误的时间不计算在起诉期间内。因人身自由受到限制而不能提起诉讼的，被限制人身自由的时间不计算在起诉期间内。

第四十四条 有下列情形之一的，应当裁定不予受理；已经受理的，裁定驳回起诉：

（一）请求事项不属于行政审判权限范围的；

（二）起诉人无原告诉讼主体资格的；

（三）起诉人错列被告且拒绝变更的；

（四）法律规定必须由法定或者指定代理人、代表人为诉讼行为，未由法定或者指定代理人、代表人为诉讼行为的；

（五）由诉讼代理人代为起诉，其代理不符合法定要求的；

（六）起诉超过法定期限且无正当理由的；

（七）法律、法规规定行政复议为提起诉讼必经程序而未申请复议的；

（八）起诉人重复起诉的；

（九）已撤回起诉，无正当理由再行起诉的；

（十）诉讼标的为生效判决的效力所羁束的；

（十一）起诉不具备其他法定要件的。前款所列情形可以补正或者更正的，人民法院应当指定期间责令补正或者更正；在指定期间已经补正或者更正的，应当依法受理。

第四十五条　起诉状副本送达被告后，原告提出新的诉讼请求的，人民法院不予准许，但有正当理由的除外。

第四十六条　有下列情形之一的，人民法院可以决定合并审理：

（一）两个以上行政机关分别依据不同的法律、法规对同一事实作出具体行政行为，公民、法人或者其他组织不服向同一人民法院起诉的；

（二）行政机关就同一事实对若干公民、法人或者其他组织分别作出具体行政行为，公民、法人或者其他组织不服分别向同一人民法院起诉的；

（三）在诉讼过程中，被告对原告作出新的具体行政行为，原告不服向同一人民法院起诉的；

（四）人民法院认为可以合并审理的其他情形。

第四十七条　当事人申请回避，应当说明理由，在案件开始审理时提出；回避事由在案件开始审理后知道的，应当在法庭辩论终结前提出。被申请回避的人员，在人民法院作出是否回避的决定前，应当暂停参与本案的工作，但案件需要采取紧急措施的除外。

对当事人提出的回避申请，人民法院应当在 3 日内以口头或者书面形式作出决定。申请人对驳回回避申请决定不服的，可以向作出决定的人民法院申请复议一次。复议期间，被申请回避的人员不停止参与本案的工作。对申请人的复议申请，人民法院应当在 3 日内作出复议决定，并通知复议申请人。

第四十八条　人民法院对于因一方当事人的行为或者其他原因，可能使具体行政行为或者人民法院生效裁判不能或者难以执行的案件，可以根据对方当事人的申请作出财产保全的裁定；当事人没有提出申请的，人民法院在必要时也可以依法采取财产保全措施。

人民法院审理起诉行政机关没有依法发给抚恤金、社会保险金、最低生活保障费等案件，可以根据原告的申请，依法书面裁定先予执行。当事人对财产保全或者先予执行的裁定不服的，可以申请复议。复议期间不停止裁定的执行。

第四十九条　原告或者上诉人经合法传唤，无正当理由拒不到庭或者未经法庭许可中途退庭的，可以按撤诉处理。

原告或者上诉人申请撤诉，人民法院裁定不予准许的，原告或者上诉人经合法传唤无正当理由拒不到庭，或者未经法庭许可而中途退庭的，人民法院可以缺席判决。

第三人经合法传唤无正当理由拒不到庭，或者未经法庭许可中途退庭的，不影响案件的审理。

第五十条　被告在一审期间改变被诉具体行政行为的，应当书面告知人民法院。

原告或者第三人对改变后的行为不服提起诉讼的，人民法院应当就改变后的具体行政行为进行审理。

被告改变原具体行政行为，原告不撤诉，人民法院经审查认为原具体行政行为违法的，应当作出确认其违法的判决；认为原具体行政行为合法的，应当判决驳回原告的诉讼请求。

原告起诉被告不作为，在诉讼中被告作出具体行政行为，原告不撤诉的，参照上述规定处理。

第五十一条　在诉讼过程中，有下列情形之一的，中止诉讼：

（一）原告死亡，须等待其近亲属表明是否参加诉讼的；

（二）原告丧失诉讼行为能力，尚未确定法定代理人的；

（三）作为一方当事人的行政机关、法人或者其他组织终止，尚未确定权利义务承受人的；

（四）一方当事人因不可抗力的事由不能参加诉讼的；

（五）案件涉及法律适用问题，需要送请有权机关作出解释或者确认的；

（六）案件的审判须以相关民事、刑事或者其他行政案件的审理结果为依据，而相关案件尚未审结的；

（七）其他应当中止诉讼的情形。

中止诉讼的原因消除后，恢复诉讼。

第五十二条　在诉讼过程中，有下列情形之一的，终结诉讼：

（一）原告死亡，没有近亲属或者近亲属放弃诉讼权利的；

（二）作为原告的法人或者其他组织终止后，其权利义务的承受人放弃诉讼权利的。

因本解释第五十一条第一款第（一）、（二）、（三）项原因中止诉讼满 90 日仍无人继续诉讼的，裁定终结诉讼，但有特殊情况的除外。

第五十三条　复议决定维持原具体行政行为的，人民法院判决撤销原具体行政行为，复议决定自然无效。

复议决定改变原具体行政行为错误，人民法院判决撤销复议决定时，应当责令复议机关重新作出复议决定。

第五十四条　人民法院判决被告重新作出具体行政行为，被告重新作出的具体行政行为与原具体行政行为的结果相同，但主要事实或者主要理由有改变的，不属于行政诉讼法第五十五条规定的情形。

人民法院以违反法定程序为由，判决撤销被诉具体行政行为的，行政机关重新作出具体行政行为不受行政诉讼法第五十五条规定的限制。

行政机关以同一事实和理由重新作出与原具体行政行为基本相同的具体行政行为，人民法院应当根据行政诉讼法第五十四条第（二）项、第五十五条的规定判决撤销或者部分撤销，并根据行政诉讼法第六十五条第三款的规定处理。

第五十五条　人民法院审理行政案件不得加重对原告的处罚，但利害关系人同为原告的除外。

人民法院审理行政案件不得对行政机关未予处罚的人直接给予行政处罚。

第五十六条 有下列情形之一的，人民法院应当判决驳回原告的诉讼请求：

（一）起诉被告不作为理由不能成立的；

（二）被诉具体行政行为合法但存在合理性问题的；

（三）被诉具体行政行为合法，但因法律、政策变化需要变更或者废止的；

（四）其他应当判决驳回诉讼请求的情形。

第五十七条 人民法院认为被诉具体行政行为合法，但不适宜判决维持或者驳回诉讼请求的，可以作出确认其合法或者有效的判决。

有下列情形之一的，人民法院应当作出确认被诉具体行政行为违法或者无效的判决：

（一）被告不履行法定职责，但判决责令其履行法定职责已无实际意义的；

（二）被诉具体行政行为违法，但不具有可撤销内容的；

（三）被诉具体行政行为依法不成立或者无效的。

第五十八条 被诉具体行政行为违法，但撤销该具体行政行为将会给国家利益或者公共利益造成重大损失的，人民法院应当作出确认被诉具体行政行为违法的判决，并责令被诉行政机关采取相应的补救措施；造成损害的，依法判决承担赔偿责任。

第五十九条 根据行政诉讼法第五十四条第（二）项规定判决撤销违法的被诉具体行政行为，将会给国家利益、公共利益或者他人合法权益造成损失的，人民法院在判决撤销的同时，可以分别采取以下方式处理：

（一）判决被告重新作出具体行政行为；

（二）责令被诉行政机关采取相应的补救措施；

（三）向被告和有关机关提出司法建议；

（四）发现违法犯罪行为的，建议有权机关依法处理。

第六十条 人民法院判决被告重新作出具体行政行为，如不及时重新作出具体行政行为，将会给国家利益、公共利益或者当事人利益造成损失的，可以限定重新作出具体行政行为的期限。

人民法院判决被告履行法定职责，应当指定履行的期限，因情况特殊难于确定期限的除外。

第六十一条 被告对平等主体之间民事争议所作的裁决违法，民事争议当事人要求人民法院一并解决相关民事争议的，人民法院可以一并审理。

第六十二条 人民法院审理行政案件，适用最高人民法院司法解释的，应当在裁判文书中援引。

人民法院审理行政案件，可以在裁判文书中引用合法有效的规章及其他规范性文件。

第六十三条 裁定适用于下列范围：

（一）不予受理；

（二）驳回起诉；

（三）管辖异议；

（四）终结诉讼；

（五）中止诉讼；

（六）移送或者指定管辖；

（七）诉讼期间停止具体行政行为的执行或者驳回停止执行的申请；

（八）财产保全；

（九）先予执行；

（十）准许或者不准许撤诉；

（十一）补正裁判文书中的笔误；

（十二）中止或者终结执行；

（十三）提审、指令再审或者发回重审；

（十四）准许或者不准许执行行政机关的具体行政行为；

（十五）其他需要裁定的事项。

对第（一）、（二）、（三）项裁定，当事人可以上诉。

第六十四条 行政诉讼法第五十七条、第六十条规定的审限，是指从立案之日起至裁判宣告之日止的期间。鉴定、处理管辖争议或者异议以及中止诉讼的时间不计算在内。

第六十五条 第一审人民法院作出判决和裁定后，当事人均提起上诉的，上诉各方均为上诉人。

诉讼当事人中的一部分人提出上诉，没有提出上诉的对方当事人为被上诉人，其他当事人依原审诉讼地位列明。

第六十六条 当事人提出上诉，应当按照其他当事人或者诉讼代表人的人数提出上诉状副本。

原审人民法院收到上诉状，应当在 5 日内将上诉状副本送达其他当事人，对方当事人应当在收到上诉状副本之日起 10 日内提出答辩状。

原审人民法院应当在收到答辩状之日起 5 日内将副本送达当事人。　　原审人民法院收到上诉状、答辩状，应当在 5 日内连同全部案卷和证据，报送第二审人民法院。已经预收诉讼费用的，一并报送。

第六十七条 第二审人民法院审理上诉案件，应当对原审人民法院的裁判和被诉具体行政行为是否合法进行全面审查。

当事人对原审人民法院认定的事实有争议的，或者第二审人民法院认为原审人民法院认定事实不清楚的，第二审人民法院应当开庭审理。

第六十八条 第二审人民法院经审理认为原审人民法院不予受理或者驳回起诉的裁定确有错误，且起诉符合法定条件的，应当裁定撤销原审人民法院的裁定，指令原审人民法院依法立案受理或者继续审理。

第六十九条 第二审人民法院裁定发回原审人民法院重新审理的行政案件，原审人民法院应当另行组成合议庭进行审理。

第七十条 第二审人民法院审理上诉案件，需要改变原审判决的，应当同时对被诉具体行政行为作出判决。

第七十一条 原审判决遗漏了必须参加诉讼的当事人或者诉讼请求的，第二审人民法院应当裁定撤销原审判决，发回重审。

原审判决遗漏行政赔偿请求，第二审人民法院经审查认为依法不应当予以赔偿的，应当判决驳回行政赔偿请求。　　原审判决遗漏行政赔偿请求，第二审人民法院经审理认为依法应当予以赔偿的，在确认被诉具体行政行为违法的同时，可以就行政赔偿问题进行调解；调解不成的，应当就行政赔偿部分发回重审。

当事人在第二审期间提出行政赔偿请求的，第二审人民法院可以进行调解；调解不成的，应当告知当事人另行起诉。

第七十二条 有下列情形之一的，属于行政诉讼法第六十三条规定的"违反法律、法规规定"：

（一）原判决、裁定认定的事实主要证据不足；

（二）原判决、裁定适用法律、法规确有错误；

（三）违反法定程序，可能影响案件正确裁判；

（四）其他违反法律、法规的情形。

第七十三条　当事人申请再审，应当在判决、裁定发生法律效力后2年内提出。

当事人对已经发生法律效力的行政赔偿调解书，提出证据证明调解违反自愿原则或者调解协议的内容违反法律规定的，可以在2年内申请再审。

第七十四条　人民法院接到当事人的再审申请后，经审查，符合再审条件的，应当立案并及时通知各方当事人；不符合再审条件的，予以驳回。

第七十五条　对人民检察院按照审判监督程序提出抗诉的案件，人民法院应当再审。

人民法院开庭审理抗诉案件时，应当通知人民检察院派员出庭。

第七十六条　人民法院按照审判监督程序再审的案件，发生法律效力的判决、裁定是由第一审人民法院作出的，按照第一审程序审理，所作的判决、裁定，当事人可以上诉；发生法律效力的判决、裁定是由第二审人民法院作出的，按照第二审程序审理，所作的判决、裁定是发生法律效力的判决、裁定；上级人民法院按照审判监督程序提审的，按照第二审程序审理，所作的判决、裁定是发生法律效力的判决、裁定。

人民法院审理再审案件，应当另行组成合议庭。

第七十七条　按照审判监督程序决定再审的案件，应当裁定中止原判决的执行；裁定由院长署名，加盖人民法院印章。上级人民法院决定提审或者指令下级人民法院再审的，应当作出裁定，裁定应当写明中止原判决的执行；情况紧急的，可以将中止执行的裁定口头通知负责执行的人民法院或者作出生效判决、裁定的人民法院，但应当在口头通知后10日内发出裁定书。

第七十八条　人民法院审理再审案件，认为原生效判决、裁定确有错误，在撤销原生效判决或者裁定的同时，可以对生效判决、裁定的内容作出相应裁判，也可以裁定撤销生效判决或者裁定，发回作出生效判决、裁定的人民法院重新审判。

　　第七十九条　人民法院审理二审案件和再审案件，对原审法院受理、不予受理或者驳回起诉错误的，应当分别情况作如下处理：

　　（一）第一审人民法院作出实体判决后，第二审人民法院认为不应当受理的，在撤销第一审人民法院判决的同时，可以发回重审，也可以迳行驳回起诉；

　　（二）第二审人民法院维持第一审人民法院不予受理裁定错误的，再审法院应当撤销第一审、第二审人民法院裁定，指令第一审人民法院受理；

　　（三）第二审人民法院维持第一审人民法院驳回起诉裁定错误的，再审法院应当撤销第一审、第二审人民法院裁定，指令第一审人民法院审理。

　　第八十条　人民法院审理再审案件，发现生效裁判有下列情形之一的，应当裁定发回作出生效判决、裁定的人民法院重新审理：

　　（一）审理本案的审判人员、书记员应当回避而未回避的；

　　（二）依法应当开庭审理而未经开庭即作出判决的；

　　（三）未经合法传唤当事人而缺席判决的；

　　（四）遗漏必须参加诉讼的当事人的；

　　（五）对与本案有关的诉讼请求未予裁判的；

　　（六）其他违反法定程序可能影响案件正确裁判的。

　　第八十一条　再审案件按照第一审程序审理的，适用行政诉讼法第五十七条规定的审理期限。

　　再审案件按照第二审程序审理的，适用行政诉讼法第六十条规定的审理期限。

　　第八十二条　基层人民法院申请延长审理期限，应当直接报请高级人民法院批准，同时报中级人民法院备案。

　　第八十三条　对发生法律效力的行政判决书、行政裁定书、行政赔偿判决书和行政赔偿调解书，负有义务的一方当事人拒绝履行的，对方当事人可以依法申请人民法院强制执行。

　　第八十四条　申请人是公民的，申请执行生效的行政判决书、行政裁定书、行政赔偿判决书和行政赔偿调解书的期限为1年，申请人是行政机关、法人或者其他组织的为180日。申请执行的期限从法律文书规定的履行期间最后一日起计算；法律文书中没有规定履行期限的，从该法律文书送达当事人之日起计算。

逾期申请的，除有正当理由外，人民法院不予受理。

第八十五条 发生法律效力的行政判决书、行政裁定书、行政赔偿判决书和行政赔偿调解书，由第一审人民法院执行。

第一审人民法院认为情况特殊需要由第二审人民法院执行的，可以报请第二审人民法院执行；第二审人民法院可以决定由其执行，也可以决定由第一审人民法院执行。

第八十六条 行政机关根据行政诉讼法第六十六条的规定申请执行其具体行政行为，应当具备以下条件：

（一）具体行政行为依法可以由人民法院执行；

（二）具体行政行为已经生效并具有可执行内容；

（三）申请人是作出该具体行政行为的行政机关或者法律、法规、规章授权的组织；

（四）被申请人是该具体行政行为所确定的义务人；

（五）被申请人在具体行政行为确定的期限内或者行政机关另行指定的期限内未履行义务；

（六）申请人在法定期限内提出申请；

（七）被申请执行的行政案件属于受理申请执行的人民法院管辖。

人民法院对符合条件的申请，应当立案受理，并通知申请人；对不符合条件的申请，应当裁定不予受理。

第八十七条 法律、法规没有赋予行政机关强制执行权，行政机关申请人民法院强制执行的，人民法院应当依法受理。

法律、法规规定既可以由行政机关依法强制执行，也可以申请人民法院强制执行，行政机关申请人民法院强制执行的，人民法院可以依法受理。

第八十八条 行政机关申请人民法院强制执行其具体行政行为，应当自被执行人的法定起诉期限届满之日起 180 日内提出。逾期申请的，除有正当理由外，人民法院不予受理。

第八十九条 行政机关申请人民法院强制执行其具体行政行为的，由申请人所在地的基层人民法院受理；执行对象为不动产的，由不动产所在地的基层人民法院受理。基层人民法院认为执行确有困难的，可以报请上级人民法院执行；上级人民法院可以决定由其执行，也可以决定由下级人民法院执行。

第九十条　行政机关根据法律的授权对平等主体之间民事争议作出裁决后，当事人在法定期限内不起诉又不履行，作出裁决的行政机关在申请执行的期限内未申请人民法院强制执行的，生效具体行政行为确定的权利人或者其继承人、权利承受人在 90 日内可以申请人民法院强制执行。

享有权利的公民、法人或者其他组织申请人民法院强制执行具体行政行为，参照行政机关申请人民法院强制执行具体行政行为的规定。

第九十一条　行政机关申请人民法院强制执行其具体行政行为，应当提交申请执行书、据以执行的行政法律文书、证明该具体行政行为合法的材料和被执行人财产状况以及其他必须提交的材料。享有权利的公民、法人或者其他组织申请人民法院强制执行的，人民法院应当向作出裁决的行政机关调取有关材料。

第九十二条　行政机关或者具体行政行为确定的权利人申请人民法院强制执行前，有充分理由认为被执行人可能逃避执行的，可以申请人民法院采取财产保全措施。后者申请强制执行的，应当提供相应的财产担保。

第九十三条　人民法院受理行政机关申请执行其具体行政行为的案件后，应当在 30 日内由行政审判庭组成合议庭对具体行政行为的合法性进行审查，并就是否准予强制执行作出裁定；需要采取强制执行措施的，由本院负责强制执行非诉行政行为的机构执行。

第九十四条　在诉讼过程中，被告或者具体行政行为确定的权利人申请人民法院强制执行被诉具体行政行为，人民法院不予执行，但不及时执行可能给国家利益、公共利益或者他人合法权益造成不可弥补的损失的，人民法院可以先予执行。后者申请强制执行的，应当提供相应的财产担保。

第九十五条　被申请执行的具体行政行为有下列情形之一的，人民法院应当裁定不准予执行：

（一）明显缺乏事实根据的；

（二）明显缺乏法律依据的；

（三）其他明显违法并损害被执行人合法权益的。

第九十六条　行政机关拒绝履行人民法院生效判决、裁定的，人民法院可以依照行政诉讼法第六十五条第三款的规定处理，并可以参照民事诉讼法第一百零二条的有关规定，对主要负责人或者直接责任人员予以罚款处罚。

第九十七条 人民法院审理行政案件，除依照行政诉讼法和本解释外，可以参照民事诉讼的有关规定。

第九十八条 本解释自发布之日起施行，最高人民法院《关于贯彻执行〈中华人民共和国行政诉讼法〉若干问题的意见（试行）》同时废止；最高人民法院以前所作的司法解释以及与有关机关联合发布的规范性文件，凡与本解释不一致的，按本解释执行。

最高人民法院关于当前形势下做好行政审判工作的若干意见

法发〔2009〕38 号

各省、自治区、直辖市高级人民法院，解放军军事法院，新疆维吾尔自治区高级人民法院生产建设兵团分院：

现将《最高人民法院关于当前形势下做好行政审判工作的若干意见》印发给你们，请结合工作实际，认真贯彻落实。

二〇〇九年六月二十六日

国际金融危机发生以来，中央采取了一系列正确有效的应对方针和一揽子计划，经济运行出现积极变化，有利条件和积极因素增多，总体形势趋稳向好。同时也必须看到，巩固和发展趋稳向好的形势，需要做好在较长时间内应对各种困难和复杂局面的准备。在此期间产生的一些矛盾和问题，有些已经转化成行政纠纷，有的还呈现出突发性、群体性、极端性的特点。积极应对经济社会形势变化引发的新情况、新问题，引导群众以理性合法的方式表达利益诉求，及时妥善化解行政纠纷，为"保增长、保民生、保稳定"方针的贯彻落实提供司法保障，已成为当前和今后一个时期人民法院行政审判工作的重点。现就当前形势下人民法院做好行政审判工作的若干问题，提出如下意见：

一、统一思想，提高认识，自觉服从、服务于"三保"大局

在金融危机冲击下的特殊困难时期，人民法院的行政审判工作要更加坚持科学发展观，更加坚持"三个至上"的指导思想，积极主动地为党和国家的首要任务提供司法保障和服务。要准确把握金融危机冲击下经济社会形势的新发展、新变化，认真研究特殊困难时期政府行为的特点和方式，深入了解当前形势下人民群众的困难和需求，密切关注新类型行政纠纷的动向和态势，积极探索为"三保"大局服务的思路和办法。要把落实"三保"方针作为行政审判工作的重要目标，把有利于实现"三保"目标作为评价行政审判工作的重要标准。

要妥善处理好"保增长、保民生、保稳定"三者之间的辩证统一关系，既要保证各项应对措施落实到位，又要保证人民群众的合法权益不因权力违法滥用而受损，更要着力避免由此引发群体性事件，影响社会稳定。

二、充分发挥司法保障作用，依法支持行政机关为应对金融危机而采取的各项政策、措施

各级人民法院要切实增强为大局服务的意识，认真审理好因金融危机应对措施引发的行政诉讼案件。要深刻领会党和政府的各项大政方针、决策部署，全面了解相关政策、措施的出台背景，密切跟踪分析形势，及时调整行政审判为大局服务的思路和方法，注意克服就案办案、孤立办案的倾向。

要着眼于科学发展，本着有利于实现"三保"目标的原则，充分尊重行政机关的选择和判断。对于行政机关在拉动内需、促进企业发展、实行积极的财政政策和适度宽松的货币政策、压缩行政许可和行政审批事项、防范金融风险等方面实施的各项行政行为，在坚持合法性审查的基础上依法维护和支持。

对于因行政指导或政策调整而引发的案件，既要注意保护各类企业的信赖利益、公平竞争，促进政府诚实守信，也要考虑因金融危机而导致的情势变更因素，充分考虑特殊时期行政权的运行特点，妥善处理好国家利益、公共利益和个人利益的关系。

要依法慎重受理和审理政府信息公开行政案件，正确处理公开与例外的关系。既要保障公民、法人和其他组织的知情权、参与权、表达权、监督权，促进政务公开和服务型政府建设，又要注意把握信息披露的时间、对象和范围，保证政府信息公开不危及国家安全、经济安全、公共安全和社会稳定。

三、正确处理适用法律与执行政策的关系，努力实现法律效果与社会效果的有机统一

要坚持法制的原则性和灵活性相结合，法律标准与政策考量相结合。在对规范性文件选择适用和对具体行政行为进行审查时，充分考虑行政机关为应对紧急情况而在法律框架内适当采取灵活措施的必要性，既要遵循法律的具体规定，又要善于运用法律的原则和精神解决个案的法律适用问题。对于没有明确法律依据但并不与上位法和法律原则相抵触的应对举措，一般不应作出违法认定。

要始终坚持法制统一原则，不能以牺牲法律为代价迁就明显违反法律强制性规定、侵犯当事人合法权益的行为。对于那些以应对危机为借口擅自突破法律规定，形成新的地方保护和行业垄断，侵犯公民、法人和其他组织合法权益的违法行为，要依法予以纠正。

四、主动建言献策，促进依法行政，不断强化行政审判的服务功能

要高度重视法律服务工作。积极参与党委、政府为"保增长、保民生、保稳定"出台重大政策、重大项目的研究论证，主动提供司法意见和法律咨询，积极为党委和政府建言献策，协助行政机关完善各项制度措施，从源头上预防和减少争议。

要高度重视司法建议工作。对于个案审理中发现的行政执法方面存在的问题，及时向有关行政机关提出改进意见和建议。对于政府决策和行政管理活动中出现的共性问题，书面报送当地党委、人大和政府，为领导决策和改进工作提供参考。

要高度重视立法建议工作。在审判活动中发现现行法律、法规或者规章确实不适应经济社会发展要求、无法满足应对金融危机需要的，应当通过法定程序及时向有关机关提出修改或者废止的建议。

五、改进和加强非诉行政案件审查执行，确保各项应对措施落到实处

高度重视与"保增长、保民生、保稳定"密切相关的行政行为的非诉执行工作，对于行政机关和权利人依法提出的非诉执行申请，人民法院要尽可能缩短审查期间，及时审查，及时执行。情况紧急需要先予执行的，可以依法先予执行。确有必要采取保全措施的，一般应当准许。在掌握非诉执行的审查标准时，要充分考虑应对金融危机和服务"三保"的特殊需要，不过多纠缠细枝末节，切实保证行政效率和人民群众合法权益的及时救济。

六、畅通行政案件受理渠道，积极引导群众通过理性、合法的方式表达诉求

进一步增强为党委和政府分忧、为群众解难的主动性和自觉性，依法及时受理行政案件，积极引导群众通过理性、合法的方式表达诉求。各级人民法院要高度重视行政诉讼立案工作，不得随意限缩行政诉讼受案范围，不得额外增加受理条件。上级人民法院要加强行政诉讼立案监督，对于符合立案条件不予受理的，及时予以纠正，防止因当事人告状无门而到处上访，激化社会矛盾。

七、高度重视民生类案件的审理，切实维护公民、法人和其他组织的合法权益

要积极参加"人民法官为人民"主题实践活动，高度重视涉及民生的各类行政案件的审理，大力提高审判质量和审判效率，通过公正、快捷的审判，实现好、维护好、发展好人民群众的根本利益。

依法审理好因政府大规模公共投资振兴经济政策引起的农村土地征收、城市房屋拆迁等案件。在确保国家重点项目推进的同时，始终注意保护相对人的实体权益。对土地征收和房屋拆迁补偿标准明显偏低或者因立法滞后造成相对人合法权益不能得到充分保护的，要综合运用多种方式进行合理补偿。

依法审理好农民工返乡后因土地、林地、草原等承包经营权而引发的行政案件。既要注意维持承包经营法律关系的稳定，也要依法保护返乡农民合法的承包经营权益。

依法审理好行政给付类案件。用好用足现行法律规定，最大限度地维护相对人合法权益，保障弱势群体利益。对起诉行政机关依法发放抚恤金、社会保险金、基本生活保障费等案件，可以根据原告的申请依法先予执行。

依法审理好因企业经营状况恶化而引发的劳动和社会保障类行政案件。正确把握法律规范的原则性和灵活性，注重维护劳动者实体权益。在涉及养老、失业、医疗、工伤和生育保险等社会保险费用和工人工资的金额认定方面，合理分配举证责任，准确把握证明标准。行政机关认定的基本事实成立，但在相关金额计算上存在错误的，人民法院可以依法确定相应数额。

依法审理好劳动执法案件。对于劳动部门申请先予执行对恶意欠薪逃匿企业责令发放工资等处理决定的，要及时立案审查，尽快采取先予执行等措施，保证劳动部门处理决定的及时执行，维护劳动者的合法权益。

八、注重行政审判协调，建立健全司法与行政的良性互动机制

要善于运用协调手段有效化解行政纠纷，促进社会和谐。在不违反法律规定的前提下，将协调、和解机制贯穿行政审判的庭前、庭中和庭后全过程。协调过程既可以由法官主持，也可以委托其他机关和个人主持。下级法院协调处理案件存在困难的，可以请求上级法院予以协助。要通过推动行政机关法定代表人出庭应诉制度，为协调、和解提供有效的沟通平台。要关注撤诉和解协议的执行情况，防止裁定撤诉后和解协议得不到及时有效执行而引起新的争议。

要探索建立制度化的沟通协调平台，形成司法与行政良性互动机制。通过制度化的良性互动机制，积极争取当地党委和政府的支持，形成协调、和解的合力，有效化解行政争议，维护社会和谐。

九、丰富和创新行政诉讼裁判方式，快速有效化解纠纷

各级人民法院要通过法律规范释明、诉前风险提示等措施，加强诉讼指导，避免连环诉讼、重复诉讼，使行政法律关系尽快稳定，使各项应对举措发挥实效。

充分发挥行政诉讼附带解决民事争议的功能，在受理行政机关对平等主体之间的民事争议所作的行政裁决、行政确权、行政处理、颁发权属证书等案件时，可以基于当事人申请一并解决相关民事争议。要正确处理行政诉讼与民事诉讼交叉问题，防止出现相互矛盾或相互推诿。

要注意争议的实质性解决，促进案结事了。对于行政裁决和行政确认案件，可以在查清事实的基础上直接就行政主体对原民事性质的事项所作出的裁决或确认依法作出判决，以减少当事人的诉累。撤销具体行政行为责令重新作出具体行政行为的判决以及责令行政机关履行法定职责的判决，要尽可能明确具体，具有可执行性；不宜在判决书或判决主文表述的内容，可以通过司法建议加以明确。

十、更加自觉地依靠党的领导，接受人大的监督，切实加强对下指导

行政审判工作的顺利开展，离不开党的领导和人大的监督。审理与应对金融危机和"保增长、保民生、保稳定"有关的行政案件，与全局和大局的关系更加紧密，政治性和政策性更为突出。各级人民法院更要自觉地依靠党的领导，接受人大的监督。

要坚持大要案报告制度，特别是涉及国家重点项目建设、重要政策，或者可能导致矛盾激化和事态扩大的案件，要及时报告当地党委和上级法院，上级法院要及时给予工作指导和业务监督。

最高人民法院关于依法保护行政诉讼当事人诉权的意见

法发〔2009〕54 号

各省、自治区、直辖市高级人民法院，解放军军事法院，新疆维吾尔自治区高级人民法院生产建设兵团分院：

现将《最高人民法院关于依法保护行政诉讼当事人诉权的意见》印发给你们，请结合工作实际，认真贯彻落实。

二〇〇九年十一月九日

行政诉讼法施行以来，人民法院依法受理和审理了大量行政案件，有效化解了行政争议，维护了人民群众合法权益，促进了行政机关依法行政，行政审判的特殊职能作用日益彰显。但是，行政诉讼"告状难"现象依然存在，已经成为人民群众反映强烈的突出问题之一。为不断满足人民群众日益增长的司法需求，切实解决行政诉讼有案不收、有诉不理的问题，现就进一步重视和加强行政案件受理，依法保护当事人诉讼权利，切实解决行政诉讼"告状难"问题，提出如下意见：

一、切实提高对行政案件受理工作重要性的认识

行政诉讼制度是保障最广大人民群众利益最有效、最直接的法律制度之一，是新形势下解决人民内部矛盾的一种有效方式，是维护社会和谐稳定的重要手段。行政诉讼受理渠道是否畅通，是这一优良司法制度能否有效发挥功能和作用的前提。诉权保障不力，公民的合法权益就难以有效救济，人民群众日益增长的司法需求就不可能得到满足。随着社会利益格局日益多元化和复杂化，特别是受国际金融危机的影响，行政纠纷日益增多，日趋复杂多样化，有的还呈现出突发性、群体性、极端性的特点。只有畅通行政诉讼渠道，才能引导人民群众以理性合法的方式表达利益诉求，最大限度地减少社会不和谐因素，增进人民群众与政府之间的理解与信任。诉讼渠道不畅，必然导致上访增多，非理性行为加剧，必将严重影响社会和谐稳定，削弱人民法院行政审判"为大局服务，为人民司法"

的职能作用。各级人民法院必须充分理解司法权源于人民、属于人民、服务人民、受人民监督的根本属性，从贯彻落实党的十七届四中全会精神和实现司法的人民性的高度，充分认识行政案件受理工作的重要性，认真抓好行政案件受理工作，切实解决行政诉讼"告状难"问题。

二、不得随意限缩受案范围、违法增设受理条件

行政诉讼法和相关司法解释根据我国国情和现阶段的法治发展程度，设计了符合实际的行政案件受案范围，这是人民法院受理行政诉讼案件的法定依据。各级人民法院要全面准确理解和适用，不得以任何借口随意限制受案范围。凡是行政诉讼法明确规定的可诉性事项，不得擅自加以排除；行政诉讼法没有明确规定但有单行法律、法规授权的，也要严格遵循；法律和司法解释没有明确排除的具体行政行为，应当属于人民法院行政诉讼受案范围。不仅要保护公民、法人和其他组织的人身权和财产权，也要顺应权利保障的需要，依法保护法律、法规规定可以提起诉讼的与人身权、财产权密切相关的其他经济、社会权利。要坚决清除限制行政诉讼受理的各种"土政策"，严禁以服务地方中心工作、应对金融危机等为借口，拒绝受理某类依法应当受理的行政案件。要准确理解、严格执行行政诉讼法和相关司法解释关于起诉条件、诉讼主体资格、起诉期限的规定，不得在法律规定之外另行规定限制当事人起诉的其他条件。要正确处理起诉权和胜诉权的关系，不能以当事人的诉讼请求明显不成立而限制或者剥夺当事人的诉讼权利。要正确处理诉前协调和立案审理的关系，既要充分发挥诉前协调的作用，又不能使之成为妨碍当事人行使诉权的附加条件。要全面正确审查起诉期限，对不属于起诉人自身原因超过起诉期限的，应当根据案件具体情况依法提供有效救济。

三、依法积极受理新类型行政案件

随着形势的发展和法治的进步，行政行为的方式不断丰富，行政管理的领域不断拓展，人民群众的司法需求不断增长，行政争议的特点不断变化。各级人民法院要深入了解各阶层人民群众的生活现状和思想动向，了解人民群众对行政审判工作的期待，依法受理由此引发的各种新类型案件，积极回应人民群众的现实司法需求。要依法积极受理行政给付、行政监管、行政允诺、行政不作为等新类型案件；依法积极受理教育、劳动、医疗、社会保障等事关民生的案件；依法积极受理政府信息公开等涉及公民其他社会权利的案件；积极探讨研究公益诉讼案件的受理条件和裁判方式。对新类型案件拿不准的，应当在法定期间先予立案，必要时请示上级人民法院，不得随意作出不予受理决定。

四、完善工作机制，改进工作作风

行政案件立案专业性较强。各级人民法院的立案庭和行政庭要在行政案件受理环节加强协调、沟通与配合。要严格执行行政诉讼法和司法解释有关受理案件的程序制度，对于当事人的起诉要在法定期限内立案或者作出裁定；不能决定是否受理的，应当先予受理，经审查确实不符合法定立案条件的，裁定驳回起诉。要认真执行《关于行政案件管辖若干问题的规定》，对于起诉人向上一级人民法院起诉的，上一级人民法院应当依法及时作出处理，符合受理条件的，督促有管辖权的人民法院立案受理，也可以直接立案后由自己审理或者指定辖区其他人民法院审理。要改进工作作风，强化便民措施，简化立案环节，丰富立案方式，方便群众诉讼。对于情况紧急且涉及人民群众切身利益或公共利益符合立案条件的案件，要及时立案，尽快审理。要大力推行诉讼引导和指导、权利告知、风险提示等措施，由于起诉人法律知识不足导致起诉状内容欠缺、错列被告等情形的，应当给予必要的指导和释明，不得未经指导和释明即以起诉不符合条件为由予以驳回。要增强司法公开和透明，对依法不予受理或驳回起诉的，必须依法出具法律文书，并在法律文书中给出令人信服的理由。

五、加强对行政案件受理工作的监督

上级人民法院要通过审理上诉和申诉案件、受理举报、案件评查、专项检查、通报排名等各种措施，进一步加强对下级人民法院行政案件立案受理工作的指导和监督，切实防止因当事人告状无门而引发到处上访、激化社会矛盾的事件发生。要健全完善行政审判绩效考核办法，加大因违法不受理案件导致申诉信访的考核权重。要严格执行《人民法院审判人员违法审判责任追究办法（试行）》的规定，对于违反法律规定，擅自对应当受理的案件不予受理，或者因违法失职造成严重后果的责任人员，要依法依纪严肃处理。要坚决抵制非法干预行政案件受理的各种违法行为，彻底废除各种违法限制行政案件受理的"土政策"。对于干预、阻碍人民法院受理行政案件造成恶劣影响的，应当及时向当地党委、纪检监察机关和上级人民法院反映，上级人民法院要协助党委和纪检监察机关作出严肃处理。

六、努力营造行政案件立案受理的良好外部环境

要通过典型案例、普法宣传、诉讼指导等多种途径，加大行政诉讼法的宣传力度，提高当事人参与行政诉讼的能力和水平，引导人民群众通过理性合法的方式主张权利；要切实提高行政案件的办案质量，千方百计降低诉讼成本，缩短诉讼周期，加大执行力度，增强行政审判的公信力；要进一步改进工作作风，增强服务意识，提高服务水平，为人民群众提供更加便捷的救济；要采取强有力的法律保护手段，严厉查处打击报复当事人的行为，使人民群众敢于运用法律手段维护自己的合法权益。要建议政府和有关部门正确理解和评价行政诉讼败诉现象，修改和完善相关考评制度，防止和消除由此产生的负面影响。要更加主动自觉地争取党委的领导和人大的监督，取得政府机关及社会各界的支持。通过不懈努力，使行政案件受理难、审理难、执行难问题得到根本解决，使行政诉讼制度在保护合法权益，促进依法行政，化解行政争议，维护和谐稳定中发挥更加积极的作用。

最高人民法院关于开展行政案件
相对集中管辖试点工作的通知

法〔2013〕3号

各省、自治区、直辖市高级人民法院，新疆维吾尔自治区高级人民法院生产建设兵团分院：

为深入贯彻党的十八大精神，充分发挥法治在国家治理和社会管理中的重要作用，确保人民法院依法独立公正行使行政审判权，充分保护公民、法人和其他组织的合法权益，维护国家法制统一、尊严、权威，最高人民法院决定在部分中级人民法院辖区内开展行政案件相对集中管辖试点工作。现就有关问题通知如下：

一、提高对试点工作重要性的认识

行政诉讼制度是新时期正确处理人民内部矛盾，完善党和政府主导的维护群众权益的重要机制之一，是畅通和规范群众诉求表达的重要渠道。行政诉讼法实施以来，各级人民法院审理了一大批行政案件，妥善化解了大量行政争议，为保障和促进经济社会科学发展、维护社会和谐稳定作出了重要贡献。但是由于有的地方司法环境欠佳，案件的受理和审理往往受到不当干预；有的地区行政案件不均衡，有的法院受案不多甚至无案可办；有的法院因怕惹麻烦而不愿意受理行政案件。人民法院不能依法受理行政案件，并独立公正地行使审判权，不仅损害司法的权威，最终也将损害法律和国家的权威，动摇党的执政基础。近年来，党中央和社会各界高度关注人民法院为确保依法独立公正行使审判权进行的改革与探索。部分地方人民法院在当地党委、人大、政府的支持配合下，以行政案件管辖制度改革为突破口，通过提级管辖、指定管辖、交叉管辖和相对集中管辖等方式，在现行法律框架下实现了司法审判区域与行政管理区域的有限分离，使行政审判制度及时有效化解行政争议、妥善处理人民内部矛盾的功能得以正常发挥。这些探索和实践，有利于依法治国基本方略全面落实，有利于回应和保障人民群众的司法诉求，有利于推进法治政府建设，也有利于改善行政审判司法环境、统一司法标准、促进司法公正。最高人民法院在总结各地经验的基础上，决定在部分中级人民法院辖区内开展行政案件相对集中管辖试点工作。各级人民法院要充分认识试点工作的重要意义，将其作为完善我国行政诉讼制度、进一步深化司法体制改革的重要措施，切实加强组织领导，认真研究具体实施方案，确保试点工作的顺利开展并取得实效。

二、做好试点法院的遴选工作

行政案件相对集中管辖，就是将部分基层人民法院管辖的一审行政案件，通过上级人民法院统一指定的方式，交由其他基层人民法院集中管辖的制度。各高级人民法院应当结合本地实际，确定1—2个中级人民法院进行试点。试点中级人民法院要根据本辖区具体情况，确定2—3个基层人民法院为集中管辖法院，集中管辖辖区内其他基层人民法院管辖的行政诉讼案件；集中管辖法院不宜审理的本地行政机关为被告的案件，可以将原由其管辖的部分或者全部案件交由其他集中管辖法院审理。非集中管辖法院的行政审判庭仍予保留，主要负责非诉行政执行案件等有关工作，同时协助、配合集中管辖法院做好本地区行政案件的协调、处理工作。集中管辖法院的选择，应当考虑司法环境较好、行政案件数量较多、行政审判力量较强、经济社会发展水平较高等因素，并制定试点方案报请高级人民法院决定。

三、落实试点工作保障措施

试点工作涉及机构编制、人员调配、物资保障等多方面问题。各高级人民法院、开展试点的中级人民法院以及相关基层人民法院，要主动向当地党委、人大、政府汇报，通报试点工作的重要意义和主要做法，力争各方面的理解与配合，并在党委领导、人大监督和政府的支持下，积极有序开展试点工作。集中管辖法院要研究落实试点工作保障措施，配齐配强行政审判人员，行政审判庭设置不少于两个合议庭，所需审判人员可以在所属中级人民法院辖区内择优调配，也可以其他方式选调充实。要结合试点工作需要，做好集中管辖法院行政审判庭的办公用房、办公设备、车辆等物资保障，为开展试点工作提供必要的物质条件。

四、贯彻司法便民原则

试点工作应当坚持和体现以人为本、便民利民原则。确定集中管辖法院，要充分考虑其所处地理位置和交通条件，尽可能方便当事人参与诉讼。试点中级人民法院辖区内各基层人民法院的立案窗口，要免费提供试点工作相关的宣传和释明材料，便于公众了解试点情况，指导当事人正确行使诉讼权利、参与诉讼活动。当事人向非集中管辖法院提起诉讼的，应当告知其向管辖法院起诉，或者在收到起诉状后及时将相关材料移送集中管辖法院。要充分考虑当事人诉讼的便利性，尽可能通过到当地调查取证、巡回审判等方式，减轻当事人诉讼负担。

五、加强组织领导和宣传

各高级人民法院和试点中级人民法院要加强对试点工作的组织领导，及时出台试点方案，支持、指导、监督集中管辖法院做好试点工作。要指导、监督集中管辖法院与其他法院的合理分工与配合，共同做好案件的受理、审理、执行和息诉稳控工作。对试点工作中存在的困难和问题，要适时进行调研和解决。试点工作中取得的经验和遇到的问题，要及时层报上级法院。试点中级人民法院要及时将集中管辖法院及其管辖范围以适当方式进行公告，充分利用各种形式向社会各界广泛宣传试点工作，争取对试点工作的理解、关心和支持。

各高级人民法院应当在 2013 年 3 月底前，将试点中级人民法院名单及其试点方案报最高人民法院。

二〇一三年一月四日

中华人民共和国行政诉讼法

（1989 年 4 月 4 日第七届全国人民代表大会第二次会议通过　根据 2014 年 11 月 1 日第十二届全国人民代表大会常务委员会第十一次会议《关于修改〈中华人民共和国行政诉讼法〉的决定》第一次修正　根据 2017 年 6 月 27 日第十二届全国人民代表大会常务委员会第二十八次会议《关于修改〈中华人民共和国民事诉讼法〉和〈中华人民共和国行政诉讼法〉的决定》第二次修正）

第一章　总　　则

第一条　为保证人民法院公正、及时审理行政案件，解决行政争议，保护公民、法人和其他组织的合法权益，监督行政机关依法行使职权，根据宪法，制定本法。

第二条　公民、法人或者其他组织认为行政机关和行政机关工作人员的行政行为侵犯其合法权益，有权依照本法向人民法院提起诉讼。

前款所称行政行为，包括法律、法规、规章授权的组织作出的行政行为。

第三条　人民法院应当保障公民、法人和其他组织的起诉权利，对应当受理的行政案件依法受理。

行政机关及其工作人员不得干预、阻碍人民法院受理行政案件。

被诉行政机关负责人应当出庭应诉。不能出庭的，应当委托行政机关相应的工作人员出庭。

第四条　人民法院依法对行政案件独立行使审判权，不受行政机关、社会团体和个人的干涉。

人民法院设行政审判庭，审理行政案件。

第五条　人民法院审理行政案件，以事实为根据，以法律为准绳。

第六条　人民法院审理行政案件，对行政行为是否合法进行审查。

第七条 人民法院审理行政案件，依法实行合议、回避、公开审判和两审终审制度。

第八条 当事人在行政诉讼中的法律地位平等。

第九条 各民族公民都有用本民族语言、文字进行行政诉讼的权利。

在少数民族聚居或者多民族共同居住的地区，人民法院应当用当地民族通用的语言、文字进行审理和发布法律文书。

人民法院应当对不通晓当地民族通用的语言、文字的诉讼参与人提供翻译。

第十条 当事人在行政诉讼中有权进行辩论。

第十一条 人民检察院有权对行政诉讼实行法律监督。

第二章 受 案 范 围

第十二条 人民法院受理公民、法人或者其他组织提起的下列诉讼：

（一）对行政拘留、暂扣或者吊销许可证和执照、责令停产停业、没收违法所得、没收非法财物、罚款、警告等行政处罚不服的；

（二）对限制人身自由或者对财产的查封、扣押、冻结等行政强制措施和行政强制执行不服的；

（三）申请行政许可，行政机关拒绝或者在法定期限内不予答复，或者对行政机关作出的有关行政许可的其他决定不服的；

（四）对行政机关作出的关于确认土地、矿藏、水流、森林、山岭、草原、荒地、滩涂、海域等自然资源的所有权或者使用权的决定不服的；

（五）对征收、征用决定及其补偿决定不服的；

（六）申请行政机关履行保护人身权、财产权等合法权益的法定职责，行政机关拒绝履行或者不予答复的；

（七）认为行政机关侵犯其经营自主权或者农村土地承包经营权、农村土地经营权的；

（八）认为行政机关滥用行政权力排除或者限制竞争的；

（九）认为行政机关违法集资、摊派费用或者违法要求履行其他义务的；

（十）认为行政机关没有依法支付抚恤金、最低生活保障待遇或者社会保险待遇的；

（十一）认为行政机关不依法履行、未按照约定履行或者违法变更、解除政府特许经营协议、土地房屋征收补偿协议等协议的；

（十二）认为行政机关侵犯其他人身权、财产权等合法权益的。

除前款规定外，人民法院受理法律、法规规定可以提起诉讼的其他行政案件。

第十三条 人民法院不受理公民、法人或者其他组织对下列事项提起的诉讼：

（一）国防、外交等国家行为；

（二）行政法规、规章或者行政机关制定、发布的具有普遍约束力的决定、命令；

（三）行政机关对行政机关工作人员的奖惩、任免等决定；

（四）法律规定由行政机关最终裁决的行政行为。

第三章 管　　辖

第十四条 基层人民法院管辖第一审行政案件。

第十五条 中级人民法院管辖下列第一审行政案件：

（一）对国务院部门或者县级以上地方人民政府所作的行政行为提起诉讼的案件；

（二）海关处理的案件；

（三）本辖区内重大、复杂的案件；

（四）其他法律规定由中级人民法院管辖的案件。

第十六条 高级人民法院管辖本辖区内重大、复杂的第一审行政案件。

第十七条 最高人民法院管辖全国范围内重大、复杂的第一审行政案件。

第十八条 行政案件由最初作出行政行为的行政机关所在地人民法院管辖。经复议的案件，也可以由复议机关所在地人民法院管辖。

经最高人民法院批准，高级人民法院可以根据审判工作的实际情况，确定若干人民法院跨行政区域管辖行政案件。

第十九条 对限制人身自由的行政强制措施不服提起的诉讼，由被告所在地或者原告所在地人民法院管辖。

第二十条　因不动产提起的行政诉讼，由不动产所在地人民法院管辖。

第二十一条　两个以上人民法院都有管辖权的案件，原告可以选择其中一个人民法院提起诉讼。原告向两个以上有管辖权的人民法院提起诉讼的，由最先立案的人民法院管辖。

第二十二条　人民法院发现受理的案件不属于本院管辖的，应当移送有管辖权的人民法院，受移送的人民法院应当受理。受移送的人民法院认为受移送的案件按照规定不属于本院管辖的，应当报请上级人民法院指定管辖，不得再自行移送。

第二十三条　有管辖权的人民法院由于特殊原因不能行使管辖权的，由上级人民法院指定管辖。

人民法院对管辖权发生争议，由争议双方协商解决。协商不成的，报它们的共同上级人民法院指定管辖。

第二十四条　上级人民法院有权审理下级人民法院管辖的第一审行政案件。

下级人民法院对其管辖的第一审行政案件，认为需要由上级人民法院审理或者指定管辖的，可以报请上级人民法院决定。

第四章　诉讼参加人

第二十五条　行政行为的相对人以及其他与行政行为有利害关系的公民、法人或者其他组织，有权提起诉讼。

有权提起诉讼的公民死亡，其近亲属可以提起诉讼。

有权提起诉讼的法人或者其他组织终止，承受其权利的法人或者其他组织可以提起诉讼。

人民检察院在履行职责中发现生态环境和资源保护、食品药品安全、国有财产保护、国有土地使用权出让等领域负有监督管理职责的行政机关违法行使职权或者不作为，致使国家利益或者社会公共利益受到侵害的，应当向行政机关提出检察建议，督促其依法履行职责。行政机关不依法履行职责的，人民检察院依法向人民法院提起诉讼。

第二十六条　公民、法人或者其他组织直接向人民法院提起诉讼的，作出行政行为的行政机关是被告。

经复议的案件，复议机关决定维持原行政行为的，作出原行政行为的行政机关和复议机关是共同被告；复议机关改变原行政行为的，复议机关是被告。

复议机关在法定期限内未作出复议决定，公民、法人或者其他组织起诉原行政行为的，作出原行政行为的行政机关是被告；起诉复议机关不作为的，复议机关是被告。

两个以上行政机关作出同一行政行为的，共同作出行政行为的行政机关是共同被告。

行政机关委托的组织所作的行政行为，委托的行政机关是被告。

行政机关被撤销或者职权变更的，继续行使其职权的行政机关是被告。

第二十七条 当事人一方或者双方为二人以上，因同一行政行为发生的行政案件，或者因同类行政行为发生的行政案件、人民法院认为可以合并审理并经当事人同意的，为共同诉讼。

第二十八条 当事人一方人数众多的共同诉讼，可以由当事人推选代表人进行诉讼。代表人的诉讼行为对其所代表的当事人发生效力，但代表人变更、放弃诉讼请求或者承认对方当事人的诉讼请求，应当经被代表的当事人同意。

第二十九条 公民、法人或者其他组织同被诉行政行为有利害关系但没有提起诉讼，或者同案件处理结果有利害关系的，可以作为第三人申请参加诉讼，或者由人民法院通知参加诉讼。

人民法院判决第三人承担义务或者减损第三人权益的，第三人有权依法提起上诉。

第三十条 没有诉讼行为能力的公民，由其法定代理人代为诉讼。法定代理人互相推诿代理责任的，由人民法院指定其中一人代为诉讼。

第三十一条 当事人、法定代理人，可以委托一至二人作为诉讼代理人。

下列人员可以被委托为诉讼代理人：

（一）律师、基层法律服务工作者；

（二）当事人的近亲属或者工作人员；

（三）当事人所在社区、单位以及有关社会团体推荐的公民。

第三十二条 代理诉讼的律师，有权按照规定查阅、复制本案有关材料，有权向有关组织和公民调查，收集与本案有关的证据。对涉及国家秘密、商业秘密和个人隐私的材料，应当依照法律规定保密。

当事人和其他诉讼代理人有权按照规定查阅、复制本案庭审材料，但涉及国家秘密、商业秘密和个人隐私的内容除外。

第五章　证　　据

第三十三条　证据包括：

（一）书证；

（二）物证；

（三）视听资料；

（四）电子数据；

（五）证人证言；

（六）当事人的陈述；

（七）鉴定意见；

（八）勘验笔录、现场笔录。

以上证据经法庭审查属实，才能作为认定案件事实的根据。

第三十四条　被告对作出的行政行为负有举证责任，应当提供作出该行政行为的证据和所依据的规范性文件。

被告不提供或者无正当理由逾期提供证据，视为没有相应证据。但是，被诉行政行为涉及第三人合法权益，第三人提供证据的除外。

第三十五条　在诉讼过程中，被告及其诉讼代理人不得自行向原告、第三人和证人收集证据。

第三十六条　被告在作出行政行为时已经收集了证据，但因不可抗力等正当事由不能提供的，经人民法院准许，可以延期提供。

原告或者第三人提出了其在行政处理程序中没有提出的理由或者证据的，经人民法院准许，被告可以补充证据。

第三十七条　原告可以提供证明行政行为违法的证据。原告提供的证据不成立的，不免除被告的举证责任。

第三十八条　在起诉被告不履行法定职责的案件中，原告应当提供其向被告提出申请的证据。但有下列情形之一的除外：

（一）被告应当依职权主动履行法定职责的；

（二）原告因正当理由不能提供证据的。

在行政赔偿、补偿的案件中，原告应当对行政行为造成的损害提供证据。因被告的原因导致原告无法举证的，由被告承担举证责任。

第三十九条　人民法院有权要求当事人提供或者补充证据。

第四十条　人民法院有权向有关行政机关以及其他组织、公民调取证据。但是，不得为证明行政行为的合法性调取被告作出行政行为时未收集的证据。

第四十一条　与本案有关的下列证据，原告或者第三人不能自行收集的，可以申请人民法院调取：

（一）由国家机关保存而须由人民法院调取的证据；

（二）涉及国家秘密、商业秘密和个人隐私的证据；

（三）确因客观原因不能自行收集的其他证据。

第四十二条　在证据可能灭失或者以后难以取得的情况下，诉讼参加人可以向人民法院申请保全证据，人民法院也可以主动采取保全措施。

第四十三条　证据应当在法庭上出示，并由当事人互相质证。对涉及国家秘密、商业秘密和个人隐私的证据，不得在公开开庭时出示。

人民法院应当按照法定程序，全面、客观地审查核实证据。对未采纳的证据应当在裁判文书中说明理由。

以非法手段取得的证据，不得作为认定案件事实的根据。

第六章　起诉和受理

第四十四条　对属于人民法院受案范围的行政案件，公民、法人或者其他组织可以先向行政机关申请复议，对复议决定不服的，再向人民法院提起诉讼；也可以直接向人民法院提起诉讼。

法律、法规规定应当先向行政机关申请复议，对复议决定不服再向人民法院提起诉讼的，依照法律、法规的规定。

第四十五条　公民、法人或者其他组织不服复议决定的，可以在收到复议决定书之日起十五日内向人民法院提起诉讼。复议机关逾期不作决定的，申请人可以在复议期满之日起十五日内向人民法院提起诉讼。法律另有规定的除外。

第四十六条　公民、法人或者其他组织直接向人民法院提起诉讼的，应当自知道或者应当知道作出行政行为之日起六个月内提出。法律另有规定的除外。

因不动产提起诉讼的案件自行政行为作出之日起超过二十年，其他案件自行政行为作出之日起超过五年提起诉讼的，人民法院不予受理。

第四十七条　公民、法人或者其他组织申请行政机关履行保护其人身权、财产权等合法权益的法定职责，行政机关在接到申请之日起两个月内不履行的，公民、法人或者其他组织可以向人民法院提起诉讼。法律、法规对行政机关履行职责的期限另有规定的，从其规定。

公民、法人或者其他组织在紧急情况下请求行政机关履行保护其人身权、财产权等合法权益的法定职责，行政机关不履行的，提起诉讼不受前款规定期限的限制。

第四十八条　公民、法人或者其他组织因不可抗力或者其他不属于其自身的原因耽误起诉期限的，被耽误的时间不计算在起诉期限内。

公民、法人或者其他组织因前款规定以外的其他特殊情况耽误起诉期限的，在障碍消除后十日内，可以申请延长期限，是否准许由人民法院决定。

第四十九条　提起诉讼应当符合下列条件：

（一）原告是符合本法第二十五条规定的公民、法人或者其他组织；

（二）有明确的被告；

（三）有具体的诉讼请求和事实根据；

（四）属于人民法院受案范围和受诉人民法院管辖。

第五十条　起诉应当向人民法院递交起诉状，并按照被告人数提出副本。

书写起诉状确有困难的，可以口头起诉，由人民法院记入笔录，出具注明日期的书面凭证，并告知对方当事人。

第五十一条　人民法院在接到起诉状时对符合本法规定的起诉条件的，应当登记立案。

对当场不能判定是否符合本法规定的起诉条件的，应当接收起诉状，出具注明收到日期的书面凭证，并在七日内决定是否立案。不符合起诉条件的，作出不予立案的裁定。裁定书应当载明不予立案的理由。原告对裁定不服的，可以提起上诉。

起诉状内容欠缺或者有其他错误的，应当给予指导和释明，并一次性告知当事人需要补正的内容。不得未经指导和释明即以起诉不符合条件为由不接收起诉状。

对于不接收起诉状、接收起诉状后不出具书面凭证，以及不一次性告知当事人需要补正的起诉状内容的，当事人可以向上级人民法院投诉，上级人民法院应当责令改正，并对直接负责的主管人员和其他直接责任人员依法给予处分。

第五十二条 人民法院既不立案，又不作出不予立案裁定的，当事人可以向上一级人民法院起诉。上一级人民法院认为符合起诉条件的，应当立案、审理，也可以指定其他下级人民法院立案、审理。

第五十三条 公民、法人或者其他组织认为行政行为所依据的国务院部门和地方人民政府及其部门制定的规范性文件不合法，在对行政行为提起诉讼时，可以一并请求对该规范性文件进行审查。

前款规定的规范性文件不含规章。

第七章 审理和判决

第一节 一般规定

第五十四条 人民法院公开审理行政案件，但涉及国家秘密、个人隐私和法律另有规定的除外。

涉及商业秘密的案件，当事人申请不公开审理的，可以不公开审理。

第五十五条 当事人认为审判人员与本案有利害关系或者有其他关系可能影响公正审判，有权申请审判人员回避。

审判人员认为自己与本案有利害关系或者有其他关系，应当申请回避。

前两款规定，适用于书记员、翻译人员、鉴定人、勘验人。

院长担任审判长时的回避，由审判委员会决定；审判人员的回避，由院长决定；其他人员的回避，由审判长决定。当事人对决定不服的，可以申请复议一次。

第五十六条 诉讼期间，不停止行政行为的执行。但有下列情形之一的，裁定停止执行：

（一）被告认为需要停止执行的；

（二）原告或者利害关系人申请停止执行，人民法院认为该行政行为的执行会造成难以弥补的损失，并且停止执行不损害国家利益、社会公共利益的；

（三）人民法院认为该行政行为的执行会给国家利益、社会公共利益造成重大损害的；

（四）法律、法规规定停止执行的。

当事人对停止执行或者不停止执行的裁定不服的，可以申请复议一次。

第五十七条　人民法院对起诉行政机关没有依法支付抚恤金、最低生活保障金和工伤、医疗社会保险金的案件，权利义务关系明确、不先予执行将严重影响原告生活的，可以根据原告的申请，裁定先予执行。

当事人对先予执行裁定不服的，可以申请复议一次。复议期间不停止裁定的执行。

第五十八条　经人民法院传票传唤，原告无正当理由拒不到庭，或者未经法庭许可中途退庭的，可以按照撤诉处理；被告无正当理由拒不到庭，或者未经法庭许可中途退庭的，可以缺席判决。

第五十九条　诉讼参与人或者其他人有下列行为之一的，人民法院可以根据情节轻重，予以训诫、责令具结悔过或者处一万元以下的罚款、十五日以下的拘留；构成犯罪的，依法追究刑事责任：

（一）有义务协助调查、执行的人，对人民法院的协助调查决定、协助执行通知书，无故推拖、拒绝或者妨碍调查、执行的；

（二）伪造、隐藏、毁灭证据或者提供虚假证明材料，妨碍人民法院审理案件的；

（三）指使、贿买、胁迫他人作伪证或者威胁、阻止证人作证的；

（四）隐藏、转移、变卖、毁损已被查封、扣押、冻结的财产的；

（五）以欺骗、胁迫等非法手段使原告撤诉的；

（六）以暴力、威胁或者其他方法阻碍人民法院工作人员执行职务，或者以哄闹、冲击法庭等方法扰乱人民法院工作秩序的；

（七）对人民法院审判人员或者其他工作人员、诉讼参与人、协助调查和执行的人员恐吓、侮辱、诽谤、诬陷、殴打、围攻或者打击报复的。

人民法院对有前款规定的行为之一的单位，可以对其主要负责人或者直接责任人员依照前款规定予以罚款、拘留；构成犯罪的，依法追究刑事责任。

罚款、拘留须经人民法院院长批准。当事人不服的，可以向上一级人民法院申请复议一次。复议期间不停止执行。

第六十条 人民法院审理行政案件，不适用调解。但是，行政赔偿、补偿以及行政机关行使法律、法规规定的自由裁量权的案件可以调解。

调解应当遵循自愿、合法原则，不得损害国家利益、社会公共利益和他人合法权益。

第六十一条 在涉及行政许可、登记、征收、征用和行政机关对民事争议所作的裁决的行政诉讼中，当事人申请一并解决相关民事争议的，人民法院可以一并审理。

在行政诉讼中，人民法院认为行政案件的审理需以民事诉讼的裁判为依据的，可以裁定中止行政诉讼。

第六十二条 人民法院对行政案件宣告判决或者裁定前，原告申请撤诉的，或者被告改变其所作的行政行为，原告同意并申请撤诉的，是否准许，由人民法院裁定。

第六十三条 人民法院审理行政案件，以法律和行政法规、地方性法规为依据。地方性法规适用于本行政区域内发生的行政案件。

人民法院审理民族自治地方的行政案件，并以该民族自治地方的自治条例和单行条例为依据。

人民法院审理行政案件，参照规章。

第六十四条 人民法院在审理行政案件中，经审查认为本法第五十三条规定的规范性文件不合法的，不作为认定行政行为合法的依据，并向制定机关提出处理建议。

第六十五条 人民法院应当公开发生法律效力的判决书、裁定书，供公众查阅，但涉及国家秘密、商业秘密和个人隐私的内容除外。

第六十六条 人民法院在审理行政案件中，认为行政机关的主管人员、直接责任人员违法违纪的，应当将有关材料移送监察机关、该行政机关或者其上一级行政机关；认为有犯罪行为的，应当将有关材料移送公安、检察机关。

人民法院对被告经传票传唤无正当理由拒不到庭，或者未经法庭许可中途退庭的，可以将被告拒不到庭或者中途退庭的情况予以公告，并可以向监察机关或者被告的上一级行政机关提出依法给予其主要负责人或者直接责任人员处分的司法建议。

第二节　第一审普通程序

第六十七条　人民法院应当在立案之日起五日内，将起诉状副本发送被告。被告应当在收到起诉状副本之日起十五日内向人民法院提交作出行政行为的证据和所依据的规范性文件，并提出答辩状。人民法院应当在收到答辩状之日起五日内，将答辩状副本发送原告。

被告不提出答辩状的，不影响人民法院审理。

第六十八条　人民法院审理行政案件，由审判员组成合议庭，或者由审判员、陪审员组成合议庭。合议庭的成员，应当是三人以上的单数。

第六十九条　行政行为证据确凿，适用法律、法规正确，符合法定程序的，或者原告申请被告履行法定职责或者给付义务理由不成立的，人民法院判决驳回原告的诉讼请求。

第七十条　行政行为有下列情形之一的，人民法院判决撤销或者部分撤销，并可以判决被告重新作出行政行为：

（一）主要证据不足的；

（二）适用法律、法规错误的；

（三）违反法定程序的；

（四）超越职权的；

（五）滥用职权的；

（六）明显不当的。

第七十一条　人民法院判决被告重新作出行政行为的，被告不得以同一的事实和理由作出与原行政行为基本相同的行政行为。

第七十二条　人民法院经过审理，查明被告不履行法定职责的，判决被告在一定期限内履行。

第七十三条　人民法院经过审理，查明被告依法负有给付义务的，判决被告履行给付义务。

第七十四条　行政行为有下列情形之一的，人民法院判决确认违法，但不撤销行政行为：

（一）行政行为依法应当撤销，但撤销会给国家利益、社会公共利益造成重大损害的；

（二）行政行为程序轻微违法，但对原告权利不产生实际影响的。

行政行为有下列情形之一，不需要撤销或者判决履行的，人民法院判决确认违法：

（一）行政行为违法，但不具有可撤销内容的；

（二）被告改变原违法行政行为，原告仍要求确认原行政行为违法的；

（三）被告不履行或者拖延履行法定职责，判决履行没有意义的。

第七十五条 行政行为有实施主体不具有行政主体资格或者没有依据等重大且明显违法情形，原告申请确认行政行为无效的，人民法院判决确认无效。

第七十六条 人民法院判决确认违法或者无效的，可以同时判决责令被告采取补救措施；给原告造成损失的，依法判决被告承担赔偿责任。

第七十七条 行政处罚明显不当，或者其他行政行为涉及对款额的确定、认定确有错误的，人民法院可以判决变更。

人民法院判决变更，不得加重原告的义务或者减损原告的权益。但利害关系人同为原告，且诉讼请求相反的除外。

第七十八条 被告不依法履行、未按照约定履行或者违法变更、解除本法第十二条第一款第十一项规定的协议的，人民法院判决被告承担继续履行、采取补救措施或者赔偿损失等责任。

被告变更、解除本法第十二条第一款第十一项规定的协议合法，但未依法给予补偿的，人民法院判决给予补偿。

第七十九条 复议机关与作出原行政行为的行政机关为共同被告的案件，人民法院应当对复议决定和原行政行为一并作出裁判。

第八十条 人民法院对公开审理和不公开审理的案件，一律公开宣告判决。

当庭宣判的，应当在十日内发送判决书；定期宣判的，宣判后立即发给判决书。

宣告判决时，必须告知当事人上诉权利、上诉期限和上诉的人民法院。

第八十一条 人民法院应当在立案之日起六个月内作出第一审判决。有特殊情况需要延长的，由高级人民法院批准，高级人民法院审理第一审案件需要延长的，由最高人民法院批准。

第三节　简易程序

第八十二条　人民法院审理下列第一审行政案件，认为事实清楚、权利义务关系明确、争议不大的，可以适用简易程序：

（一）被诉行政行为是依法当场作出的；

（二）案件涉及款额二千元以下的；

（三）属于政府信息公开案件的。

除前款规定以外的第一审行政案件，当事人各方同意适用简易程序的，可以适用简易程序。

发回重审、按照审判监督程序再审的案件不适用简易程序。

第八十三条　适用简易程序审理的行政案件，由审判员一人独任审理，并应当在立案之日起四十五日内审结。

第八十四条　人民法院在审理过程中，发现案件不宜适用简易程序的，裁定转为普通程序。

第四节　第二审程序

第八十五条　当事人不服人民法院第一审判决的，有权在判决书送达之日起十五日内向上一级人民法院提起上诉。当事人不服人民法院第一审裁定的，有权在裁定书送达之日起十日内向上一级人民法院提起上诉。逾期不提起上诉的，人民法院的第一审判决或者裁定发生法律效力。

第八十六条　人民法院对上诉案件，应当组成合议庭，开庭审理。经过阅卷、调查和询问当事人，对没有提出新的事实、证据或者理由，合议庭认为不需要开庭审理的，也可以不开庭审理。

第八十七条　人民法院审理上诉案件，应当对原审人民法院的判决、裁定和被诉行政行为进行全面审查。

第八十八条　人民法院审理上诉案件，应当在收到上诉状之日起三个月内作出终审判决。有特殊情况需要延长的，由高级人民法院批准，高级人民法院审理上诉案件需要延长的，由最高人民法院批准。

第八十九条　人民法院审理上诉案件，按照下列情形，分别处理：

（一）原判决、裁定认定事实清楚，适用法律、法规正确的，判决或者裁定驳回上诉，维持原判决、裁定；

（二）原判决、裁定认定事实错误或者适用法律、法规错误的，依法改判、撤销或者变更；

（三）原判决认定基本事实不清、证据不足的，发回原审人民法院重审，或者查清事实后改判；

（四）原判决遗漏当事人或者违法缺席判决等严重违反法定程序的，裁定撤销原判决，发回原审人民法院重审。

原审人民法院对发回重审的案件作出判决后，当事人提起上诉的，第二审人民法院不得再次发回重审。

人民法院审理上诉案件，需要改变原审判决的，应当同时对被诉行政行为作出判决。

第五节　审判监督程序

第九十条　当事人对已经发生法律效力的判决、裁定，认为确有错误的，可以向上一级人民法院申请再审，但判决、裁定不停止执行。

第九十一条　当事人的申请符合下列情形之一的，人民法院应当再审：

（一）不予立案或者驳回起诉确有错误的；

（二）有新的证据，足以推翻原判决、裁定的；

（三）原判决、裁定认定事实的主要证据不足、未经质证或者系伪造的；

（四）原判决、裁定适用法律、法规确有错误的；

（五）违反法律规定的诉讼程序，可能影响公正审判的；

（六）原判决、裁定遗漏诉讼请求的；

（七）据以作出原判决、裁定的法律文书被撤销或者变更的；

（八）审判人员在审理该案件时有贪污受贿、徇私舞弊、枉法裁判行为的。

第九十二条　各级人民法院院长对本院已经发生法律效力的判决、裁定，发现有本法第九十一条规定情形之一，或者发现调解违反自愿原则或者调解书内容违法，认为需要再审的，应当提交审判委员会讨论决定。

最高人民法院对地方各级人民法院已经发生法律效力的判决、裁定，上级人民法院对下级人民法院已经发生法律效力的判决、裁定，发现有本法第九十一条规定情形之一，或者发现调解违反自愿原则或者调解书内容违法的，有权提审或者指令下级人民法院再审。

第九十三条　最高人民检察院对各级人民法院已经发生法律效力的判决、裁定，上级人民检察院对下级人民法院已经发生法律效力的判决、裁定，发现有本法第九十一条规定情形之一，或者发现调解书损害国家利益、社会公共利益的，应当提出抗诉。

地方各级人民检察院对同级人民法院已经发生法律效力的判决、裁定，发现有本法第九十一条规定情形之一，或者发现调解书损害国家利益、社会公共利益的，可以向同级人民法院提出检察建议，并报上级人民检察院备案；也可以提请上级人民检察院向同级人民法院提出抗诉。

各级人民检察院对审判监督程序以外的其他审判程序中审判人员的违法行为，有权向同级人民法院提出检察建议。

第八章　执　　行

第九十四条　当事人必须履行人民法院发生法律效力的判决、裁定、调解书。

第九十五条　公民、法人或者其他组织拒绝履行判决、裁定、调解书的，行政机关或者第三人可以向第一审人民法院申请强制执行，或者由行政机关依法强制执行。

第九十六条　行政机关拒绝履行判决、裁定、调解书的，第一审人民法院可以采取下列措施：

（一）对应当归还的罚款或者应当给付的款额，通知银行从该行政机关的账户内划拨；

（二）在规定期限内不履行的，从期满之日起，对该行政机关负责人按日处五十元至一百元的罚款；

（三）将行政机关拒绝履行的情况予以公告；

（四）向监察机关或者该行政机关的上一级行政机关提出司法建议。接受司法建议的机关，根据有关规定进行处理，并将处理情况告知人民法院；

（五）拒不履行判决、裁定、调解书，社会影响恶劣的，可以对该行政机关直接负责的主管人员和其他直接责任人员予以拘留；情节严重，构成犯罪的，依法追究刑事责任。

第九十七条 公民、法人或者其他组织对行政行为在法定期限内不提起诉讼又不履行的，行政机关可以申请人民法院强制执行，或者依法强制执行。

第九章　涉外行政诉讼

第九十八条 外国人、无国籍人、外国组织在中华人民共和国进行行政诉讼，适用本法。法律另有规定的除外。

第九十九条 外国人、无国籍人、外国组织在中华人民共和国进行行政诉讼，同中华人民共和国公民、组织有同等的诉讼权利和义务。

外国法院对中华人民共和国公民、组织的行政诉讼权利加以限制的，人民法院对该国公民、组织的行政诉讼权利，实行对等原则。

第一百条 外国人、无国籍人、外国组织在中华人民共和国进行行政诉讼，委托律师代理诉讼的，应当委托中华人民共和国律师机构的律师。

第十章　附　　则

第一百零一条 人民法院审理行政案件，关于期间、送达、财产保全、开庭审理、调解、中止诉讼、终结诉讼、简易程序、执行等，以及人民检察院对行政案件受理、审理、裁判、执行的监督，本法没有规定的，适用《中华人民共和国民事诉讼法》的相关规定。

第一百零二条 人民法院审理行政案件，应当收取诉讼费用。诉讼费用由败诉方承担，双方都有责任的由双方分担。收取诉讼费用的具体办法另行规定。

第一百零三条 本法自 1990 年 10 月 1 日起施行。

最高人民法院关于适用《中华人民共和国行政诉讼法》的解释

法释〔2018〕1号

为正确适用《中华人民共和国行政诉讼法》（以下简称行政诉讼法），结合人民法院行政审判工作实际，制定本解释。

一、受案范围

第一条 公民、法人或者其他组织对行政机关及其工作人员的行政行为不服，依法提起诉讼的，属于人民法院行政诉讼的受案范围。

下列行为不属于人民法院行政诉讼的受案范围：

（一）公安、国家安全等机关依照刑事诉讼法的明确授权实施的行为；

（二）调解行为以及法律规定的仲裁行为；

（三）行政指导行为；

（四）驳回当事人对行政行为提起申诉的重复处理行为；

（五）行政机关作出的不产生外部法律效力的行为；

（六）行政机关为作出行政行为而实施的准备、论证、研究、层报、咨询等过程性行为；

（七）行政机关根据人民法院的生效裁判、协助执行通知书作出的执行行为，但行政机关扩大执行范围或者采取违法方式实施的除外；

（八）上级行政机关基于内部层级监督关系对下级行政机关作出的听取报告、执法检查、督促履责等行为；

（九）行政机关针对信访事项作出的登记、受理、交办、转送、复查、复核意见等行为；

（十）对公民、法人或者其他组织权利义务不产生实际影响的行为。

第二条 行政诉讼法第十三条第一项规定的"国家行为"，是指国务院、中央军事委员会、国防部、外交部等根据宪法和法律的授权，以国家的名义实施的有关国防和外交事务的行为，以及经宪法和法律授权的国家机关宣布紧急状态等行为。

行政诉讼法第十三条第二项规定的"具有普遍约束力的决定、命令"，是指行政机关针对不特定对象发布的能反复适用的规范性文件。

行政诉讼法第十三条第三项规定的"对行政机关工作人员的奖惩、任免等决定"，是指行政机关作出的涉及行政机关工作人员公务员权利义务的决定。

行政诉讼法第十三条第四项规定的"法律规定由行政机关最终裁决的行政行为"中的"法律"，是指全国人民代表大会及其常务委员会制定、通过的规范性文件。

二、管辖

第三条 各级人民法院行政审判庭审理行政案件和审查行政机关申请执行其行政行为的案件。

专门人民法院、人民法庭不审理行政案件，也不审查和执行行政机关申请执行其行政行为的案件。铁路运输法院等专门人民法院审理行政案件，应当执行行政诉讼法第十八条第二款的规定。

第四条 立案后，受诉人民法院的管辖权不受当事人住所地改变、追加被告等事实和法律状态变更的影响。

第五条 有下列情形之一的，属于行政诉讼法第十五条第三项规定的"本辖区内重大、复杂的案件"：

（一）社会影响重大的共同诉讼案件；

（二）涉外或者涉及香港特别行政区、澳门特别行政区、台湾地区的案件；

（三）其他重大、复杂案件。

第六条 当事人以案件重大复杂为由，认为有管辖权的基层人民法院不宜行使管辖权或者根据行政诉讼法第五十二条的规定，向中级人民法院起诉，中级人民法院应当根据不同情况在七日内分别作出以下处理：

（一）决定自行审理；

（二）指定本辖区其他基层人民法院管辖；

（三）书面告知当事人向有管辖权的基层人民法院起诉。

第七条 基层人民法院对其管辖的第一审行政案件，认为需要由中级人民法院审理或者指定管辖的，可以报请中级人民法院决定。中级人民法院应当根据不同情况在七日内分别作出以下处理：

（一）决定自行审理；

（二）指定本辖区其他基层人民法院管辖；

（三）决定由报请的人民法院审理。

第八条 行政诉讼法第十九条规定的"原告所在地"，包括原告的户籍所在地、经常居住地和被限制人身自由地。

对行政机关基于同一事实，既采取限制公民人身自由的行政强制措施，又采取其他行政强制措施或者行政处罚不服的，由被告所在地或者原告所在地的人民法院管辖。

第九条 行政诉讼法第二十条规定的"因不动产提起的行政诉讼"是指因行政行为导致不动产物权变动而提起的诉讼。

不动产已登记的，以不动产登记簿记载的所在地为不动产所在地；不动产未登记的，以不动产实际所在地为不动产所在地。

第十条 人民法院受理案件后，被告提出管辖异议的，应当在收到起诉状副本之日起十五日内提出。

对当事人提出的管辖异议，人民法院应当进行审查。异议成立的，裁定将案件移送有管辖权的人民法院；异议不成立的，裁定驳回。

人民法院对管辖异议审查后确定有管辖权的，不因当事人增加或者变更诉讼请求等改变管辖，但违反级别管辖、专属管辖规定的除外。

第十一条 有下列情形之一的，人民法院不予审查：

（一）人民法院发回重审或者按第一审程序再审的案件，当事人提出管辖异议的；

（二）当事人在第一审程序中未按照法律规定的期限和形式提出管辖异议，在第二审程序中提出的。

三、诉讼参加人

第十二条 有下列情形之一的，属于行政诉讼法第二十五条第一款规定的"与行政行为有利害关系"：

（一）被诉的行政行为涉及其相邻权或者公平竞争权的；

（二）在行政复议等行政程序中被追加为第三人的；

（三）要求行政机关依法追究加害人法律责任的；

（四）撤销或者变更行政行为涉及其合法权益的；

（五）为维护自身合法权益向行政机关投诉，具有处理投诉职责的行政机关作出或者未作出处理的；

（六）其他与行政行为有利害关系的情形。

第十三条　债权人以行政机关对债务人所作的行政行为损害债权实现为由提起行政诉讼的，人民法院应当告知其就民事争议提起民事诉讼，但行政机关作出行政行为时依法应予保护或者应予考虑的除外。

第十四条　行政诉讼法第二十五条第二款规定的"近亲属"，包括配偶、父母、子女、兄弟姐妹、祖父母、外祖父母、孙子女、外孙子女和其他具有扶养、赡养关系的亲属。

公民因被限制人身自由而不能提起诉讼的，其近亲属可以依其口头或者书面委托以该公民的名义提起诉讼。近亲属起诉时无法与被限制人身自由的公民取得联系，近亲属可以先行起诉，并在诉讼中补充提交委托证明。

第十五条　合伙企业向人民法院提起诉讼的，应当以核准登记的字号为原告。未依法登记领取营业执照的个人合伙的全体合伙人为共同原告；全体合伙人可以推选代表人，被推选的代表人，应当由全体合伙人出具推选书。

个体工商户向人民法院提起诉讼的，以营业执照上登记的经营者为原告。有字号的，以营业执照上登记的字号为原告，并应当注明该字号经营者的基本信息。

第十六条　股份制企业的股东大会、股东会、董事会等认为行政机关作出的行政行为侵犯企业经营自主权的，可以企业名义提起诉讼。

联营企业、中外合资或者合作企业的联营、合资、合作各方，认为联营、合资、合作企业权益或者自己一方合法权益受行政行为侵害的，可以自己的名义提起诉讼。

非国有企业被行政机关注销、撤销、合并、强令兼并、出售、分立或者改变企业隶属关系的，该企业或者其法定代表人可以提起诉讼。

第十七条　事业单位、社会团体、基金会、社会服务机构等非营利法人的出资人、设立人认为行政行为损害法人合法权益的，可以自己的名义提起诉讼。

第十八条　业主委员会对于行政机关作出的涉及业主共有利益的行政行为，可以自己的名义提起诉讼。

业主委员会不起诉的，专有部分占建筑物总面积过半数或者占总户数过半数的业主可以提起诉讼。

第十九条　当事人不服经上级行政机关批准的行政行为，向人民法院提起诉讼的，以在对外发生法律效力的文书上署名的机关为被告。

第二十条　行政机关组建并赋予行政管理职能但不具有独立承担法律责任能力的机构，以自己的名义作出行政行为，当事人不服提起诉讼的，应当以组建该机构的行政机关为被告。

法律、法规或者规章授权行使行政职权的行政机关内设机构、派出机构或者其他组织，超出法定授权范围实施行政行为，当事人不服提起诉讼的，应当以实施该行为的机构或者组织为被告。

没有法律、法规或者规章规定，行政机关授权其内设机构、派出机构或者其他组织行使行政职权的，属于行政诉讼法第二十六条规定的委托。当事人不服提起诉讼的，应当以该行政机关为被告。

第二十一条　当事人对由国务院、省级人民政府批准设立的开发区管理机构作出的行政行为不服提起诉讼的，以该开发区管理机构为被告；对由国务院、省级人民政府批准设立的开发区管理机构所属职能部门作出的行政行为不服提起诉讼的，以其职能部门为被告；对其他开发区管理机构所属职能部门作出的行政行为不服提起诉讼的，以开发区管理机构为被告；开发区管理机构没有行政主体资格的，以设立该机构的地方人民政府为被告。

第二十二条　行政诉讼法第二十六条第二款规定的"复议机关改变原行政行为"，是指复议机关改变原行政行为的处理结果。复议机关改变原行政行为所认定的主要事实和证据、改变原行政行为所适用的规范依据，但未改变原行政行为处理结果的，视为复议机关维持原行政行为。

复议机关确认原行政行为无效，属于改变原行政行为。

复议机关确认原行政行为违法，属于改变原行政行为，但复议机关以违反法定程序为由确认原行政行为违法的除外。

第二十三条　行政机关被撤销或者职权变更，没有继续行使其职权的行政机关的，以其所属的人民政府为被告；实行垂直领导的，以垂直领导的上一级行政机关为被告。

第二十四条　当事人对村民委员会或者居民委员会依据法律、法规、规章的授权履行行政管理职责的行为不服提起诉讼的，以村民委员会或者居民委员会为被告。

当事人对村民委员会、居民委员会受行政机关委托作出的行为不服提起诉讼的，以委托的行政机关为被告。

当事人对高等学校等事业单位以及律师协会、注册会计师协会等行业协会依据法律、法规、规章的授权实施的行政行为不服提起诉讼的，以该事业单位、行业协会为被告。

当事人对高等学校等事业单位以及律师协会、注册会计师协会等行业协会受行政机关委托作出的行为不服提起诉讼的，以委托的行政机关为被告。

第二十五条　市、县级人民政府确定的房屋征收部门组织实施房屋征收与补偿工作过程中作出行政行为，被征收人不服提起诉讼的，以房屋征收部门为被告。

征收实施单位受房屋征收部门委托，在委托范围内从事的行为，被征收人不服提起诉讼的，应当以房屋征收部门为被告。

第二十六条　原告所起诉的被告不适格，人民法院应当告知原告变更被告；原告不同意变更的，裁定驳回起诉。

应当追加被告而原告不同意追加的，人民法院应当通知其以第三人的身份参加诉讼，但行政复议机关作共同被告的除外。

第二十七条　必须共同进行诉讼的当事人没有参加诉讼的，人民法院应当依法通知其参加；当事人也可以向人民法院申请参加。

人民法院应当对当事人提出的申请进行审查，申请理由不成立的，裁定驳回；申请理由成立的，书面通知其参加诉讼。

前款所称的必须共同进行诉讼，是指按照行政诉讼法第二十七条的规定，当事人一方或者双方为两人以上，因同一行政行为发生行政争议，人民法院必须合并审理的诉讼。

第二十八条　人民法院追加共同诉讼的当事人时，应当通知其他当事人。应当追加的原告，已明确表示放弃实体权利的，可不予追加；既不愿意参加诉讼，又不放弃实体权利的，应追加为第三人，其不参加诉讼，不能阻碍人民法院对案件的审理和裁判。

第二十九条 行政诉讼法第二十八条规定的"人数众多"，一般指十人以上。

根据行政诉讼法第二十八条的规定，当事人一方人数众多的，由当事人推选代表人。当事人推选不出的，可以由人民法院在起诉的当事人中指定代表人。

行政诉讼法第二十八条规定的代表人为二至五人。代表人可以委托一至二人作为诉讼代理人。

第三十条 行政机关的同一行政行为涉及两个以上利害关系人，其中一部分利害关系人对行政行为不服提起诉讼，人民法院应当通知没有起诉的其他利害关系人作为第三人参加诉讼。

与行政案件处理结果有利害关系的第三人，可以申请参加诉讼，或者由人民法院通知其参加诉讼。人民法院判决其承担义务或者减损其权益的第三人，有权提出上诉或者申请再审。

行政诉讼法第二十九条规定的第三人，因不能归责于本人的事由未参加诉讼，但有证据证明发生法律效力的判决、裁定、调解书损害其合法权益的，可以依照行政诉讼法第九十条的规定，自知道或者应当知道其合法权益受到损害之日起六个月内，向上一级人民法院申请再审。

第三十一条 当事人委托诉讼代理人，应当向人民法院提交由委托人签名或者盖章的授权委托书。委托书应当载明委托事项和具体权限。公民在特殊情况下无法书面委托的，也可以由他人代书，并由自己捺印等方式确认，人民法院应当核实并记录在卷；被诉行政机关或者其他有义务协助的机关拒绝人民法院向被限制人身自由的公民核实的，视为委托成立。当事人解除或者变更委托的，应当书面报告人民法院。

第三十二条 依照行政诉讼法第三十一条第二款第二项规定，与当事人有合法劳动人事关系的职工，可以当事人工作人员的名义作为诉讼代理人。以当事人的工作人员身份参加诉讼活动，应当提交以下证据之一加以证明：

（一）缴纳社会保险记录凭证；

（二）领取工资凭证；

（三）其他能够证明其为当事人工作人员身份的证据。

第三十三条 根据行政诉讼法第三十一条第二款第三项规定，有关社会团体推荐公民担任诉讼代理人的，应当符合下列条件：

（一）社会团体属于依法登记设立或者依法免予登记设立的非营利性法人组织；

（二）被代理人属于该社会团体的成员，或者当事人一方住所地位于该社会团体的活动地域；

（三）代理事务属于该社会团体章程载明的业务范围；

（四）被推荐的公民是该社会团体的负责人或者与该社会团体有合法劳动人事关系的工作人员。

专利代理人经中华全国专利代理人协会推荐，可以在专利行政案件中担任诉讼代理人。

四、证据

第三十四条 根据行政诉讼法第三十六条第一款的规定，被告申请延期提供证据的，应当在收到起诉状副本之日起十五日内以书面方式向人民法院提出。人民法院准许延期提供的，被告应当在正当事由消除后十五日内提供证据。逾期提供的，视为被诉行政行为没有相应的证据。

第三十五条 原告或者第三人应当在开庭审理前或者人民法院指定的交换证据清单之日提供证据。因正当事由申请延期提供证据的，经人民法院准许，可以在法庭调查中提供。逾期提供证据的，人民法院应当责令其说明理由；拒不说明理由或者理由不成立的，视为放弃举证权利。

原告或者第三人在第一审程序中无正当事由未提供而在第二审程序中提供的证据，人民法院不予接纳。

第三十六条 当事人申请延长举证期限，应当在举证期限届满前向人民法院提出书面申请。

申请理由成立的，人民法院应当准许，适当延长举证期限，并通知其他当事人。申请理由不成立的，人民法院不予准许，并通知申请人。

第三十七条 根据行政诉讼法第三十九条的规定，对当事人无争议，但涉及国家利益、公共利益或者他人合法权益的事实，人民法院可以责令当事人提供或者补充有关证据。

第三十八条 对于案情比较复杂或者证据数量较多的案件，人民法院可以组织当事人在开庭前向对方出示或者交换证据，并将交换证据清单的情况记录在卷。

当事人在庭前证据交换过程中没有争议并记录在卷的证据，经审判人员在庭审中说明后，可以作为认定案件事实的依据。

第三十九条 当事人申请调查收集证据，但该证据与待证事实无关联、对证明待证事实无意义或者其他无调查收集必要的，人民法院不予准许。

第四十条 人民法院在证人出庭作证前应当告知其如实作证的义务以及作伪证的法律后果。

证人因履行出庭作证义务而支出的交通、住宿、就餐等必要费用以及误工损失，由败诉一方当事人承担。

第四十一条 有下列情形之一，原告或者第三人要求相关行政执法人员出庭说明的，人民法院可以准许：

（一）对现场笔录的合法性或者真实性有异议的；

（二）对扣押财产的品种或者数量有异议的；

（三）对检验的物品取样或者保管有异议的；

（四）对行政执法人员身份的合法性有异议的；

（五）需要出庭说明的其他情形。

第四十二条 能够反映案件真实情况、与待证事实相关联、来源和形式符合法律规定的证据，应当作为认定案件事实的根据。

第四十三条 有下列情形之一的，属于行政诉讼法第四十三条第三款规定的"以非法手段取得的证据"：

（一）严重违反法定程序收集的证据材料；

（二）以违反法律强制性规定的手段获取且侵害他人合法权益的证据材料；

（三）以利诱、欺诈、胁迫、暴力等手段获取的证据材料。

第四十四条 人民法院认为有必要的，可以要求当事人本人或者行政机关执法人员到庭，就案件有关事实接受询问。在询问之前，可以要求其签署保证书。

保证书应当载明据实陈述、如有虚假陈述愿意接受处罚等内容。当事人或者行政机关执法人员应当在保证书上签名或者捺印。

负有举证责任的当事人拒绝到庭、拒绝接受询问或者拒绝签署保证书，待证事实又欠缺其他证据加以佐证的，人民法院对其主张的事实不予认定。

第四十五条 被告有证据证明其在行政程序中依照法定程序要求原告或者第三人提供证据，原告或者第三人依法应当提供而没有提供，在诉讼程序中提供的证据，人民法院一般不予采纳。

第四十六条 原告或者第三人确有证据证明被告持有的证据对原告或者第三人有利的，可以在开庭审理前书面申请人民法院责令行政机关提交。

申请理由成立的，人民法院应当责令行政机关提交，因提交证据所产生的费用，由申请人预付。行政机关无正当理由拒不提交的，人民法院可以推定原告或者第三人基于该证据主张的事实成立。

持有证据的当事人以妨碍对方当事人使用为目的，毁灭有关证据或者实施其他致使证据不能使用行为的，人民法院可以推定对方当事人基于该证据主张的事实成立，并可依照行政诉讼法第五十九条规定处理。

第四十七条 根据行政诉讼法第三十八条第二款的规定，在行政赔偿、补偿案件中，因被告的原因导致原告无法就损害情况举证的，应当由被告就该损害情况承担举证责任。

对于各方主张损失的价值无法认定的，应当由负有举证责任的一方当事人申请鉴定，但法律、法规、规章规定行政机关在作出行政行为时依法应当评估或者鉴定的除外；负有举证责任的当事人拒绝申请鉴定的，由其承担不利的法律后果。

当事人的损失因客观原因无法鉴定的，人民法院应当结合当事人的主张和在案证据，遵循法官职业道德，运用逻辑推理和生活经验、生活常识等，酌情确定赔偿数额。

五、期间、送达

第四十八条 期间包括法定期间和人民法院指定的期间。

期间以时、日、月、年计算。期间开始的时和日，不计算在期间内。

期间届满的最后一日是节假日的，以节假日后的第一日为期间届满的日期。

期间不包括在途时间，诉讼文书在期满前交邮的，视为在期限内发送。

第四十九条　行政诉讼法第五十一条第二款规定的立案期限，因起诉状内容欠缺或者有其他错误通知原告限期补正的，从补正后递交人民法院的次日起算。由上级人民法院转交下级人民法院立案的案件，从受诉人民法院收到起诉状的次日起算。

第五十条　行政诉讼法第八十一条、第八十三条、第八十八条规定的审理期限，是指从立案之日起至裁判宣告、调解书送达之日止的期间，但公告期间、鉴定期间、调解期间、中止诉讼期间、审理当事人提出的管辖异议以及处理人民法院之间的管辖争议期间不应计算在内。

再审案件按照第一审程序或者第二审程序审理的，适用行政诉讼法第八十一条、第八十八条规定的审理期限。审理期限自再审立案的次日起算。

基层人民法院申请延长审理期限，应当直接报请高级人民法院批准，同时报中级人民法院备案。

第五十一条　人民法院可以要求当事人签署送达地址确认书，当事人确认的送达地址为人民法院法律文书的送达地址。

当事人同意电子送达的，应当提供并确认传真号、电子信箱等电子送达地址。

当事人送达地址发生变更的，应当及时书面告知受理案件的人民法院；未及时告知的，人民法院按原地址送达，视为依法送达。

人民法院可以通过国家邮政机构以法院专递方式进行送达。

第五十二条　人民法院可以在当事人住所地以外向当事人直接送达诉讼文书。当事人拒绝签署送达回证的，采用拍照、录像等方式记录送达过程即视为送达。审判人员、书记员应当在送达回证上注明送达情况并签名。

六、起诉与受理

第五十三条　人民法院对符合起诉条件的案件应当立案，依法保障当事人行使诉讼权利。

对当事人依法提起的诉讼，人民法院应当根据行政诉讼法第五十一条的规定接收起诉状。能够判断符合起诉条件的，应当当场登记立案；当场不能判断是否符合起诉条件的，应当在接收起诉状后七日内决定是否立案；七日内仍不能作出判断的，应当先予立案。

第五十四条　依照行政诉讼法第四十九条的规定，公民、法人或者其他组织提起诉讼时应当提交以下起诉材料：

（一）原告的身份证明材料以及有效联系方式；

（二）被诉行政行为或者不作为存在的材料；

（三）原告与被诉行政行为具有利害关系的材料；

（四）人民法院认为需要提交的其他材料。

由法定代理人或者委托代理人代为起诉的，还应当在起诉状中写明或者在口头起诉时向人民法院说明法定代理人或者委托代理人的基本情况，并提交法定代理人或者委托代理人的身份证明和代理权限证明等材料。

第五十五条　依照行政诉讼法第五十一条的规定，人民法院应当就起诉状内容和材料是否完备以及是否符合行政诉讼法规定的起诉条件进行审查。

起诉状内容或者材料欠缺的，人民法院应当给予指导和释明，并一次性全面告知当事人需要补正的内容、补充的材料及期限。在指定期限内补正并符合起诉条件的，应当登记立案。当事人拒绝补正或者经补正仍不符合起诉条件的，退回诉状并记录在册；坚持起诉的，裁定不予立案，并载明不予立案的理由。

第五十六条　法律、法规规定应当先申请复议，公民、法人或者其他组织未申请复议直接提起诉讼的，人民法院裁定不予立案。

依照行政诉讼法第四十五条的规定，复议机关不受理复议申请或者在法定期限内不作出复议决定，公民、法人或者其他组织不服，依法向人民法院提起诉讼的，人民法院应当依法立案。

第五十七条　法律、法规未规定行政复议为提起行政诉讼必经程序，公民、法人或者其他组织既提起诉讼又申请行政复议的，由先立案的机关管辖；同时立案的，由公民、法人或者其他组织选择。公民、法人或者其他组织已经申请行政复议，在法定复议期间内又向人民法院提起诉讼的，人民法院裁定不予立案。

第五十八条　法律、法规未规定行政复议为提起行政诉讼必经程序，公民、法人或者其他组织向复议机关申请行政复议后，又经复议机关同意撤回复议申请，在法定起诉期限内对原行政行为提起诉讼的，人民法院应当依法立案。

第五十九条　公民、法人或者其他组织向复议机关申请行政复议后，复议机关作出维持决定的，应当以复议机关和原行为机关为共同被告，并以复议决定送达时间确定起诉期限。

第六十条 人民法院裁定准许原告撤诉后，原告以同一事实和理由重新起诉的，人民法院不予立案。

准予撤诉的裁定确有错误，原告申请再审的，人民法院应当通过审判监督程序撤销原准予撤诉的裁定，重新对案件进行审理。

第六十一条 原告或者上诉人未按规定的期限预交案件受理费，又不提出缓交、减交、免交申请，或者提出申请未获批准的，按自动撤诉处理。在按撤诉处理后，原告或者上诉人在法定期限内再次起诉或者上诉，并依法解决诉讼费预交问题的，人民法院应予立案。

第六十二条 人民法院判决撤销行政机关的行政行为后，公民、法人或者其他组织对行政机关重新作出的行政行为不服向人民法院起诉的，人民法院应当依法立案。

第六十三条 行政机关作出行政行为时，没有制作或者没有送达法律文书，公民、法人或者其他组织只要能证明行政行为存在，并在法定期限内起诉的，人民法院应当依法立案。

第六十四条 行政机关作出行政行为时，未告知公民、法人或者其他组织起诉期限的，起诉期限从公民、法人或者其他组织知道或者应当知道起诉期限之日起计算，但从知道或者应当知道行政行为内容之日起最长不得超过一年。

复议决定未告知公民、法人或者其他组织起诉期限的，适用前款规定。

第六十五条 公民、法人或者其他组织不知道行政机关作出的行政行为内容的，其起诉期限从知道或者应当知道该行政行为内容之日起计算，但最长不得超过行政诉讼法第四十六条第二款规定的起诉期限。

第六十六条 公民、法人或者其他组织依照行政诉讼法第四十七条第一款的规定，对行政机关不履行法定职责提起诉讼的，应当在行政机关履行法定职责期限届满之日起六个月内提出。

第六十七条 原告提供被告的名称等信息足以使被告与其他行政机关相区别的，可以认定为行政诉讼法第四十九条第二项规定的"有明确的被告"。

起诉状列写被告信息不足以认定明确的被告的，人民法院可以告知原告补正；原告补正后仍不能确定明确的被告的，人民法院裁定不予立案。

第六十八条 行政诉讼法第四十九条第三项规定的"有具体的诉讼请求"是指：

（一）请求判决撤销或者变更行政行为；

（二）请求判决行政机关履行特定法定职责或者给付义务；

（三）请求判决确认行政行为违法；

（四）请求判决确认行政行为无效；

（五）请求判决行政机关予以赔偿或者补偿；

（六）请求解决行政协议争议；

（七）请求一并审查规章以下规范性文件；

（八）请求一并解决相关民事争议；

（九）其他诉讼请求。

当事人单独或者一并提起行政赔偿、补偿诉讼的，应当有具体的赔偿、补偿事项以及数额；请求一并审查规章以下规范性文件的，应当提供明确的文件名称或者审查对象；请求一并解决相关民事争议的，应当有具体的民事诉讼请求。

当事人未能正确表达诉讼请求的，人民法院应当要求其明确诉讼请求。

第六十九条 有下列情形之一，已经立案的，应当裁定驳回起诉：

（一）不符合行政诉讼法第四十九条规定的；

（二）超过法定起诉期限且无行政诉讼法第四十八条规定情形的；

（三）错列被告且拒绝变更的；

（四）未按照法律规定由法定代理人、指定代理人、代表人为诉讼行为的；

（五）未按照法律、法规规定先向行政机关申请复议的；

（六）重复起诉的；

（七）撤回起诉后无正当理由再行起诉的；

（八）行政行为对其合法权益明显不产生实际影响的；

（九）诉讼标的已为生效裁判或者调解书所羁束的；

（十）其他不符合法定起诉条件的情形。

前款所列情形可以补正或者更正的，人民法院应当指定期间责令补正或者更正；在指定期间已经补正或者更正的，应当依法审理。

人民法院经过阅卷、调查或者询问当事人，认为不需要开庭审理的，可以迳行裁定驳回起诉。

第七十条 起诉状副本送达被告后，原告提出新的诉讼请求的，人民法院不予准许，但有正当理由的除外。

七、审理与判决

第七十一条 人民法院适用普通程序审理案件，应当在开庭三日前用传票传唤当事人。对证人、鉴定人、勘验人、翻译人员，应当用通知书通知其到庭。当事人或者其他诉讼参与人在外地的，应当留有必要的在途时间。

第七十二条 有下列情形之一的，可以延期开庭审理：

（一）应当到庭的当事人和其他诉讼参与人有正当理由没有到庭的；

（二）当事人临时提出回避申请且无法及时作出决定的；

（三）需要通知新的证人到庭，调取新的证据，重新鉴定、勘验，或者需要补充调查的；

（四）其他应当延期的情形。

第七十三条 根据行政诉讼法第二十七条的规定，有下列情形之一的，人民法院可以决定合并审理：

（一）两个以上行政机关分别对同一事实作出行政行为，公民、法人或者其他组织不服向同一人民法院起诉的；

（二）行政机关就同一事实对若干公民、法人或者其他组织分别作出行政行为，公民、法人或者其他组织不服分别向同一人民法院起诉的；

（三）在诉讼过程中，被告对原告作出新的行政行为，原告不服向同一人民法院起诉的；

（四）人民法院认为可以合并审理的其他情形。

第七十四条 当事人申请回避，应当说明理由，在案件开始审理时提出；回避事由在案件开始审理后知道的，应当在法庭辩论终结前提出。

被申请回避的人员，在人民法院作出是否回避的决定前，应当暂停参与本案的工作，但案件需要采取紧急措施的除外。

对当事人提出的回避申请，人民法院应当在三日内以口头或者书面形式作出决定。对当事人提出的明显不属于法定回避事由的申请，法庭可以依法当庭驳回。

申请人对驳回回避申请决定不服的，可以向作出决定的人民法院申请复议一次。复议期间，被申请回避的人员不停止参与本案的工作。对申请人的复议申请，人民法院应当在三日内作出复议决定，并通知复议申请人。

第七十五条 在一个审判程序中参与过本案审判工作的审判人员，不得再参与该案其他程序的审判。

发回重审的案件，在一审法院作出裁判后又进入第二审程序的，原第二审程序中合议庭组成人员不受前款规定的限制。

第七十六条 人民法院对于因一方当事人的行为或者其他原因，可能使行政行为或者人民法院生效裁判不能或者难以执行的案件，根据对方当事人的申请，可以裁定对其财产进行保全、责令其作出一定行为或者禁止其作出一定行为；当事人没有提出申请的，人民法院在必要时也可以裁定采取上述保全措施。

人民法院采取保全措施，可以责令申请人提供担保；申请人不提供担保的，裁定驳回申请。

人民法院接受申请后，对情况紧急的，必须在四十八小时内作出裁定；裁定采取保全措施的，应当立即开始执行。

当事人对保全的裁定不服的，可以申请复议；复议期间不停止裁定的执行。

第七十七条 利害关系人因情况紧急，不立即申请保全将会使其合法权益受到难以弥补的损害的，可以在提起诉讼前向被保全财产所在地、被申请人住所地或者对案件有管辖权的人民法院申请采取保全措施。申请人应当提供担保，不提供担保的，裁定驳回申请。

人民法院接受申请后，必须在四十八小时内作出裁定；裁定采取保全措施的，应当立即开始执行。

申请人在人民法院采取保全措施后三十日内不依法提起诉讼的，人民法院应当解除保全。

当事人对保全的裁定不服的，可以申请复议；复议期间不停止裁定的执行。

第七十八条 保全限于请求的范围，或者与本案有关的财物。

财产保全采取查封、扣押、冻结或者法律规定的其他方法。人民法院保全财产后，应当立即通知被保全人。

财产已被查封、冻结的，不得重复查封、冻结。

涉及财产的案件，被申请人提供担保的，人民法院应当裁定解除保全。

申请有错误的，申请人应当赔偿被申请人因保全所遭受的损失。

第七十九条 原告或者上诉人申请撤诉，人民法院裁定不予准许的，原告或者上诉人经传票传唤无正当理由拒不到庭，或者未经法庭许可中途退庭的，人民法院可以缺席判决。

第三人经传票传唤无正当理由拒不到庭，或者未经法庭许可中途退庭的，不发生阻止案件审理的效果。

根据行政诉讼法第五十八条的规定，被告经传票传唤无正当理由拒不到庭，或者未经法庭许可中途退庭的，人民法院可以按期开庭或者继续开庭审理，对到庭的当事人诉讼请求、双方的诉辩理由以及已经提交的证据及其他诉讼材料进行审理后，依法缺席判决。

第八十条 原告或者上诉人在庭审中明确拒绝陈述或者以其他方式拒绝陈述，导致庭审无法进行，经法庭释明法律后果后仍不陈述意见的，视为放弃陈述权利，由其承担不利的法律后果。

当事人申请撤诉或者依法可以按撤诉处理的案件，当事人有违反法律的行为需要依法处理的，人民法院可以不准许撤诉或者不按撤诉处理。

法庭辩论终结后原告申请撤诉，人民法院可以准许，但涉及到国家利益和社会公共利益的除外。

第八十一条 被告在一审期间改变被诉行政行为的，应当书面告知人民法院。

原告或者第三人对改变后的行政行为不服提起诉讼的，人民法院应当就改变后的行政行为进行审理。

被告改变原违法行政行为，原告仍要求确认原行政行为违法的，人民法院应当依法作出确认判决。

原告起诉被告不作为，在诉讼中被告作出行政行为，原告不撤诉的，人民法院应当就不作为依法作出确认判决。

第八十二条 当事人之间恶意串通，企图通过诉讼等方式侵害国家利益、社会公共利益或者他人合法权益的，人民法院应当裁定驳回起诉或者判决驳回其请求，并根据情节轻重予以罚款、拘留；构成犯罪的，依法追究刑事责任。

第八十三条 行政诉讼法第五十九条规定的罚款、拘留可以单独适用，也可以合并适用。

对同一妨害行政诉讼行为的罚款、拘留不得连续适用。发生新的妨害行政诉讼行为的，人民法院可以重新予以罚款、拘留。

第八十四条 人民法院审理行政诉讼法第六十条第一款规定的行政案件，认为法律关系明确、事实清楚，在征得当事人双方同意后，可以迳行调解。

第八十五条 调解达成协议，人民法院应当制作调解书。调解书应当写明诉讼请求、案件的事实和调解结果。

调解书由审判人员、书记员署名，加盖人民法院印章，送达双方当事人。

调解书经双方当事人签收后，即具有法律效力。调解书生效日期根据最后收到调解书的当事人签收的日期确定。

第八十六条 人民法院审理行政案件，调解过程不公开，但当事人同意公开的除外。

经人民法院准许，第三人可以参加调解。人民法院认为有必要的，可以通知第三人参加调解。

调解协议内容不公开，但为保护国家利益、社会公共利益、他人合法权益，人民法院认为确有必要公开的除外。

当事人一方或者双方不愿调解、调解未达成协议的，人民法院应当及时判决。

当事人自行和解或者调解达成协议后，请求人民法院按照和解协议或者调解协议的内容制作判决书的，人民法院不予准许。

第八十七条 在诉讼过程中，有下列情形之一的，中止诉讼：

（一）原告死亡，须等待其近亲属表明是否参加诉讼的；

（二）原告丧失诉讼行为能力，尚未确定法定代理人的；

（三）作为一方当事人的行政机关、法人或者其他组织终止，尚未确定权利义务承受人的；

（四）一方当事人因不可抗力的事由不能参加诉讼的；

（五）案件涉及法律适用问题，需要送请有权机关作出解释或者确认的；

（六）案件的审判须以相关民事、刑事或者其他行政案件的审理结果为依据，而相关案件尚未审结的；

（七）其他应当中止诉讼的情形。

中止诉讼的原因消除后，恢复诉讼。

第八十八条 在诉讼过程中，有下列情形之一的，终结诉讼：

（一）原告死亡，没有近亲属或者近亲属放弃诉讼权利的；

（二）作为原告的法人或者其他组织终止后，其权利义务的承受人放弃诉讼权利的。

因本解释第八十七条第一款第一、二、三项原因中止诉讼满九十日仍无人继续诉讼的，裁定终结诉讼，但有特殊情况的除外。

第八十九条 复议决定改变原行政行为错误，人民法院判决撤销复议决定时，可以一并责令复议机关重新作出复议决定或者判决恢复原行政行为的法律效力。

第九十条 人民法院判决被告重新作出行政行为，被告重新作出的行政行为与原行政行为的结果相同，但主要事实或者主要理由有改变的，不属于行政诉讼法第七十一条规定的情形。

人民法院以违反法定程序为由，判决撤销被诉行政行为的，行政机关重新作出行政行为不受行政诉讼法第七十一条规定的限制。

行政机关以同一事实和理由重新作出与原行政行为基本相同的行政行为，人民法院应当根据行政诉讼法第七十条、第七十一条的规定判决撤销或者部分撤销，并根据行政诉讼法第九十六条的规定处理。

第九十一条 原告请求被告履行法定职责的理由成立，被告违法拒绝履行或者无正当理由逾期不予答复的，人民法院可以根据行政诉讼法第七十二条的规定，判决被告在一定期限内依法履行原告请求的法定职责；尚需被告调查或者裁量的，应当判决被告针对原告的请求重新作出处理。

第九十二条 原告申请被告依法履行支付抚恤金、最低生活保障待遇或者社会保险待遇等给付义务的理由成立，被告依法负有给付义务而拒绝或者拖延履行义务的，人民法院可以根据行政诉讼法第七十三条的规定，判决被告在一定期限内履行相应的给付义务。

第九十三条 原告请求被告履行法定职责或者依法履行支付抚恤金、最低生活保障待遇或者社会保险待遇等给付义务，原告未先向行政机关提出申请的，人民法院裁定驳回起诉。

人民法院经审理认为原告所请求履行的法定职责或者给付义务明显不属于行政机关权限范围的，可以裁定驳回起诉。

第九十四条 公民、法人或者其他组织起诉请求撤销行政行为，人民法院经审查认为行政行为无效的，应当作出确认无效的判决。

公民、法人或者其他组织起诉请求确认行政行为无效，人民法院审查认为行政行为不属于无效情形，经释明，原告请求撤销行政行为的，应当继续审理并依法作出相应判决；原告请求撤销行政行为但超过法定起诉期限的，裁定驳回起诉；原告拒绝变更诉讼请求的，判决驳回其诉讼请求。

第九十五条 人民法院经审理认为被诉行政行为违法或者无效，可能给原告造成损失，经释明，原告请求一并解决行政赔偿争议的，人民法院可以就赔偿事项进行调解；调解不成的，应当一并判决。人民法院也可以告知其就赔偿事项另行提起诉讼。

第九十六条 有下列情形之一，且对原告依法享有的听证、陈述、申辩等重要程序性权利不产生实质损害的，属于行政诉讼法第七十四条第一款第二项规定的"程序轻微违法"：

（一）处理期限轻微违法；

（二）通知、送达等程序轻微违法；

（三）其他程序轻微违法的情形。

第九十七条 原告或者第三人的损失系由其自身过错和行政机关的违法行政行为共同造成的，人民法院应当依据各方行为与损害结果之间有无因果关系以及在损害发生和结果中作用力的大小，确定行政机关相应的赔偿责任。

第九十八条 因行政机关不履行、拖延履行法定职责，致使公民、法人或者其他组织的合法权益遭受损害的，人民法院应当判决行政机关承担行政赔偿责任。在确定赔偿数额时，应当考虑该不履行、拖延履行法定职责的行为在损害发生过程和结果中所起的作用等因素。

第九十九条 有下列情形之一的，属于行政诉讼法第七十五条规定的"重大且明显违法"：

（一）行政行为实施主体不具有行政主体资格；

（二）减损权利或者增加义务的行政行为没有法律规范依据；

（三）行政行为的内容客观上不可能实施；

（四）其他重大且明显违法的情形。

第一百条　人民法院审理行政案件，适用最高人民法院司法解释的，应当在裁判文书中援引。

人民法院审理行政案件，可以在裁判文书中引用合法有效的规章及其他规范性文件。

第一百零一条　裁定适用于下列范围：

（一）不予立案；

（二）驳回起诉；

（三）管辖异议；

（四）终结诉讼；

（五）中止诉讼；

（六）移送或者指定管辖；

（七）诉讼期间停止行政行为的执行或者驳回停止执行的申请；

（八）财产保全；

（九）先予执行；

（十）准许或者不准许撤诉；

（十一）补正裁判文书中的笔误；

（十二）中止或者终结执行；

（十三）提审、指令再审或者发回重审；

（十四）准许或者不准许执行行政机关的行政行为；

（十五）其他需要裁定的事项。

对第一、二、三项裁定，当事人可以上诉。

裁定书应当写明裁定结果和作出该裁定的理由。裁定书由审判人员、书记员署名，加盖人民法院印章。口头裁定的，记入笔录。

第一百零二条　行政诉讼法第八十二条规定的行政案件中的"事实清楚"，是指当事人对争议的事实陈述基本一致，并能提供相应的证据，无须人民法院调查收集证据即可查明事实；"权利义务关系明确"，是指行政法律关系中权利和义务能够明确区分；"争议不大"，是指当事人对行政行为的合法性、责任承担等没有实质分歧。

第一百零三条 适用简易程序审理的行政案件，人民法院可以用口头通知、电话、短信、传真、电子邮件等简便方式传唤当事人、通知证人、送达裁判文书以外的诉讼文书。

以简便方式送达的开庭通知，未经当事人确认或者没有其他证据证明当事人已经收到的，人民法院不得缺席判决。

第一百零四条 适用简易程序案件的举证期限由人民法院确定，也可以由当事人协商一致并经人民法院准许，但不得超过十五日。被告要求书面答辩的，人民法院可以确定合理的答辩期间。

人民法院应当将举证期限和开庭日期告知双方当事人，并向当事人说明逾期举证以及拒不到庭的法律后果，由双方当事人在笔录和开庭传票的送达回证上签名或者捺印。

当事人双方均表示同意立即开庭或者缩短举证期限、答辩期间的，人民法院可以立即开庭审理或者确定近期开庭。

第一百零五条 人民法院发现案情复杂，需要转为普通程序审理的，应当在审理期限届满前作出裁定并将合议庭组成人员及相关事项书面通知双方当事人。

案件转为普通程序审理的，审理期限自人民法院立案之日起计算。

第一百零六条 当事人就已经提起诉讼的事项在诉讼过程中或者裁判生效后再次起诉，同时具有下列情形的，构成重复起诉：

（一）后诉与前诉的当事人相同；

（二）后诉与前诉的诉讼标的相同；

（三）后诉与前诉的诉讼请求相同，或者后诉的诉讼请求被前诉裁判所包含。

第一百零七条 第一审人民法院作出判决和裁定后，当事人均提起上诉的，上诉各方均为上诉人。

诉讼当事人中的一部分人提出上诉，没有提出上诉的对方当事人为被上诉人，其他当事人依原审诉讼地位列明。

第一百零八条 当事人提出上诉，应当按照其他当事人或者诉讼代表人的人数提出上诉状副本。

原审人民法院收到上诉状，应当在五日内将上诉状副本发送其他当事人，对方当事人应当在收到上诉状副本之日起十五日内提出答辩状。

原审人民法院应当在收到答辩状之日起五日内将副本发送上诉人。对方当事人不提出答辩状的，不影响人民法院审理。

原审人民法院收到上诉状、答辩状，应当在五日内连同全部案卷和证据，报送第二审人民法院；已经预收的诉讼费用，一并报送。

第一百零九条 第二审人民法院经审理认为原审人民法院不予立案或者驳回起诉的裁定确有错误且当事人的起诉符合起诉条件的，应当裁定撤销原审人民法院的裁定，指令原审人民法院依法立案或者继续审理。

第二审人民法院裁定发回原审人民法院重新审理的行政案件，原审人民法院应当另行组成合议庭进行审理。

原审判决遗漏了必须参加诉讼的当事人或者诉讼请求的，第二审人民法院应当裁定撤销原审判决，发回重审。

原审判决遗漏行政赔偿请求，第二审人民法院经审查认为依法不应当予以赔偿的，应当判决驳回行政赔偿请求。

原审判决遗漏行政赔偿请求，第二审人民法院经审理认为依法应当予以赔偿的，在确认被诉行政行为违法的同时，可以就行政赔偿问题进行调解；调解不成的，应当就行政赔偿部分发回重审。

当事人在第二审期间提出行政赔偿请求的，第二审人民法院可以进行调解；调解不成的，应当告知当事人另行起诉。

第一百一十条 当事人向上一级人民法院申请再审，应当在判决、裁定或者调解书发生法律效力后六个月内提出。有下列情形之一的，自知道或者应当知道之日起六个月内提出：

（一）有新的证据，足以推翻原判决、裁定的；

（二）原判决、裁定认定事实的主要证据是伪造的；

（三）据以作出原判决、裁定的法律文书被撤销或者变更的；

（四）审判人员审理该案件时有贪污受贿、徇私舞弊、枉法裁判行为的。

第一百一十一条 当事人申请再审的，应当提交再审申请书等材料。人民法院认为有必要的，可以自收到再审申请书之日起五日内将再审申请书副本发送对方当事人。对方当事人应当自收到再审申请书副本之日起十五日内提交书面意见。人民法院可以要求申请人和对方当事人补充有关材料，询问有关事项。

第一百一十二条 人民法院应当自再审申请案件立案之日起六个月内审查，有特殊情况需要延长的，由本院院长批准。

第一百一十三条 人民法院根据审查再审申请案件的需要决定是否询问当事人；新的证据可能推翻原判决、裁定的，人民法院应当询问当事人。

第一百一十四条 审查再审申请期间，被申请人及原审其他当事人依法提出再审申请的，人民法院应当将其列为再审申请人，对其再审事由一并审查，审查期限重新计算。经审查，其中一方再审申请人主张的再审事由成立的，应当裁定再审。各方再审申请人主张的再审事由均不成立的，一并裁定驳回再审申请。

第一百一十五条 审查再审申请期间，再审申请人申请人民法院委托鉴定、勘验的，人民法院不予准许。

审查再审申请期间，再审申请人撤回再审申请的，是否准许，由人民法院裁定。

再审申请人经传票传唤，无正当理由拒不接受询问的，按撤回再审申请处理。

人民法院准许撤回再审申请或者按撤回再审申请处理后，再审申请人再次申请再审的，不予立案，但有行政诉讼法第九十一条第二项、第三项、第七项、第八项规定情形，自知道或者应当知道之日起六个月内提出的除外。

第一百一十六条 当事人主张的再审事由成立，且符合行政诉讼法和本解释规定的申请再审条件的，人民法院应当裁定再审。

当事人主张的再审事由不成立，或者当事人申请再审超过法定申请再审期限、超出法定再审事由范围等不符合行政诉讼法和本解释规定的申请再审条件的，人民法院应当裁定驳回再审申请。

第一百一十七条 有下列情形之一的，当事人可以向人民检察院申请抗诉或者检察建议：

（一）人民法院驳回再审申请的；

（二）人民法院逾期未对再审申请作出裁定的；

（三）再审判决、裁定有明显错误的。

人民法院基于抗诉或者检察建议作出再审判决、裁定后，当事人申请再审的，人民法院不予立案。

第一百一十八条 按照审判监督程序决定再审的案件，裁定中止原判决、裁定、调解书的执行，但支付抚恤金、最低生活保障费或者社会保险待遇的案件，可以不中止执行。

上级人民法院决定提审或者指令下级人民法院再审的，应当作出裁定，裁定应当写明中止原判决的执行；情况紧急的，可以将中止执行的裁定口头通知负责执行的人民法院或者作出生效判决、裁定的人民法院，但应当在口头通知后十日内发出裁定书。

第一百一十九条 人民法院按照审判监督程序再审的案件，发生法律效力的判决、裁定是由第一审法院作出的，按照第一审程序审理，所作的判决、裁定，当事人可以上诉；发生法律效力的判决、裁定是由第二审法院作出的，按照第二审程序审理，所作的判决、裁定，是发生法律效力的判决、裁定；上级人民法院按照审判监督程序提审的，按照第二审程序审理，所作的判决、裁定是发生法律效力的判决、裁定。

人民法院审理再审案件，应当另行组成合议庭。

第一百二十条 人民法院审理再审案件应当围绕再审请求和被诉行政行为合法性进行。当事人的再审请求超出原审诉讼请求，符合另案诉讼条件的，告知当事人可以另行起诉。

被申请人及原审其他当事人在庭审辩论结束前提出的再审请求，符合本解释规定的申请期限的，人民法院应当一并审理。

人民法院经再审，发现已经发生法律效力的判决、裁定损害国家利益、社会公共利益、他人合法权益的，应当一并审理。

第一百二十一条 再审审理期间，有下列情形之一的，裁定终结再审程序：

（一）再审申请人在再审期间撤回再审请求，人民法院准许的；

（二）再审申请人经传票传唤，无正当理由拒不到庭的，或者未经法庭许可中途退庭，按撤回再审请求处理的；

（三）人民检察院撤回抗诉的；

（四）其他应当终结再审程序的情形。

因人民检察院提出抗诉裁定再审的案件，申请抗诉的当事人有前款规定的情形，且不损害国家利益、社会公共利益或者他人合法权益的，人民法院裁定终结再审程序。

再审程序终结后，人民法院裁定中止执行的原生效判决自动恢复执行。

第一百二十二条 人民法院审理再审案件，认为原生效判决、裁定确有错误，在撤销原生效判决或者裁定的同时，可以对生效判决、裁定的内容作出相应裁判，也可以裁定撤销生效判决或者裁定，发回作出生效判决、裁定的人民法院重新审理。

第一百二十三条 人民法院审理二审案件和再审案件，对原审法院立案、不予立案或者驳回起诉错误的，应当分别情况作如下处理：

（一）第一审人民法院作出实体判决后，第二审人民法院认为不应当立案的，在撤销第一审人民法院判决的同时，可以迳行驳回起诉；

（二）第二审人民法院维持第一审人民法院不予立案裁定错误的，再审法院应当撤销第一审、第二审人民法院裁定，指令第一审人民法院受理；

（三）第二审人民法院维持第一审人民法院驳回起诉裁定错误的，再审法院应当撤销第一审、第二审人民法院裁定，指令第一审人民法院审理。

第一百二十四条 人民检察院提出抗诉的案件，接受抗诉的人民法院应当自收到抗诉书之日起三十日内作出再审的裁定；有行政诉讼法第九十一条第二、三项规定情形之一的，可以指令下一级人民法院再审，但经该下一级人民法院再审过的除外。

人民法院在审查抗诉材料期间，当事人之间已经达成和解协议的，人民法院可以建议人民检察院撤回抗诉。

第一百二十五条 人民检察院提出抗诉的案件，人民法院再审开庭时，应当在开庭三日前通知人民检察院派员出庭。

第一百二十六条 人民法院收到再审检察建议后，应当组成合议庭，在三个月内进行审查，发现原判决、裁定、调解书确有错误，需要再审的，依照行政诉讼法第九十二条规定裁定再审，并通知当事人；经审查，决定不予再审的，应当书面回复人民检察院。

第一百二十七条 人民法院审理因人民检察院抗诉或者检察建议裁定再审的案件，不受此前已经作出的驳回当事人再审申请裁定的限制。

八、行政机关负责人出庭应诉

第一百二十八条 行政诉讼法第三条第三款规定的行政机关负责人，包括行政机关的正职、副职负责人以及其他参与分管的负责人。

行政机关负责人出庭应诉的，可以另行委托一至二名诉讼代理人。行政机关负责人不能出庭的，应当委托行政机关相应的工作人员出庭，不得仅委托律师出庭。

第一百二十九条 涉及重大公共利益、社会高度关注或者可能引发群体性事件等案件以及人民法院书面建议行政机关负责人出庭的案件，被诉行政机关负责人应当出庭。

被诉行政机关负责人出庭应诉的，应当在当事人及其诉讼代理人基本情况、案件由来部分予以列明。

行政机关负责人有正当理由不能出庭应诉的，应当向人民法院提交情况说明，并加盖行政机关印章或者由该机关主要负责人签字认可。

行政机关拒绝说明理由的，不发生阻止案件审理的效果，人民法院可以向监察机关、上一级行政机关提出司法建议。

第一百三十条 行政诉讼法第三条第三款规定的"行政机关相应的工作人员"，包括该行政机关具有国家行政编制身份的工作人员以及其他依法履行公职的人员。

被诉行政行为是地方人民政府作出的，地方人民政府法制工作机构的工作人员，以及被诉行政行为具体承办机关工作人员，可以视为被诉人民政府相应的工作人员。

第一百三十一条 行政机关负责人出庭应诉的，应当向人民法院提交能够证明该行政机关负责人职务的材料。

行政机关委托相应的工作人员出庭应诉的，应当向人民法院提交加盖行政机关印章的授权委托书，并载明工作人员的姓名、职务和代理权限。

第一百三十二条 行政机关负责人和行政机关相应的工作人员均不出庭，仅委托律师出庭的或者人民法院书面建议行政机关负责人出庭应诉，行政机关负责人不出庭应诉的，人民法院应当记录在案和在裁判文书中载明，并可以建议有关机关依法作出处理。

九、复议机关作共同被告

第一百三十三条 行政诉讼法第二十六条第二款规定的"复议机关决定维持原行政行为"，包括复议机关驳回复议申请或者复议请求的情形，但以复议申请不符合受理条件为由驳回的除外。

第一百三十四条 复议机关决定维持原行政行为的，作出原行政行为的行政机关和复议机关是共同被告。原告只起诉作出原行政行为的行政机关或者复议机关的，人民法院应当告知原告追加被告。原告不同意追加的，人民法院应当将另一机关列为共同被告。

行政复议决定既有维持原行政行为内容，又有改变原行政行为内容或者不予受理申请内容的，作出原行政行为的行政机关和复议机关为共同被告。

复议机关作共同被告的案件，以作出原行政行为的行政机关确定案件的级别管辖。

第一百三十五条 复议机关决定维持原行政行为的，人民法院应当在审查原行政行为合法性的同时，一并审查复议决定的合法性。

作出原行政行为的行政机关和复议机关对原行政行为合法性共同承担举证责任，可以由其中一个机关实施举证行为。复议机关对复议决定的合法性承担举证责任。

复议机关作共同被告的案件，复议机关在复议程序中依法收集和补充的证据，可以作为人民法院认定复议决定和原行政行为合法的依据。

第一百三十六条 人民法院对原行政行为作出判决的同时，应当对复议决定一并作出相应判决。

人民法院依职权追加作出原行政行为的行政机关或者复议机关为共同被告的，对原行政行为或者复议决定可以作出相应判决。

人民法院判决撤销原行政行为和复议决定的，可以判决作出原行政行为的行政机关重新作出行政行为。

人民法院判决作出原行政行为的行政机关履行法定职责或者给付义务的，应当同时判决撤销复议决定。

原行政行为合法、复议决定违法的，人民法院可以判决撤销复议决定或者确认复议决定违法，同时判决驳回原告针对原行政行为的诉讼请求。

原行政行为被撤销、确认违法或者无效，给原告造成损失的，应当由作出原行政行为的行政机关承担赔偿责任；因复议决定加重损害的，由复议机关对加重部分承担赔偿责任。

原行政行为不符合复议或者诉讼受案范围等受理条件，复议机关作出维持决定的，人民法院应当裁定一并驳回对原行政行为和复议决定的起诉。

十、相关民事争议的一并审理

第一百三十七条 公民、法人或者其他组织请求一并审理行政诉讼法第六十一条规定的相关民事争议，应当在第一审开庭审理前提出；有正当理由的，也可以在法庭调查中提出。

第一百三十八条 人民法院决定在行政诉讼中一并审理相关民事争议，或者案件当事人一致同意相关民事争议在行政诉讼中一并解决，人民法院准许的，由受理行政案件的人民法院管辖。

公民、法人或者其他组织请求一并审理相关民事争议，人民法院经审查发现行政案件已经超过起诉期限，民事案件尚未立案的，告知当事人另行提起民事诉讼；民事案件已经立案的，由原审判组织继续审理。

人民法院在审理行政案件中发现民事争议为解决行政争议的基础，当事人没有请求人民法院一并审理相关民事争议的，人民法院应当告知当事人依法申请一并解决民事争议。当事人就民事争议另行提起民事诉讼并已立案的，人民法院应当中止行政诉讼的审理。民事争议处理期间不计算在行政诉讼审理期限内。

第一百三十九条 有下列情形之一的，人民法院应当作出不予准许一并审理民事争议的决定，并告知当事人可以依法通过其他渠道主张权利：

（一）法律规定应当由行政机关先行处理的；

（二）违反民事诉讼法专属管辖规定或者协议管辖约定的；

（三）约定仲裁或者已经提起民事诉讼的；

（四）其他不宜一并审理民事争议的情形。

对不予准许的决定可以申请复议一次。

第一百四十条 人民法院在行政诉讼中一并审理相关民事争议的，民事争议应当单独立案，由同一审判组织审理。

人民法院审理行政机关对民事争议所作裁决的案件，一并审理民事争议的，不另行立案。

第一百四十一条 人民法院一并审理相关民事争议，适用民事法律规范的相关规定，法律另有规定的除外。

当事人在调解中对民事权益的处分，不能作为审查被诉行政行为合法性的根据。

第一百四十二条 对行政争议和民事争议应当分别裁判。

当事人仅对行政裁判或者民事裁判提出上诉的，未上诉的裁判在上诉期满后即发生法律效力。第一审人民法院应当将全部案卷一并移送第二审人民法院，由行政审判庭审理。第二审人民法院发现未上诉的生效裁判确有错误的，应当按照审判监督程序再审。

第一百四十三条 行政诉讼原告在宣判前申请撤诉的，是否准许由人民法院裁定。人民法院裁定准许行政诉讼原告撤诉，但其对已经提起的一并审理相关民事争议不撤诉的，人民法院应当继续审理。

第一百四十四条 人民法院一并审理相关民事争议，应当按行政案件、民事案件的标准分别收取诉讼费用。

十一、规范性文件的一并审查

第一百四十五条 公民、法人或者其他组织在对行政行为提起诉讼时一并请求对所依据的规范性文件审查的，由行政行为案件管辖法院一并审查。

第一百四十六条 公民、法人或者其他组织请求人民法院一并审查行政诉讼法第五十三条规定的规范性文件，应当在第一审开庭审理前提出；有正当理由的，也可以在法庭调查中提出。

第一百四十七条 人民法院在对规范性文件审查过程中，发现规范性文件可能不合法的，应当听取规范性文件制定机关的意见。

制定机关申请出庭陈述意见的，人民法院应当准许。

行政机关未陈述意见或者未提供相关证明材料的，不能阻止人民法院对规范性文件进行审查。

第一百四十八条 人民法院对规范性文件进行一并审查时，可以从规范性文件制定机关是否超越权限或者违反法定程序、作出行政行为所依据的条款以及相关条款等方面进行。

有下列情形之一的，属于行政诉讼法第六十四条规定的"规范性文件不合法"：

（一）超越制定机关的法定职权或者超越法律、法规、规章的授权范围的；

（二）与法律、法规、规章等上位法的规定相抵触的；

（三）没有法律、法规、规章依据，违法增加公民、法人和其他组织义务或者减损公民、法人和其他组织合法权益的；

（四）未履行法定批准程序、公开发布程序，严重违反制定程序的；

（五）其他违反法律、法规以及规章规定的情形。

第一百四十九条 人民法院经审查认为行政行为所依据的规范性文件合法的，应当作为认定行政行为合法的依据；经审查认为规范性文件不合法的，不作为人民法院认定行政行为合法的依据，并在裁判理由中予以阐明。作出生效裁判的人民法院应当向规范性文件的制定机关提出处理建议，并可以抄送制定机关的同级人民政府、上一级行政机关、监察机关以及规范性文件的备案机关。

规范性文件不合法的，人民法院可以在裁判生效之日起三个月内，向规范性文件制定机关提出修改或者废止该规范性文件的司法建议。

规范性文件由多个部门联合制定的，人民法院可以向该规范性文件的主办机关或者共同上一级行政机关发送司法建议。

接收司法建议的行政机关应当在收到司法建议之日起六十日内予以书面答复。情况紧急的，人民法院可以建议制定机关或者其上一级行政机关立即停止执行该规范性文件。

第一百五十条 人民法院认为规范性文件不合法的，应当在裁判生效后报送上一级人民法院进行备案。涉及国务院部门、省级行政机关制定的规范性文件，司法建议还应当分别层报最高人民法院、高级人民法院备案。

第一百五十一条 各级人民法院院长对本院已经发生法律效力的判决、裁定，发现规范性文件合法性认定错误，认为需要再审的，应当提交审判委员会讨论。

最高人民法院对地方各级人民法院已经发生法律效力的判决、裁定，上级人民法院对下级人民法院已经发生法律效力的判决、裁定，发现规范性文件合法性认定错误的，有权提审或者指令下级人民法院再审。

十二、执行

第一百五十二条 对发生法律效力的行政判决书、行政裁定书、行政赔偿判决书和行政调解书，负有义务的一方当事人拒绝履行的，对方当事人可以依法申请人民法院强制执行。

人民法院判决行政机关履行行政赔偿、行政补偿或者其他行政给付义务，行政机关拒不履行的，对方当事人可以依法向法院申请强制执行。

第一百五十三条 申请执行的期限为二年。申请执行时效的中止、中断，适用法律有关规定。

申请执行的期限从法律文书规定的履行期间最后一日起计算；法律文书规定分期履行的，从规定的每次履行期间的最后一日起计算；法律文书中没有规定履行期限的，从该法律文书送达当事人之日起计算。

逾期申请的，除有正当理由外，人民法院不予受理。

第一百五十四条 发生法律效力的行政判决书、行政裁定书、行政赔偿判决书和行政调解书，由第一审人民法院执行。

第一审人民法院认为情况特殊，需要由第二审人民法院执行的，可以报请第二审人民法院执行；第二审人民法院可以决定由其执行，也可以决定由第一审人民法院执行。

第一百五十五条 行政机关根据行政诉讼法第九十七条的规定申请执行其行政行为，应当具备以下条件：

（一）行政行为依法可以由人民法院执行；

（二）行政行为已经生效并具有可执行内容；

（三）申请人是作出该行政行为的行政机关或者法律、法规、规章授权的组织；

（四）被申请人是该行政行为所确定的义务人；

（五）被申请人在行政行为确定的期限内或者行政机关催告期限内未履行义务；

（六）申请人在法定期限内提出申请；

（七）被申请执行的行政案件属于受理执行申请的人民法院管辖。

行政机关申请人民法院执行，应当提交行政强制法第五十五条规定的相关材料。

人民法院对符合条件的申请，应当在五日内立案受理，并通知申请人；对不符合条件的申请，应当裁定不予受理。行政机关对不予受理裁定有异议，在十五日内向上一级人民法院申请复议的，上一级人民法院应当在收到复议申请之日起十五日内作出裁定。

第一百五十六条 没有强制执行权的行政机关申请人民法院强制执行其行政行为，应当自被执行人的法定起诉期限届满之日起三个月内提出。逾期申请的，除有正当理由外，人民法院不予受理。

第一百五十七条 行政机关申请人民法院强制执行其行政行为的，由申请人所在地的基层人民法院受理；执行对象为不动产的，由不动产所在地的基层人民法院受理。

基层人民法院认为执行确有困难的，可以报请上级人民法院执行；上级人民法院可以决定由其执行，也可以决定由下级人民法院执行。

第一百五十八条 行政机关根据法律的授权对平等主体之间民事争议作出裁决后，当事人在法定期限内不起诉又不履行，作出裁决的行政机关在申请执行的期限内未申请人民法院强制执行的，生效行政裁决确定的权利人或者其继承人、权利承受人在六个月内可以申请人民法院强制执行。

享有权利的公民、法人或者其他组织申请人民法院强制执行生效行政裁决，参照行政机关申请人民法院强制执行行政行为的规定。

第一百五十九条 行政机关或者行政行为确定的权利人申请人民法院强制执行前，有充分理由认为被执行人可能逃避执行的，可以申请人民法院采取财产保全措施。后者申请强制执行的，应当提供相应的财产担保。

第一百六十条 人民法院受理行政机关申请执行其行政行为的案件后，应当在七日内由行政审判庭对行政行为的合法性进行审查，并作出是否准予执行的裁定。

人民法院在作出裁定前发现行政行为明显违法并损害被执行人合法权益的，应当听取被执行人和行政机关的意见，并自受理之日起三十日内作出是否准予执行的裁定。

需要采取强制执行措施的，由本院负责强制执行非诉行政行为的机构执行。

第一百六十一条　被申请执行的行政行为有下列情形之一的，人民法院应当裁定不准予执行：

（一）实施主体不具有行政主体资格的；

（二）明显缺乏事实根据的；

（三）明显缺乏法律、法规依据的；

（四）其他明显违法并损害被执行人合法权益的情形。

行政机关对不准予执行的裁定有异议，在十五日内向上一级人民法院申请复议的，上一级人民法院应当在收到复议申请之日起三十日内作出裁定。

十三、附则

第一百六十二条　公民、法人或者其他组织对 2015 年 5 月 1 日之前作出的行政行为提起诉讼，请求确认行政行为无效的，人民法院不予立案。

第一百六十三条　本解释自 2018 年 2 月 8 日起施行。

本解释施行后，《最高人民法院关于执行〈中华人民共和国行政诉讼法〉若干问题的解释》（法释〔2000〕8 号）、《最高人民法院关于适用〈中华人民共和国行政诉讼法〉若干问题的解释》（法释〔2015〕9 号）同时废止。最高人民法院以前发布的司法解释与本解释不一致的，不再适用。

附录 3：与民事诉讼释明制度相关的规定

最高人民法院关于民事诉讼证据的若干规定

《最高人民法院关于修改〈关于民事诉讼证据的若干规定〉的决定》已于 2019 年 10 月 14 日由最高人民法院审判委员会第 1777 次会议通过，现予公布，自 2020 年 5 月 1 日起施行。

法释〔2019〕19 号

为保证人民法院正确认定案件事实，公正、及时审理民事案件，保障和便利当事人依法行使诉讼权利，根据《中华人民共和国民事诉讼法》（以下简称民事诉讼法）等有关法律的规定，结合民事审判经验和实际情况，制定本规定。

一、当事人举证

第一条 原告向人民法院起诉或者被告提出反诉，应当提供符合起诉条件的相应的证据。

第二条 人民法院应当向当事人说明举证的要求及法律后果，促使当事人在合理期限内积极、全面、正确、诚实地完成举证。

当事人因客观原因不能自行收集的证据，可申请人民法院调查收集。

第三条 在诉讼过程中，一方当事人陈述的于己不利的事实，或者对于己不利的事实明确表示承认的，另一方当事人无需举证证明。

在证据交换、询问、调查过程中，或者在起诉状、答辩状、代理词等书面材料中，当事人明确承认于己不利的事实的，适用前款规定。

第四条 一方当事人对于另一方当事人主张的于己不利的事实既不承认也不否认，经审判人员说明并询问后，其仍然不明确表示肯定或者否定的，视为对该事实的承认。

第五条 当事人委托诉讼代理人参加诉讼的，除授权委托书明确排除的事项外，诉讼代理人的自认视为当事人的自认。

当事人在场对诉讼代理人的自认明确否认的，不视为自认。

第六条 普通共同诉讼中，共同诉讼人中一人或者数人作出的自认，对作出自认的当事人发生效力。　　必要共同诉讼中，共同诉讼人中一人或者数人作出自认而其他共同诉讼人予以否认的，不发生自认的效力。其他共同诉讼人既不承认也不否认，经审判人员说明并询问后仍然不明确表示意见的，视为全体共同诉讼人的自认。

第七条 一方当事人对于另一方当事人主张的于己不利的事实有所限制或者附加条件予以承认的，由人民法院综合案件情况决定是否构成自认。

第八条 《最高人民法院关于适用〈中华人民共和国民事诉讼法〉的解释》第九十六条第一款规定的事实，不适用有关自认的规定。

自认的事实与已经查明的事实不符的，人民法院不予确认。

第九条 有下列情形之一，当事人在法庭辩论终结前撤销自认的，人民法院应当准许：

（一）经对方当事人同意的；

（二）自认是在受胁迫或者重大误解情况下作出的。

人民法院准许当事人撤销自认的，应当作出口头或者书面裁定。

第十条 下列事实，当事人无须举证证明：

（一）自然规律以及定理、定律；

（二）众所周知的事实；

（三）根据法律规定推定的事实；

（四）根据已知的事实和日常生活经验法则推定出的另一事实；

（五）已为仲裁机构的生效裁决所确认的事实；

（六）已为人民法院发生法律效力的裁判所确认的基本事实；

（七）已为有效公证文书所证明的事实。

前款第二项至第五项事实，当事人有相反证据足以反驳的除外；第六项、第七项事实，当事人有相反证据足以推翻的除外。

第十一条 当事人向人民法院提供证据，应当提供原件或者原物。如需自己保存证据原件、原物或者提供原件、原物确有困难的，可以提供经人民法院核对无异的复制件或者复制品。

第十二条 以动产作为证据的，应当将原物提交人民法院。原物不宜搬移或者不宜保存的，当事人可以提供复制品、影像资料或者其他替代品。

人民法院在收到当事人提交的动产或者替代品后，应当及时通知双方当事人到人民法院或者保存现场查验。

第十三条 当事人以不动产作为证据的，应当向人民法院提供该不动产的影像资料。

人民法院认为有必要的，应当通知双方当事人到场进行查验。

第十四条 电子数据包括下列信息、电子文件：

（一）网页、博客、微博客等网络平台发布的信息；

（二）手机短信、电子邮件、即时通信、通讯群组等网络应用服务的通信信息；

（三）用户注册信息、身份认证信息、电子交易记录、通信记录、登录日志等信息；

（四）文档、图片、音频、视频、数字证书、计算机程序等电子文件；

（五）其他以数字化形式存储、处理、传输的能够证明案件事实的信息。

第十五条 当事人以视听资料作为证据的，应当提供存储该视听资料的原始载体。

当事人以电子数据作为证据的，应当提供原件。电子数据的制作者制作的与原件一致的副本，或者直接来源于电子数据的打印件或其他可以显示、识别的输出介质，视为电子数据的原件。

第十六条 当事人提供的公文书证系在中华人民共和国领域外形成的，该证据应当经所在国公证机关证明，或者履行中华人民共和国与该所在国订立的有关条约中规定的证明手续。

中华人民共和国领域外形成的涉及身份关系的证据，应当经所在国公证机关证明并经中华人民共和国驻该国使领馆认证，或者履行中华人民共和国与该所在国订立的有关条约中规定的证明手续。

当事人向人民法院提供的证据是在香港、澳门、台湾地区形成的，应当履行相关的证明手续。

第十七条 当事人向人民法院提供外文书证或者外文说明资料，应当附有中文译本。

第十八条 双方当事人无争议的事实符合《最高人民法院关于适用〈中华人民共和国民事诉讼法〉的解释》第九十六条第一款规定情形的，人民法院可以责令当事人提供有关证据。

第十九条 当事人应当对其提交的证据材料逐一分类编号，对证据材料的来源、证明对象和内容作简要说明，签名盖章，注明提交日期，并依照对方当事人人数提出副本。

人民法院收到当事人提交的证据材料，应当出具收据，注明证据的名称、份数和页数以及收到的时间，由经办人员签名或者盖章。

二、证据的调查收集和保全

第二十条 当事人及其诉讼代理人申请人民法院调查收集证据，应当在举证期限届满前提交书面申请。

申请书应当载明被调查人的姓名或者单位名称、住所地等基本情况、所要调查收集的证据名称或者内容、需要由人民法院调查收集证据的原因及其要证明的事实以及明确的线索。

第二十一条 人民法院调查收集的书证，可以是原件，也可以是经核对无误的副本或者复制件。是副本或者复制件的，应当在调查笔录中说明来源和取证情况。

第二十二条 人民法院调查收集的物证应当是原物。被调查人提供原物确有困难的，可以提供复制品或者影像资料。提供复制品或者影像资料的，应当在调查笔录中说明取证情况。

第二十三条 人民法院调查收集视听资料、电子数据，应当要求被调查人提供原始载体。

提供原始载体确有困难的，可以提供复制件。提供复制件的，人民法院应当在调查笔录中说明其来源和制作经过。

人民法院对视听资料、电子数据采取证据保全措施的，适用前款规定。

第二十四条　人民法院调查收集可能需要鉴定的证据，应当遵守相关技术规范，确保证据不被污染。

第二十五条　当事人或者利害关系人根据民事诉讼法第八十一条的规定申请证据保全的，申请书应当载明需要保全的证据的基本情况、申请保全的理由以及采取何种保全措施等内容。

当事人根据民事诉讼法第八十一条第一款的规定申请证据保全的，应当在举证期限届满前向人民法院提出。

法律、司法解释对诉前证据保全有规定的，依照其规定办理。

第二十六条　当事人或者利害关系人申请采取查封、扣押等限制保全标的物使用、流通等保全措施，或者保全可能对证据持有人造成损失的，人民法院应当责令申请人提供相应的担保。

担保方式或者数额由人民法院根据保全措施对证据持有人的影响、保全标的物的价值、当事人或者利害关系人争议的诉讼标的金额等因素综合确定。

第二十七条　人民法院进行证据保全，可以要求当事人或者诉讼代理人到场。

根据当事人的申请和具体情况，人民法院可以采取查封、扣押、录音、录像、复制、鉴定、勘验等方法进行证据保全，并制作笔录。

在符合证据保全目的的情况下，人民法院应当选择对证据持有人利益影响最小的保全措施。

第二十八条　申请证据保全错误造成财产损失，当事人请求申请人承担赔偿责任的，人民法院应予支持。

第二十九条　人民法院采取诉前证据保全措施后，当事人向其他有管辖权的人民法院提起诉讼的，采取保全措施的人民法院应当根据当事人的申请，将保全的证据及时移交受理案件的人民法院。

第三十条　人民法院在审理案件过程中认为待证事实需要通过鉴定意见证明

的，应当向当事人释明，并指定提出鉴定申请的期间。

符合《最高人民法院关于适用〈中华人民共和国民事诉讼法〉的解释》第九十六条第一款规定情形的，人民法院应当依职权委托鉴定。

第三十一条 当事人申请鉴定，应当在人民法院指定期间内提出，并预交鉴定费用。逾期不提出申请或者不预交鉴定费用的，视为放弃申请。

对需要鉴定的待证事实负有举证责任的当事人，在人民法院指定期间内无正当理由不提出鉴定申请或者不预交鉴定费用，或者拒不提供相关材料，致使待证事实无法查明的，应当承担举证不能的法律后果。

第三十二条 人民法院准许鉴定申请的，应当组织双方当事人协商确定具备相应资格的鉴定人。当事人协商不成的，由人民法院指定。

人民法院依职权委托鉴定的，可以在询问当事人的意见后，指定具备相应资格的鉴定人。

人民法院在确定鉴定人后应当出具委托书，委托书中应当载明鉴定事项、鉴定范围、鉴定目的和鉴定期限。

第三十三条 鉴定开始之前，人民法院应当要求鉴定人签署承诺书。承诺书中应当载明鉴定人保证客观、公正、诚实地进行鉴定，保证出庭作证，如作虚假鉴定应当承担法律责任等内容。

鉴定人故意作虚假鉴定的，人民法院应当责令其退还鉴定费用，并根据情节，依照民事诉讼法第一百一十一条的规定进行处罚。

第三十四条 人民法院应当组织当事人对鉴定材料进行质证。未经质证的材料，不得作为鉴定的根据。

经人民法院准许，鉴定人可以调取证据、勘验物证和现场、询问当事人或者证人。

第三十五条 鉴定人应当在人民法院确定的期限内完成鉴定，并提交鉴定书。鉴定人无正当理由未按期提交鉴定书的，当事人可以申请人民法院另行委托鉴定人进行鉴定。人民法院准许的，原鉴定人已经收取的鉴定费用应当退还；拒不退还的，依照本规定第八十一条第二款的规定处理。

第三十六条 人民法院对鉴定人出具的鉴定书，应当审查是否具有下列内容：

（一）委托法院的名称；

（二）委托鉴定的内容、要求；

（三）鉴定材料；

（四）鉴定所依据的原理、方法；

（五）对鉴定过程的说明；

（六）鉴定意见；

（七）承诺书。

鉴定书应当由鉴定人签名或者盖章，并附鉴定人的相应资格证明。委托机构鉴定的，鉴定书应当由鉴定机构盖章，并由从事鉴定的人员签名。

第三十七条 人民法院收到鉴定书后，应当及时将副本送交当事人。

当事人对鉴定书的内容有异议的，应当在人民法院指定期间内以书面方式提出。

对于当事人的异议，人民法院应当要求鉴定人作出解释、说明或者补充。人民法院认为有必要的，可以要求鉴定人对当事人未提出异议的内容进行解释、说明或者补充。

第三十八条 当事人在收到鉴定人的书面答复后仍有异议的，人民法院应当根据《诉讼费用交纳办法》第十一条的规定，通知有异议的当事人预交鉴定人出庭费用，并通知鉴定人出庭。有异议的当事人不预交鉴定人出庭费用的，视为放弃异议。

双方当事人对鉴定意见均有异议的，分摊预交鉴定人出庭费用。

第三十九条 鉴定人出庭费用按照证人出庭作证费用的标准计算，由败诉的当事人负担。因鉴定意见不明确或者有瑕疵需要鉴定人出庭的，出庭费用由其自行负担。

人民法院委托鉴定时已经确定鉴定人出庭费用包含在鉴定费用中的，不再通知当事人预交。

第四十条 当事人申请重新鉴定，存在下列情形之一的，人民法院应当准许：

（一）鉴定人不具备相应资格的；

（二）鉴定程序严重违法的；

（三）鉴定意见明显依据不足的；

（四）鉴定意见不能作为证据使用的其他情形。

存在前款第一项至第三项情形的，鉴定人已经收取的鉴定费用应当退还。拒不退还的，依照本规定第八十一条第二款的规定处理。

对鉴定意见的瑕疵，可以通过补正、补充鉴定或者补充质证、重新质证等方法解决的，人民法院不予准许重新鉴定的申请。

重新鉴定的，原鉴定意见不得作为认定案件事实的根据。

第四十一条 对于一方当事人就专门性问题自行委托有关机构或者人员出具的意见，另一方当事人有证据或者理由足以反驳并申请鉴定的，人民法院应予准许。

第四十二条 鉴定意见被采信后，鉴定人无正当理由撤销鉴定意见的，人民法院应当责令其退还鉴定费用，并可以根据情节，依照民事诉讼法第一百一十一条的规定对鉴定人进行处罚。当事人主张鉴定人负担由此增加的合理费用的，人民法院应予支持。

人民法院采信鉴定意见后准许鉴定人撤销的，应当责令其退还鉴定费用。

第四十三条 人民法院应当在勘验前将勘验的时间和地点通知当事人。当事人不参加的，不影响勘验进行。

当事人可以就勘验事项向人民法院进行解释和说明，可以请求人民法院注意勘验中的重要事项。

人民法院勘验物证或者现场，应当制作笔录，记录勘验的时间、地点、勘验人、在场人、勘验的经过、结果，由勘验人、在场人签名或者盖章。对于绘制的现场图应当注明绘制的时间、方位、测绘人姓名、身份等内容。

第四十四条 摘录有关单位制作的与案件事实相关的文件、材料，应当注明出处，并加盖制作单位或者保管单位的印章，摘录人和其他调查人员应当在摘录件上签名或者盖章。

摘录文件、材料应当保持内容相应的完整性。

第四十五条 当事人根据《最高人民法院关于适用〈中华人民共和国民事诉讼法〉的解释》第一百一十二条的规定申请人民法院责令对方当事人提交书证的，申请书应当载明所申请提交的书证名称或者内容、需要以该书证证明的事实及事实的重要性、对方当事人控制该书证的根据以及应当提交该书证的理由。

对方当事人否认控制书证的，人民法院应当根据法律规定、习惯等因素，结合案件的事实、证据，对于书证是否在对方当事人控制之下的事实作出综合判断。

第四十六条 人民法院对当事人提交书证的申请进行审查时，应当听取对方当事人的意见，必要时可以要求双方当事人提供证据、进行辩论。

当事人申请提交的书证不明确、书证对于待证事实的证明无必要、待证事实对于裁判结果无实质性影响、书证未在对方当事人控制之下或者不符合本规定第四十七条情形的，人民法院不予准许。

当事人申请理由成立的，人民法院应当作出裁定，责令对方当事人提交书证；理由不成立的，通知申请人。

第四十七条 下列情形，控制书证的当事人应当提交书证：

（一）控制书证的当事人在诉讼中曾经引用过的书证；

（二）为对方当事人的利益制作的书证；

（三）对方当事人依照法律规定有权查阅、获取的书证；

（四）账簿、记账原始凭证；

（五）人民法院认为应当提交书证的其他情形。

前款所列书证，涉及国家秘密、商业秘密、当事人或第三人的隐私，或者存在法律规定应当保密的情形的，提交后不得公开质证。

第四十八条 控制书证的当事人无正当理由拒不提交书证的，人民法院可以认定对方当事人所主张的书证内容为真实。

控制书证的当事人存在《最高人民法院关于适用〈中华人民共和国民事诉讼法〉的解释》第一百一十三条规定情形的，人民法院可以认定对方当事人主张以该书证证明的事实为真实。

三、举证时限与证据交换

第四十九条 被告应当在答辩期届满前提出书面答辩，阐明其对原告诉讼请求及所依据的事实和理由的意见。

第五十条 人民法院应当在审理前的准备阶段向当事人送达举证通知书。

举证通知书应当载明举证责任的分配原则和要求、可以向人民法院申请调查收集证据的情形、人民法院根据案件情况指定的举证期限以及逾期提供证据的法律后果等内容。

第五十一条 举证期限可以由当事人协商，并经人民法院准许。

人民法院指定举证期限的，适用第一审普通程序审理的案件不得少于十五日，当事人提供新的证据的第二审案件不得少于十日。适用简易程序审理的案件不得超过十五日，小额诉讼案件的举证期限一般不得超过七日。

举证期限届满后，当事人提供反驳证据或者对已经提供的证据的来源、形式等方面的瑕疵进行补正的，人民法院可以酌情再次确定举证期限，该期限不受前款规定的期间限制。

第五十二条 当事人在举证期限内提供证据存在客观障碍，属于民事诉讼法第六十五条第二款规定的"当事人在该期限内提供证据确有困难"的情形。

前款情形，人民法院应当根据当事人的举证能力、不能在举证期限内提供证据的原因等因素综合判断。必要时，可以听取对方当事人的意见。

第五十三条 诉讼过程中，当事人主张的法律关系性质或者民事行为效力与人民法院根据案件事实作出的认定不一致的，人民法院应当将法律关系性质或者民事行为效力作为焦点问题进行审理。但法律关系性质对裁判理由及结果没有影响，或者有关问题已经当事人充分辩论的除外。

存在前款情形，当事人根据法庭审理情况变更诉讼请求的，人民法院应当准许并可以根据案件的具体情况重新指定举证期限。

第五十四条 当事人申请延长举证期限的，应当在举证期限届满前向人民法院提出书面申请。申请理由成立的，人民法院应当准许，适当延长举证期限，并通知其他当事人。延长的举证期限适用于其他当事人。

申请理由不成立的，人民法院不予准许，并通知申请人。

第五十五条 存在下列情形的，举证期限按照如下方式确定：

（一）当事人依照民事诉讼法第一百二十七条规定提出管辖权异议的，举证期限中止，自驳回管辖权异议的裁定生效之日起恢复计算；

（二）追加当事人、有独立请求权的第三人参加诉讼或者无独立请求权的第三人经人民法院通知参加诉讼的，人民法院应当依照本规定第五十一条的规定为新参加诉讼的当事人确定举证期限，该举证期限适用于其他当事人；

（三）发回重审的案件，第一审人民法院可以结合案件具体情况和发回重审的原因，酌情确定举证期限；

（四）当事人增加、变更诉讼请求或者提出反诉的，人民法院应当根据案件具体情况重新确定举证期限；

（五）公告送达的，举证期限自公告期届满之次日起计算。

第五十六条 人民法院依照民事诉讼法第一百三十三条第四项的规定，通过组织证据交换进行审理前准备的，证据交换之日举证期限届满。

证据交换的时间可以由当事人协商一致并经人民法院认可，也可以由人民法院指定。当事人申请延期举证经人民法院准许的，证据交换日相应顺延。

第五十七条 证据交换应当在审判人员的主持下进行。

在证据交换的过程中，审判人员对当事人无异议的事实、证据应当记录在卷；对有异议的证据，按照需要证明的事实分类记录在卷，并记载异议的理由。通过证据交换，确定双方当事人争议的主要问题。

第五十八条 当事人收到对方的证据后有反驳证据需要提交的，人民法院应当再次组织证据交换。

第五十九条 人民法院对逾期提供证据的当事人处以罚款的，可以结合当事人逾期提供证据的主观过错程度、导致诉讼迟延的情况、诉讼标的金额等因素，确定罚款数额。

四、质证

第六十条 当事人在审理前的准备阶段或者人民法院调查、询问过程中发表过质证意见的证据，视为质证过的证据。

当事人要求以书面方式发表质证意见，人民法院在听取对方当事人意见后认为有必要的，可以准许。人民法院应当及时将书面质证意见送交对方当事人。

第六十一条 对书证、物证、视听资料进行质证时，当事人应当出示证据的原件或者原物。但有下列情形之一的除外：

（一）出示原件或者原物确有困难并经人民法院准许出示复制件或者复制品的；

（二）原件或者原物已不存在，但有证据证明复制件、复制品与原件或者原物一致的。

第六十二条 质证一般按下列顺序进行：

（一）原告出示证据，被告、第三人与原告进行质证；

（二）被告出示证据，原告、第三人与被告进行质证；

（三）第三人出示证据，原告、被告与第三人进行质证。

人民法院根据当事人申请调查收集的证据，审判人员对调查收集证据的情况进行说明后，由提出申请的当事人与对方当事人、第三人进行质证。

人民法院依职权调查收集的证据，由审判人员对调查收集证据的情况进行说明后，听取当事人的意见。

第六十三条 当事人应当就案件事实作真实、完整的陈述。

当事人的陈述与此前陈述不一致的，人民法院应当责令其说明理由，并结合当事人的诉讼能力、证据和案件具体情况进行审查认定。

当事人故意作虚假陈述妨碍人民法院审理的，人民法院应当根据情节，依照民事诉讼法第一百一十一条的规定进行处罚。

第六十四条 人民法院认为有必要的，可以要求当事人本人到场，就案件的有关事实接受询问。

人民法院要求当事人到场接受询问的，应当通知当事人询问的时间、地点、拒不到场的后果等内容。

第六十五条 人民法院应当在询问前责令当事人签署保证书并宣读保证书的内容。保证书应当载明保证据实陈述，绝无隐瞒、歪曲、增减，如有虚假陈述应当接受处罚等内容。当事人应当在保证书上签名、捺印。

当事人有正当理由不能宣读保证书的，由书记员宣读并进行说明。

第六十六条 当事人无正当理由拒不到场、拒不签署或宣读保证书或者拒不接受询问的，人民法院应当综合案件情况，判断待证事实的真伪。待证事实无其他证据证明的，人民法院应当作出不利于该当事人的认定。

第六十七条 不能正确表达意思的人，不能作为证人。

待证事实与其年龄、智力状况或者精神健康状况相适应的无民事行为能力人和限制民事行为能力人，可以作为证人。

第六十八条 人民法院应当要求证人出庭作证，接受审判人员和当事人的询问。证人在审理前的准备阶段或者人民法院调查、询问等双方当事人在场时陈述证言的，视为出庭作证。

双方当事人同意证人以其他方式作证并经人民法院准许的，证人可以不出庭作证。

无正当理由未出庭的证人以书面等方式提供的证言，不得作为认定案件事实的根据。

第六十九条 当事人申请证人出庭作证的，应当在举证期限届满前向人民法院提交申请书。

申请书应当载明证人的姓名、职业、住所、联系方式，作证的主要内容，作证内容与待证事实的关联性，以及证人出庭作证的必要性。

符合《最高人民法院关于适用〈中华人民共和国民事诉讼法〉的解释》第九十六条第一款规定情形的，人民法院应当依职权通知证人出庭作证。

第七十条 人民法院准许证人出庭作证申请的，应当向证人送达通知书并告知双方当事人。通知书中应当载明证人作证的时间、地点，作证的事项、要求以及作伪证的法律后果等内容。

当事人申请证人出庭作证的事项与待证事实无关，或者没有通知证人出庭作证必要的，人民法院不予准许当事人的申请。

第七十一条 人民法院应当要求证人在作证之前签署保证书，并在法庭上宣读保证书的内容。但无民事行为能力人和限制民事行为能力人作为证人的除外。

证人确有正当理由不能宣读保证书的，由书记员代为宣读并进行说明。

证人拒绝签署或者宣读保证书的，不得作证，并自行承担相关费用。

证人保证书的内容适用当事人保证书的规定。

第七十二条 证人应当客观陈述其亲身感知的事实，作证时不得使用猜测、推断或者评论性语言。

证人作证前不得旁听法庭审理，作证时不得以宣读事先准备的书面材料的方式陈述证言。

证人言辞表达有障碍的，可以通过其他表达方式作证。

第七十三条 证人应当就其作证的事项进行连续陈述。

当事人及其法定代理人、诉讼代理人或者旁听人员干扰证人陈述的，人民法院应当及时制止，必要时可以依照民事诉讼法第一百一十条的规定进行处罚。

第七十四条 审判人员可以对证人进行询问。当事人及其诉讼代理人经审判人员许可后可以询问证人。

询问证人时其他证人不得在场。

人民法院认为有必要的，可以要求证人之间进行对质。

第七十五条 证人出庭作证后，可以向人民法院申请支付证人出庭作证费用。证人有困难需要预先支取出庭作证费用的，人民法院可以根据证人的申请在出庭作证前支付。

第七十六条 证人确有困难不能出庭作证，申请以书面证言、视听传输技术或者视听资料等方式作证的，应当向人民法院提交申请书。申请书中应当载明不能出庭的具体原因。

符合民事诉讼法第七十三条规定情形的，人民法院应当准许。

第七十七条 证人经人民法院准许，以书面证言方式作证的，应当签署保证书；以视听传输技术或者视听资料方式作证的，应当签署保证书并宣读保证书的内容。

第七十八条 当事人及其诉讼代理人对证人的询问与待证事实无关，或者存在威胁、侮辱证人或不适当引导等情形的，审判人员应当及时制止。必要时可以依照民事诉讼法第一百一十条、第一百一十一条的规定进行处罚。

证人故意作虚假陈述，诉讼参与人或者其他人以暴力、威胁、贿买等方法妨碍证人作证，或者在证人作证后以侮辱、诽谤、诬陷、恐吓、殴打等方式对证人打击报复的，人民法院应当根据情节，依照民事诉讼法第一百一十一条的规定，对行为人进行处罚。

第七十九条 鉴定人依照民事诉讼法第七十八条的规定出庭作证的，人民法院应当在开庭审理三日前将出庭的时间、地点及要求通知鉴定人。

委托机构鉴定的，应当由从事鉴定的人员代表机构出庭。

第八十条 鉴定人应当就鉴定事项如实答复当事人的异议和审判人员的询问。当庭答复确有困难的，经人民法院准许，可以在庭审结束后书面答复。

人民法院应当及时将书面答复送交当事人，并听取当事人的意见。必要时，可以再次组织质证。

第八十一条 鉴定人拒不出庭作证的，鉴定意见不得作为认定案件事实的根据。人民法院应当建议有关主管部门或者组织对拒不出庭作证的鉴定人予以处罚。

当事人要求退还鉴定费用的，人民法院应当在三日内作出裁定，责令鉴定人退还；拒不退还的，由人民法院依法执行。

当事人因鉴定人拒不出庭作证申请重新鉴定的，人民法院应当准许。

第八十二条 经法庭许可，当事人可以询问鉴定人、勘验人。

询问鉴定人、勘验人不得使用威胁、侮辱等不适当的言语和方式。

第八十三条 当事人依照民事诉讼法第七十九条和《最高人民法院关于适用〈中华人民共和国民事诉讼法〉的解释》第一百二十二条的规定，申请有专门知识的人出庭的，申请书中应当载明有专门知识的人的基本情况和申请的目的。

人民法院准许当事人申请的，应当通知双方当事人。

第八十四条 审判人员可以对有专门知识的人进行询问。经法庭准许，当事人可以对有专门知识的人进行询问，当事人各自申请的有专门知识的人可以就案件中的有关问题进行对质。

有专门知识的人不得参与对鉴定意见质证或者就专业问题发表意见之外的法庭审理活动。

五、证据的审核认定

第八十五条 人民法院应当以证据能够证明的案件事实为根据依法作出裁判。

审判人员应当依照法定程序，全面、客观地审核证据，依据法律的规定，遵循法官职业道德，运用逻辑推理和日常生活经验，对证据有无证明力和证明力大小独立进行判断，并公开判断的理由和结果。

第八十六条 当事人对于欺诈、胁迫、恶意串通事实的证明，以及对于口头遗嘱或赠与事实的证明，人民法院确信该待证事实存在的可能性能够排除合理怀疑的，应当认定该事实存在。

与诉讼保全、回避等程序事项有关的事实，人民法院结合当事人的说明及相关证据，认为有关事实存在的可能性较大的，可以认定该事实存在。

第八十七条 审判人员对单一证据可以从下列方面进行审核认定：

（一）证据是否为原件、原物，复制件、复制品与原件、原物是否相符；

（二）证据与本案事实是否相关；

（三）证据的形式、来源是否符合法律规定；

（四）证据的内容是否真实；

（五）证人或者提供证据的人与当事人有无利害关系。

第八十八条 审判人员对案件的全部证据，应当从各证据与案件事实的关联程度、各证据之间的联系等方面进行综合审查判断。

第八十九条 当事人在诉讼过程中认可的证据，人民法院应当予以确认。但法律、司法解释另有规定的除外。

当事人对认可的证据反悔的，参照《最高人民法院关于适用〈中华人民共和国民事诉讼法〉的解释》第二百二十九条的规定处理。

第九十条 下列证据不能单独作为认定案件事实的根据：

（一）当事人的陈述；

（二）无民事行为能力人或者限制民事行为能力人所作的与其年龄、智力状况或者精神健康状况不相当的证言；

（三）与一方当事人或者其代理人有利害关系的证人陈述的证言；

（四）存有疑点的视听资料、电子数据；

（五）无法与原件、原物核对的复制件、复制品。

第九十一条 公文书证的制作者根据文书原件制作的载有部分或者全部内容的副本，与正本具有相同的证明力。

在国家机关存档的文件，其复制件、副本、节录本经档案部门或者制作原本的机关证明其内容与原本一致的，该复制件、副本、节录本具有与原本相同的证明力。

第九十二条 私文书证的真实性，由主张以私文书证证明案件事实的当事人承担举证责任。

私文书证由制作者或者其代理人签名、盖章或捺印的，推定为真实。

私文书证上有删除、涂改、增添或者其他形式瑕疵的，人民法院应当综合案件的具体情况判断其证明力。

第九十三条 人民法院对于电子数据的真实性，应当结合下列因素综合判断：

（一）电子数据的生成、存储、传输所依赖的计算机系统的硬件、软件环境是否完整、可靠；

（二）电子数据的生成、存储、传输所依赖的计算机系统的硬件、软件环境是否处于正常运行状态，或者不处于正常运行状态时对电子数据的生成、存储、传输是否有影响；

（三）电子数据的生成、存储、传输所依赖的计算机系统的硬件、软件环境是否具备有效的防止出错的监测、核查手段；

（四）电子数据是否被完整地保存、传输、提取，保存、传输、提取的方法是否可靠；

（五）电子数据是否在正常的往来活动中形成和存储；

（六）保存、传输、提取电子数据的主体是否适当；

（七）影响电子数据完整性和可靠性的其他因素。

人民法院认为有必要的，可以通过鉴定或者勘验等方法，审查判断电子数据的真实性。

第九十四条 电子数据存在下列情形的，人民法院可以确认其真实性，但有足以反驳的相反证据的除外：

（一）由当事人提交或者保管的于己不利的电子数据；

（二）由记录和保存电子数据的中立第三方平台提供或者确认的；

（三）在正常业务活动中形成的；

（四）以档案管理方式保管的；

（五）以当事人约定的方式保存、传输、提取的。

电子数据的内容经公证机关公证的，人民法院应当确认其真实性，但有相反证据足以推翻的除外。

第九十五条 一方当事人控制证据无正当理由拒不提交，对待证事实负有举证责任的当事人主张该证据的内容不利于控制人的，人民法院可以认定该主张成立。

第九十六条 人民法院认定证人证言，可以通过对证人的智力状况、品德、知识、经验、法律意识和专业技能等的综合分析作出判断。

第九十七条 人民法院应当在裁判文书中阐明证据是否采纳的理由。

对当事人无争议的证据，是否采纳的理由可以不在裁判文书中表述。

六、其他

第九十八条　对证人、鉴定人、勘验人的合法权益依法予以保护。

当事人或者其他诉讼参与人伪造、毁灭证据，提供虚假证据，阻止证人作证，指使、贿买、胁迫他人作伪证，或者对证人、鉴定人、勘验人打击报复的，依照民事诉讼法第一百一十条、第一百一十一条的规定进行处罚。

第九十九条　本规定对证据保全没有规定的，参照适用法律、司法解释关于财产保全的规定。

除法律、司法解释另有规定外，对当事人、鉴定人、有专门知识的人的询问参照适用本规定中关于询问证人的规定；关于书证的规定适用于视听资料、电子数据；存储在电子计算机等电子介质中的视听资料，适用电子数据的规定。

第一百条　本规定自 2020 年 5 月 1 日起施行。

本规定公布施行后，最高人民法院以前发布的司法解释与本规定不一致的，不再适用。

最高人民法院关于审理环境民事公益诉讼
案件适用法律若干问题的解释

法释〔2015〕1号

为正确审理环境民事公益诉讼案件，根据《中华人民共和国民事诉讼法》《中华人民共和国侵权责任法》《中华人民共和国环境保护法》等法律的规定，结合审判实践，制定本解释。

第一条 法律规定的机关和有关组织依据民事诉讼法第五十五条、环境保护法第五十八条等法律的规定，对已经损害社会公共利益或者具有损害社会公共利益重大风险的污染环境、破坏生态的行为提起诉讼，符合民事诉讼法第一百一十九条第二项、第三项、第四项规定的，人民法院应予受理。

第二条 依照法律、法规的规定，在设区的市级以上人民政府民政部门登记的社会团体、民办非企业单位以及基金会等，可以认定为环境保护法第五十八条规定的社会组织。

第三条 设区的市，自治州、盟、地区，不设区的地级市，直辖市的区以上人民政府民政部门，可以认定为环境保护法第五十八条规定的"设区的市级以上人民政府民政部门"。

第四条 社会组织章程确定的宗旨和主要业务范围是维护社会公共利益，且从事环境保护公益活动的，可以认定为环境保护法第五十八条规定的"专门从事环境保护公益活动"。

社会组织提起的诉讼所涉及的社会公共利益，应与其宗旨和业务范围具有关联性。

第五条 社会组织在提起诉讼前五年内未因从事业务活动违反法律、法规的规定受过行政、刑事处罚的，可以认定为环境保护法第五十八条规定的"无违法记录"。

第六条 第一审环境民事公益诉讼案件由污染环境、破坏生态行为发生地、损害结果地或者被告住所地的中级以上人民法院管辖。

中级人民法院认为确有必要的，可以在报请高级人民法院批准后，裁定将本院管辖的第一审环境民事公益诉讼案件交由基层人民法院审理。

同一原告或者不同原告对同一污染环境、破坏生态行为分别向两个以上有管辖权的人民法院提起环境民事公益诉讼的，由最先立案的人民法院管辖，必要时由共同上级人民法院指定管辖。

第七条　经最高人民法院批准，高级人民法院可以根据本辖区环境和生态保护的实际情况，在辖区内确定部分中级人民法院受理第一审环境民事公益诉讼案件。

中级人民法院管辖环境民事公益诉讼案件的区域由高级人民法院确定。

第八条　提起环境民事公益诉讼应当提交下列材料：

（一）符合民事诉讼法第一百二十一条规定的起诉状，并按照被告人数提出副本；

（二）被告的行为已经损害社会公共利益或者具有损害社会公共利益重大风险的初步证明材料；

（三）社会组织提起诉讼的，应当提交社会组织登记证书、章程、起诉前连续五年的年度工作报告书或者年检报告书，以及由其法定代表人或者负责人签字并加盖公章的无违法记录的声明。

第九条　人民法院认为原告提出的诉讼请求不足以保护社会公共利益的，可以向其释明变更或者增加停止侵害、恢复原状等诉讼请求。

第十条　人民法院受理环境民事公益诉讼后，应当在立案之日起五日内将起诉状副本发送被告，并公告案件受理情况。

有权提起诉讼的其他机关和社会组织在公告之日起三十日内申请参加诉讼，经审查符合法定条件的，人民法院应当将其列为共同原告；逾期申请的，不予准许。

公民、法人和其他组织以人身、财产受到损害为由申请参加诉讼的，告知其另行起诉。

第十一条　检察机关、负有环境保护监督管理职责的部门及其他机关、社会组织、企业事业单位依据民事诉讼法第十五条的规定，可以通过提供法律咨询、提交书面意见、协助调查取证等方式支持社会组织依法提起环境民事公益诉讼。

第十二条 人民法院受理环境民事公益诉讼后，应当在十日内告知对被告行为负有环境保护监督管理职责的部门。

第十三条 原告请求被告提供其排放的主要污染物名称、排放方式、排放浓度和总量、超标排放情况以及防治污染设施的建设和运行情况等环境信息，法律、法规、规章规定被告应当持有或者有证据证明被告持有而拒不提供，如果原告主张相关事实不利于被告的，人民法院可以推定该主张成立。

第十四条 对于审理环境民事公益诉讼案件需要的证据，人民法院认为必要的，应当调查收集。

对于应当由原告承担举证责任且为维护社会公共利益所必要的专门性问题，人民法院可以委托具备资格的鉴定人进行鉴定。

第十五条 当事人申请通知有专门知识的人出庭，就鉴定人作出的鉴定意见或者就因果关系、生态环境修复方式、生态环境修复费用以及生态环境受到损害至恢复原状期间服务功能的损失等专门性问题提出意见的，人民法院可以准许。

前款规定的专家意见经质证，可以作为认定事实的根据。

第十六条 原告在诉讼过程中承认的对己方不利的事实和认可的证据，人民法院认为损害社会公共利益的，应当不予确认。

第十七条 环境民事公益诉讼案件审理过程中，被告以反诉方式提出诉讼请求的，人民法院不予受理。

第十八条 对污染环境、破坏生态，已经损害社会公共利益或者具有损害社会公共利益重大风险的行为，原告可以请求被告承担停止侵害、排除妨碍、消除危险、恢复原状、赔偿损失、赔礼道歉等民事责任。

第十九条 原告为防止生态环境损害的发生和扩大，请求被告停止侵害、排除妨碍、消除危险的，人民法院可以依法予以支持。

原告为停止侵害、排除妨碍、消除危险采取合理预防、处置措施而发生的费用，请求被告承担的，人民法院可以依法予以支持。

第二十条 原告请求恢复原状的，人民法院可以依法判决被告将生态环境修复到损害发生之前的状态和功能。无法完全修复的，可以准许采用替代性修复方式。

人民法院可以在判决被告修复生态环境的同时，确定被告不履行修复义务时应承担的生态环境修复费用；也可以直接判决被告承担生态环境修复费用。

生态环境修复费用包括制定、实施修复方案的费用和监测、监管等费用。

第二十一条 原告请求被告赔偿生态环境受到损害至恢复原状期间服务功能损失的，人民法院可以依法予以支持。

第二十二条 原告请求被告承担检验、鉴定费用，合理的律师费以及为诉讼支出的其他合理费用的，人民法院可以依法予以支持。

第二十三条 生态环境修复费用难以确定或者确定具体数额所需鉴定费用明显过高的，人民法院可以结合污染环境、破坏生态的范围和程度、生态环境的稀缺性、生态环境恢复的难易程度、防治污染设备的运行成本、被告因侵害行为所获得的利益以及过错程度等因素，并可以参考负有环境保护监督管理职责的部门的意见、专家意见等，予以合理确定。

第二十四条 人民法院判决被告承担的生态环境修复费用、生态环境受到损害至恢复原状期间服务功能损失等款项，应当用于修复被损害的生态环境。

其他环境民事公益诉讼中败诉原告所需承担的调查取证、专家咨询、检验、鉴定等必要费用，可以酌情从上述款项中支付。

第二十五条 环境民事公益诉讼当事人达成调解协议或者自行达成和解协议后，人民法院应当将协议内容公告，公告期间不少于三十日。

公告期满后，人民法院审查认为调解协议或者和解协议的内容不损害社会公共利益的，应当出具调解书。当事人以达成和解协议为由申请撤诉的，不予准许。

调解书应当写明诉讼请求、案件的基本事实和协议内容，并应当公开。

第二十六条 负有环境保护监督管理职责的部门依法履行监管职责而使原告诉讼请求全部实现，原告申请撤诉的，人民法院应予准许。

第二十七条 法庭辩论终结后，原告申请撤诉的，人民法院不予准许，但本解释第二十六条规定的情形除外。

第二十八条 环境民事公益诉讼案件的裁判生效后，有权提起诉讼的其他机关和社会组织就同一污染环境、破坏生态行为另行起诉，有下列情形之一的，人民法院应予受理：

（一）前案原告的起诉被裁定驳回的；

（二）前案原告申请撤诉被裁定准许的，但本解释第二十六条规定的情形除外。

环境民事公益诉讼案件的裁判生效后，有证据证明存在前案审理时未发现的损害，有权提起诉讼的机关和社会组织另行起诉的，人民法院应予受理。

第二十九条　法律规定的机关和社会组织提起环境民事公益诉讼的，不影响因同一污染环境、破坏生态行为受到人身、财产损害的公民、法人和其他组织依据民事诉讼法第一百一十九条的规定提起诉讼。

第三十条　已为环境民事公益诉讼生效裁判认定的事实，因同一污染环境、破坏生态行为依据民事诉讼法第一百一十九条规定提起诉讼的原告、被告均无需举证证明，但原告对该事实有异议并有相反证据足以推翻的除外。

对于环境民事公益诉讼生效裁判就被告是否存在法律规定的不承担责任或者减轻责任的情形、行为与损害之间是否存在因果关系、被告承担责任的大小等所作的认定，因同一污染环境、破坏生态行为依据民事诉讼法第一百一十九条规定提起诉讼的原告主张适用的，人民法院应予支持，但被告有相反证据足以推翻的除外。被告主张直接适用对其有利的认定的，人民法院不予支持，被告仍应举证证明。

第三十一条　被告因污染环境、破坏生态在环境民事公益诉讼和其他民事诉讼中均承担责任，其财产不足以履行全部义务的，应当先履行其他民事诉讼生效裁判所确定的义务，但法律另有规定的除外。

第三十二条　发生法律效力的环境民事公益诉讼案件的裁判，需要采取强制执行措施的，应当移送执行。

第三十三条　原告交纳诉讼费用确有困难，依法申请缓交的，人民法院应予准许。

败诉或者部分败诉的原告申请减交或者免交诉讼费用的，人民法院应当依照《诉讼费用交纳办法》的规定，视原告的经济状况和案件的审理情况决定是否准许。

第三十四条　社会组织有通过诉讼违法收受财物等牟取经济利益行为的，人民法院可以根据情节轻重依法收缴其非法所得、予以罚款；涉嫌犯罪的，依法移送有关机关处理。

社会组织通过诉讼牟取经济利益的，人民法院应当向登记管理机关或者有关机关发送司法建议，由其依法处理。

第三十五条　本解释施行前最高人民法院发布的司法解释和规范性文件，与本解释不一致的，以本解释为准。

最高人民法院关于推动新时代
人民法庭工作高质量发展的意见

法发〔2021〕24 号

为深入贯彻习近平法治思想，更加注重强基导向，强化人民法庭建设，提升基层人民法院司法水平，更好服务全面推进乡村振兴，服务基层社会治理，服务人民群众高品质生活需要，现就推动新时代人民法庭工作高质量发展提出如下意见。

一、加强新时代人民法庭工作的重要意义和指导思想

1. 重要意义。人民法庭作为基层人民法院的派出机构，是服务全面推进乡村振兴、基层社会治理、人民群众高品质生活需要的重要平台，也是体现中国特色社会主义司法制度优越性的重要窗口。加强新时代人民法庭工作，有利于夯实党的执政基础，巩固党的执政地位；有利于满足人民群众公平正义新需求，依法维护人民群众权益；有利于以法治方式服务巩固拓展脱贫攻坚成果，全面推进乡村振兴；有利于健全覆盖城乡的司法服务网络，促进基层治理体系和治理能力现代化。

2. 指导思想。坚持以习近平新时代中国特色社会主义思想为指导，深入贯彻习近平法治思想，增强"四个意识"、坚定"四个自信"、做到"两个维护"，牢记"国之大者"，坚持党的绝对领导，坚持以人民为中心，坚持强基导向，深刻把握人民法庭处于服务群众、解决纠纷第一线与守护公平正义最后一道防线的辩证统一关系，有效发挥桥梁、窗口作用，推动更高水平的平安中国、法治中国建设，为实现"十四五"时期经济行稳致远、社会安定和谐，为实现人民对美好生活的向往、促进全体人民共同富裕，为全面建设社会主义现代化强国提供更加有力的司法服务和保障。

二、准确把握新时代人民法庭工作原则

3. 坚持"三个便于"。紧紧围绕"努力让人民群众在每一个司法案件中感受到公平正义"的目标，主动回应人民对美好生活的向往和公平正义新期待，坚持便于当事人诉讼，便于人民法院依法独立公正高效行使审判权，便于人民群众及时感受到公平正义的工作原则，不断弘扬人民司法优良传统和时代价值。

4. 坚持"三个服务"。紧扣"三农"工作重心历史性转移，发挥面向农村优势，积极服务全面推进乡村振兴；紧扣推进国家治理体系和治理能力现代化，发挥面向基层优势，积极服务基层社会治理；紧扣新时代社会主要矛盾新变化，发挥面向群众优势，积极服务人民群众高品质生活需要。

5. 坚持"三个优化"。综合考虑城乡差异，一要优化法庭布局。区分城区法庭、城乡结合法庭、乡村法庭，不断优化人民法庭区域布局。二要优化队伍结构。结合案件数量、区域面积、人口数量、交通条件、信息化发展状况、参与乡村振兴和社会治理任务等因素，建立并实行人员编制动态调整机制。三要优化专业化建设。坚持综合性与专业化建设相结合，实现人民法庭专业化建设更好服务乡村振兴和辖区基层治理需要。农村地区要继续加强和完善综合性人民法庭建设；城市近郊或者城区，可以由相关人民法庭专门或者集中负责审理道交、劳动、物业、旅游、少年、家事、金融商事、环境资源等案件；产业特色明显地区，可以由专业化人民法庭专门负责审理涉及特定区域或者特定产业的案件。

三、积极服务全面推进乡村振兴

6. 服务乡村产业振兴。妥善处理涉"三农"领域传统纠纷以及休闲农业、乡村旅游、民宿经济、健康养老等新业态纠纷，促进农村产业融合发展，推动建立现代农业产业体系、生产体系和经营体系。深入贯彻粮食安全战略，积极参加保护种业知识产权专项行动，依法服务种业科技自立自强、种源自主可控，助推种业振兴。依法妥善处理涉及农业农村发展要素保障、城乡经济循环、征用征收等案件，保障农业农村改革，促进农业产业发展。

7. 维护农民合法权益。依法妥善审理涉及农村土地"三权分置"、乡村产业发展等纠纷，落实"资源变资产、资金变股金、农民变股东"，让农民更多分享产业增值收益。依法保障进城落户农民农村土地承包权、宅基地使用权、集体收益分配权，促进在城镇稳定就业生活的农民自愿有序进城落户。推动落实城乡劳动者平等就业、同工同酬，依法保障农民工工资支付和其他劳动权益。

8. 推动乡村文明进步。依法妥善处理家事、邻里纠纷，注重矛盾纠纷实质性、源头化解，依法治理高价彩礼、干预婚姻自由、虐待遗弃家庭成员等不良习气，依法打击封建迷信活动，培育和弘扬社会主义核心价值观。依法保护农村文化遗产和非物质文化遗产，加强保护历史文化名镇名村、传统村落、民族村寨，促进优秀传统乡土文化保护和乡村文化产业发展。引导依法制定村规民约，推进移风易俗，推动创建文明村镇、文明家庭。

9. 保护农村生态环境。深入践行"绿水青山就是金山银山"理念，依法妥善审理环境资源案件，会同农业农村、自然资源、生态环境等部门健全执法司法协调联动机制，加强农业面源污染防治，推动国土综合整治和生态修复，推动解决"垃圾围村"和乡村黑臭水体等突出环境问题，助推农业生产方式绿色转型，改善乡村生态环境，助力建设美丽宜居乡村。

四、积极服务基层社会治理

10. 推动健全基层社会治理体系。坚持和发展新时代"枫桥经验"，积极融入党委领导的基层治理体系，充分利用辖区党委组织优势，与城乡基层党组织广泛开展联建共建，推进基层党建创新与基层治理创新相结合，强化党建引领基层治理作用，促进完善中国特色基层治理制度。推广"群众说事、法官说法""寻乌经验"等做法，依托"街乡吹哨、部门报到、接诉即办"等基层治理机制，推动司法资源向街乡、村镇、社区下沉。充分运用平安建设考核和创建"无讼"乡村社区等政策制度，服务基层党委政府以更大力度加强矛盾纠纷多元化解机制建设。

11. 明确参与基层治理途径。立足人民法庭法定职责，依法有序参与基层社会治理。对没有形成纠纷但具有潜在风险的社会问题，可以向乡镇、社区有关单位提出法律风险防控预案；对已经发生矛盾纠纷的社会问题，可以提出可能适用的法律依据以及相应裁判尺度，但是不宜在诉讼外对已经立案的纠纷提出处理意见；对审判、执行、信访等工作中发现普遍存在的社会问题，应当通过司法建议、白皮书、大数据研究报告等方式，及时向党委、政府反馈，服务科学决策。

12. 加强源头预防化解矛盾。加强辖区多发常见类型化纠纷的源头治理，形成源头预防、非诉挺前、多元化解的分层递进前端治理路径。强化与当地乡镇街道的衔接、与综治中心的协同，充分利用网格化管理机制平台，及时掌握和研判综治矛盾纠纷信息，发挥网格员、特邀调解员作用，促进基层纠纷源头化解。充分运用人民法院调解平台等工作平台，推动人民法庭进乡村、进社区、进网格，广泛对接基层解纷力量，形成基层多元解纷网络，在线开展化解、调解、司法确认等工作。推动人民调解员进人民法庭、法官进基层全覆盖，加强委托调解、委派调解的实践应用，充分释明调解优势特点，引导人民群众通过非诉讼方式解决矛盾纠纷。

13. 加强基层法治宣传。推动建立以人民法庭为重要支点的基层社会法治体系，充分利用专业优势，加强对特邀调解员、人民调解员等在诉前或者诉中开展调解工作的指导，引导支持社会力量参与基层治理。通过巡回审判、公开审理、以案说法、送法下乡等活动，增强基层干部群众法治观念和依法办事能力。发挥司法裁判示范引领功能，推动裁判文书网、人民法庭信息平台与普法宣传平台对接，加强法治宣传教育，推动社会主义核心价值观和法治精神深入人心。

14. 完善相关纠纷审理规则。人民法庭在案件审理过程中，遇到审理依据和裁判标准不明确等类型化问题，可以及时按程序报告。高级人民法院应当依照民法典、乡村振兴促进法等法律规定，对辖区内反映强烈、处理经验成熟的问题以纪要、审判指南、参考性案例等方式及时明确裁判指引。最高人民法院应当适时就重点法律适用问题出台司法解释或者其他规范性文件。

五、积极服务人民群众高品质生活需要

15. 加强民生司法保障。切实实施民法典，依法妥善审理家事、民间借贷、人身损害赔偿等基层易发多发案件，畅通权利救济渠道，维护人民群众合法权益。深化家事审判改革，用好心理辅导干预、家事调查、诉前调解、案后回访等措施，加大人身安全保护令制度落实力度，保障留守儿童、留守妇女、留守老人以及困难群体和特殊人群的人身安全和人格尊严。依法妥善审理养老育幼、教育培训、就业创业、社会保险、医疗卫生、社会服务、住房保障等领域案件，促进提高公共服务质量水平。维护军人军属合法权益，最大限度把涉军纠纷化解在基层，解决在初始阶段。

16. 提升一站式诉讼服务能力。坚持因地制宜，在人民法庭建立诉讼服务站，在人民法庭及辖区乡镇街道综治中心或者矛盾调解中心设立自助诉讼服务设备，方便当事人随时随地办理诉讼业务。建立健全诉讼服务辅导机制，为人民群众提供在线调解、开庭等事务现场辅导服务。进一步增强人民法庭跨域立案诉讼服务质效，更加方便群众就近起诉、办理诉讼事务。有条件的人民法庭，可以设立视频调解室，提供跨地域视频调解等服务。

17. 完善直接立案机制。推进完善人民法庭直接立案或者基层人民法院派驻立案机制。推进人民法庭跨域立案服务，确保能够作为立案协作端办理跨辖区、跨县、跨市、跨省立案。适应人民法庭辖区主导产业或者中心工作需要，合理确定收案范围。

18. 推进案件繁简分流。积极优化司法确认程序，完善小额诉讼程序和简易程序规则，健全审判组织适用模式，推行在线审理机制，依法综合运用督促程序、司法确认程序、小额诉讼程序、简易程序、独任制审理等，积极推广适用令状式、要素式、表格式等裁判文书，有效降低当事人诉讼成本，提升司法效率，充分保障人民群众合法诉讼权益。

19. 推动解决送达难。发挥数字化时代电子通讯优势，加强电子送达，推行集约化送达方式。发挥基层网格员作用，充分调动网格员积极性，发挥其熟悉社区情况、了解辖区人员信息的优势，综合运用现代和传统手段破解送达难题。

20. 推进直接执行机制。探索部分案件由人民法庭直接执行的工作机制，由人民法庭执行更加方便当事人的案件，可以由人民法庭负责执行。可以根据人员条件设立专门执行团队或者相对固定人员负责执行。案件较多的人民法庭，探索由基层人民法院派驻执行组等方式，提高执行效率，最大限度方便群众实现诉讼权益。人民法庭执行工作由基层人民法院执行机构统一管理，专职或者兼职人员纳入执行人员名册，案件纳入统一的执行案件管理平台，切实预防廉政风险。

六、不断深化新时代人民法庭人员管理机制改革

21. 完善司法责任制综合配套改革。落实独任庭、合议庭办案责任制，完善审判权力和责任清单，健全"四类案件"识别监管机制，落实统一法律适用机制，建立符合人民法庭实际的审判监督管理机制，坚持放权与监督相统一。落实法官员额制改革要求，综合考虑人员结构、案件类型、难易程度等因素，适应繁简分流和专业化建设需要，配强审判辅助力量，探索完善符合实际的审判团队组建和运行模式。

22. 探索建立编制动态调整机制。坚持以案定员、以任务定员，每个人民法庭至少配备 1 名审判员、1 名法官助理、1 名书记员、1 名司法警察或者安保人员，逐步实现有条件有需求的人民法庭配备 3 名以上审判员；可以根据辖区面积、人口、案件数量、基层社会治理任务等因素合理调整人员配置。针对部分人民法庭人员编制不足、人民法庭之间办案数量不均的情况，高级人民法院要积极协调地方编制部门，建立省级层面人员编制动态调整机制，基层人民法院要在核定编制内将编制向案件数量多、基层治理任务重的人民法庭倾斜。结合四级法院审级职能定位改革，推动人员编制向基层和办案一线倾斜。

23. 完善干部锻炼培养机制。探索建立基层人民法院新入职人员选派到人民法庭工作锻炼，无人民法庭工作经历的新晋人员尤其是审判人员、审判辅助人员优先到人民法庭挂职锻炼，基层人民法院机关与人民法庭人员之间定期轮岗交流等机制。人民法庭庭长在同一职位工作满一定年限的，应当根据有关规定进行交流。提拔晋升时适度向长期在人民法庭工作的干警倾斜，选配基层人民法院院领导时，具有人民法庭庭长任职经历的人员在同等条件下优先考虑；入额遴选时，具有三年以上人民法庭工作经历的法官助理，同等条件下优先选任；中级人民法院遴选法官，应当接收适当比例具有人民法庭工作经历的法官。积极争取省级人社部门支持，建立聘用制书记员便捷招录机制，推动下放招聘权限，减少招聘环节；积极协调省级有关部门，探索建立聘用制书记员定向培养模式，委托定点学校定向招生、培养，毕业后回原籍人民法庭工作。

24. 落实人民陪审员选任、参审和保障制度。加强对人民陪审员的日常监督管理，规范选任及退出机制，落实随机抽选为主、个人申请与组织推荐为补充以及年度参审案件数量上限等规定。积极与同级财政部门等研究落实现有政策规定，加大经费投入，规范使用范围，激发人民陪审员参与人民法庭案件审理的积极性。

25. 切实加强履职保障。完善人民法庭干警精准培训机制，设置与人民法庭职能定位相对应的培训内容，全面提升人民法庭干警依法履职能力。因依法履职遭受不实举报的，应当协调有关单位，及时澄清事实，消除不良影响，依法追究相关单位或者个人的责任。人民法庭干警及其近亲属受到人身威胁的，协调当地公安机关采取必要保护措施；认真落实关于依法惩治袭警违法犯罪行为的指导意见，依法加强对人民法庭司法警察的履职保护。推动完善法院因公伤亡干警特殊补助政策。积极落实中央有关因公牺牲法官、司法警察抚恤政策，认真做好"两金"申报、发放和备案工作。鼓励各地法院为人民法庭干警投保工伤保险和人身意外伤害保险。

七、建立健全新时代人民法庭工作考核机制

26. 完善考核内容。探索建立符合人民法庭工作规律的专门考核办法，综合考虑执法办案、指导调解、诉源治理等因素，适当增加诉源治理、诉前调解等考核权重，重点考核"化解矛盾"质效。建立健全与执法办案和参与社会治理职责相适应，区分人员类别、岗位特点的考评体系，制定针对性强、简便易行的绩效考核办法。可以采取定量与定性相结合、量化为主的方式，科学制定和使用量化指标，采用加权测算等计算方法，合理设置权重比例。坚决清理、取消不合理、不必要的考评项目和指标，切实为基层减负，为干警减压。乡村振兴服务任务重、参与基层社会治理好的基层人民法院，可以先行先试。

27. 优化考核指标。执法办案考核应当遵循司法规律，综合考虑案件类型、繁简程度、适用程序、巡回审判等因素，包括办案数量、办案质量、办案效率和办案效果等基本内容。指导调解考核应当充分利用人民法院调解平台数据，通过诉前调解案件占一审立案比、调解案件成功率、调解案件自动履行率等指标，量化指导调解的数量和效果。加强诉源治理考核，对于法治宣传、法律培训、矛盾纠纷研判通报、司法建议等可以考核次数，对于推动制定村规民约和居民公约、召开综治联席会、重大事项法律风险提示法律意见等，既要考核量化次数，也要考核质量效果。

八、切实提升新时代人民法庭建设保障

28. 加强基础设施建设。高级人民法院要按照科学论证、统筹规划、优化布局的原则，合理安排年度建设计划，力争在"十四五"期间实现人民法庭办公办案和辅助用房得到充分保障，规范化标准化建设得到显著加强，业务装备配备水平得到较大提升，网上立案、电子送达、网上开庭等信息化设施设备配备齐全，信息化建设应用效果进一步强化，人民法庭外观标识完全统一，人民法庭工作生活条件得到较大改善。

29. 加强法庭安保工作。基层人民法院院长是人民法庭安保工作的第一责任人，人民法庭庭长是直接责任人。完善安全防范设施装备配备，每个人民法庭应当配备必要的防爆安检、防暴防护等设备。强化案件风险评估和安全隐患排查，加强防范措施和应急处突演练，落实"人防、物防、技防"措施。加强司法警察

部门对人民法庭安保工作的督察指导培训，增强干警安全意识和风险防范处置能力。加强人民法庭与驻地公安派出所联防联动，推动有条件的人民法庭设立驻庭警务室。

30. 完善经费保障制度。推动适时调整人民法庭建设标准，争取省级有关部门加大对人民法庭基础设施经费保障力度，增加对车辆、安保设备、信息化运维等支出投入。持续加大对革命老区、民族地区、边疆地区和脱贫地区人民法庭经费保障的政策倾斜力度，充分运用好有关转移支付资金，帮助解决办案经费保障和物资装备建设等问题。主动争取地方党委政府领导和支持，继续落实好人民法庭庭长职级待遇和干警工作津贴、补贴等政策，切实解决人民法庭在人财物保障方面存在的问题困难。对于已经实施省以下地方法院财物省级统一管理的地区，根据事权与财权相统一的原则，积极争取由当地财政保障人民法庭服务保障辖区经济社会发展的经费，由高级人民法院争取协调省级有关部门根据实际，下放人民法庭新建、维修等经费项目审批权。

31. 加强购买社会化服务的规模化、规范化。结合各地实际，加强人民法庭编外人员配备保障，梳理适合购买社会化服务的事务性工作范围和项目，规范有序开展向社会购买服务，建立健全公开竞标、运营监管、业务培训等制度，所需经费列入年度预算统筹保障。完善事务性工作的集约化管理工作流程，探索组建专业工作团队，集中办理文书送达、财产保全等事务。

32. 加强人民法庭"两个平台"建设。各级人民法院应当强化人民法庭工作平台应用，加强对人民法庭数据的收集、填报、分析和运用，实时监测办案数据，全面掌握人民法庭工作动态，准确研判存在的问题和原因，提高工作针对性、实效性和预见性。加强人民法庭信息平台建设，发动基层人民法院干警特别是人民法庭干警参与宣传工作，及时推送人民法庭工作成效、典型案件，深入挖掘先进典型和感人事迹，加大人民法庭工作宣传力度，全面展现人民法庭干警良好精神风貌和工作作风。人民法庭"两个平台"建设情况应当作为人民法庭工作的考核内容。

九、有效加强新时代人民法庭工作的组织领导

33. 加强党的建设。坚持"支部建在庭上"，实现党的组织和党的工作全覆盖。坚持以党建带队建促审判，推进人民法庭党支部标准化、规范化建设，高质量推进基层党建创新，把党建引领贯穿人民法庭工作全过程。推动全面从严治党、从严治院、从严管理向基层延伸，推动队伍教育管理走深走实，严格落实防止干预司法"三个规定"等铁规禁令，完善人民法庭内部管理和日常监督制度，确保公正廉洁司法。

34. 加强汇报协调。要定期或者不定期就人民法庭工作向当地党委作专题汇报，推动把加强人民法庭工作作为强基导向、乡村振兴、基层治理体系和治理能力现代化等重点工作纳入党委政府总体工作格局，切实解决人民法庭工作实际困难。

35. 健全工作机制。探索地方三级人民法院院长抓人民法庭工作的组织领导思路，切实把人民法庭工作当做"一把手"工程，将法院工作重心下移到基层基础。各级人民法院院领导应当深入人民法庭开展调查研究，高级、中级人民法院院领导应当确定 1–2 个人民法庭作为联系点，并适时调整，经常性到人民法庭调查研究。强化发挥各级人民法院人民法庭领导小组及其办事机构的实际作用，加强归口管理，统筹推进人民法庭工作，定期研究解决人民法庭在职能发挥、人财物保障等方面存在的问题困难和解决思路举措，积极推动人民法庭工作融入当地社会治理体制。

本意见自 2021 年 9 月 22 日起实施，之前有关人民法庭的规定与本意见不一致的，按照本意见执行。

最高人民法院

2021 年 9 月 13 日

最高人民法院关于深入开展虚假诉讼整治工作的意见

法〔2021〕281 号

为进一步加强虚假诉讼整治工作，维护司法秩序、实现司法公正、树立司法权威，保护当事人合法权益，营造公平竞争市场环境，促进社会诚信建设，根据《中华人民共和国民法典》《中华人民共和国刑法》《中华人民共和国民事诉讼法》等规定，结合工作实际，制定本意见。

一、提高思想认识，强化责任担当。整治虚假诉讼工作，是党的十八届四中全会部署的重大任务，是人民法院肩负的政治责任、法律责任和社会责任，对于建设诚信社会、保护群众权利、保障经济发展、维护司法权威、建设法治国家具有重要意义。各级人民法院要坚持以习近平新时代中国特色社会主义思想为指导，深入学习贯彻习近平法治思想，依法贯彻民事诉讼诚实信用原则，坚持制度的刚性，扎紧制度的笼子，压缩虚假诉讼存在的空间，铲除虚假诉讼滋生的土壤，积极引导人民群众依法诚信诉讼，让法安天下、德润人心，大力弘扬诚实守信的社会主义核心价值观。

二、精准甄别查处，依法保护诉权。单独或者与他人恶意串通，采取伪造证据、虚假陈述等手段，捏造民事案件基本事实，虚构民事纠纷，向人民法院提起民事诉讼，损害国家利益、社会公共利益或者他人合法权益，妨害司法秩序的，构成虚假诉讼。向人民法院申请执行基于捏造的事实作出的仲裁裁决、调解书及公证债权文书，在民事执行过程中以捏造的事实对执行标的提出异议、申请参与执行财产分配的，也属于虚假诉讼。诉讼代理人、证人、鉴定人、公证人等与他人串通，共同实施虚假诉讼的，属于虚假诉讼行为人。在整治虚假诉讼的同时，应当依法保护当事人诉权。既要防止以保护当事人诉权为由，放松对虚假诉讼的甄别、查处，又要防止以整治虚假诉讼为由，当立案不立案，损害当事人诉权。

三、把准特征表现，做好靶向整治。各级人民法院要积极总结司法实践经验，准确把握虚假诉讼的特征表现，做到精准施治、靶向整治。对存在下列情形的案件，要高度警惕、严格审查，有效防范虚假诉讼：原告起诉依据的事实、理由不符合常理；诉讼标的额与原告经济状况严重不符；当事人之间存在亲属关系、关联关系等利害关系，诉讼结果可能涉及案外人利益；当事人之间不存在实质性民事权益争议，在诉讼中没有实质性对抗辩论；当事人的自认不符合常理；当事人身陷沉重债务负担却以明显不合理的低价转让财产、以明显不合理的高价受让财产或者放弃财产权利；认定案件事实的证据不足，当事人却主动迅速达成调解协议，请求人民法院制作调解书；当事人亲历案件事实却不能完整准确陈述案件事实或者陈述前后矛盾等。

四、聚焦重点领域，加大整治力度。民间借贷纠纷，执行异议之诉，劳动争议，离婚析产纠纷，诉离婚案件一方当事人的财产纠纷，企业破产纠纷，公司分立（合并）纠纷，涉驰名商标的商标纠纷，涉拆迁的离婚、分家析产、继承、房屋买卖合同纠纷，涉房屋限购和机动车配置指标调控等宏观调控政策的买卖合同、以物抵债纠纷等各类纠纷，是虚假诉讼易发领域。对上述案件，各级人民法院应当重点关注、严格审查，加大整治虚假诉讼工作力度。

五、坚持分类施策，提高整治实效。人民法院认定为虚假诉讼的案件，原告申请撤诉的，不予准许，应当根据民事诉讼法第一百一十二条规定，驳回其诉讼请求。虚假诉讼行为情节恶劣、后果严重或者多次参与虚假诉讼、制造系列虚假诉讼案件的，要加大处罚力度。虚假诉讼侵害他人民事权益的，行为人应当承担赔偿责任。人民法院在办理案件过程中发现虚假诉讼涉嫌犯罪的，应当依法及时将相关材料移送刑事侦查机关；公职人员或者国有企事业单位人员制造、参与虚假诉讼的，应当通报所在单位或者监察机关；律师、基层法律服务工作者、鉴定人、公证人等制造、参与虚假诉讼的，可以向有关行政主管部门、行业协会发出司法建议，督促及时予以行政处罚或者行业惩戒。司法工作人员利用职权参与虚假诉讼的，应当依法从严惩处，构成犯罪的，应当依法从严追究刑事责任。

六、加强立案甄别，做好警示提醒。立案阶段，可以通过立案辅助系统、中国裁判文书网等信息系统检索案件当事人是否有关联案件，核查当事人身份信息。当事人存在多件未结案件、关联案件或者发现其他可能存在虚假诉讼情形的，应当对当事人信息进行重点核实。发现存在虚假诉讼嫌疑的，应当对行为人进行警示提醒，并在办案系统中进行标记，提示审判和执行部门重点关注案件可能存在虚假诉讼风险。

七、坚持多措并举，查明案件事实。审理涉嫌虚假诉讼的案件，在询问当事人之前或者证人作证之前，应当要求当事人、证人签署保证书。保证书应当载明据实陈述、如有虚假陈述愿意接受处罚等内容。负有举证责任的当事人拒绝到庭、拒绝接受询问或者拒绝签署保证书，待证事实又欠缺其他证据证明的，对其主张的事实不予认定。证人拒绝签署保证书的，不得作证，自行承担相关费用。涉嫌通过虚假诉讼损害国家利益、社会公共利益或者他人合法权益的案件，人民法院应当调查收集相关证据，查明案件基本事实。

八、慎查调解协议，确保真实合法。当事人对诉讼标的无实质性争议，主动达成调解协议并申请人民法院出具调解书的，应当审查协议内容是否符合案件基本事实、是否违反法律规定、是否涉及案外人利益、是否规避国家政策。调解协议涉及确权内容的，应当在查明权利归属的基础上决定是否出具调解书。不能仅以当事人可自愿处分民事权益为由，降低对调解协议所涉法律关系真实性、合法性的审查标准，尤其要注重审查调解协议是否损害国家利益、社会公共利益或者他人合法权益。当事人诉前达成调解协议，申请司法确认的，应当着重审查调解协议是否存在违反法律、行政法规强制性规定、违背公序良俗或者侵害国家利益、社会公共利益、他人合法权益等情形；诉前调解协议内容涉及物权、知识产权确权的，应当裁定不予受理，已经受理的，应当裁定驳回申请。

九、严格依法执行，严防虚假诉讼。在执行异议、复议、参与分配等程序中应当加大对虚假诉讼的查处力度。对可能发生虚假诉讼的情形应当重点审查。从诉讼主体、证据与案件事实的关联程度、各证据之间的联系等方面，全面审查案件事实及法律关系的真实性，综合判断是否存在以捏造事实对执行标的提出异议、申请参与分配或者其他导致人民法院错误执行的行为。对涉嫌虚假诉讼的案件，应当传唤当事人、证人到庭，就相关案件事实当庭询问。主动向当事人释明参与虚假诉讼的法律后果，引导当事人诚信诉讼。认定为虚假诉讼的案件，应当裁定不予受理或者驳回申请；已经受理的，应当裁定驳回其请求。

十、加强执行审查，严查虚假非诉法律文书。重点防范依据虚假仲裁裁决、仲裁调解书、公证债权文书等非诉法律文书申请执行行为。在非诉法律文书执行中，当事人存在通过恶意串通、捏造事实等方式取得生效法律文书申请执行嫌疑的，应当依法进行严格实质审查。加大依职权调取证据力度，结合当事人关系、案件事实、仲裁和公证过程等多方面情况审查判断相关法律文书是否存在虚假情形，是否损害国家利益、社会公共利益或者他人合法权益。存在上述情形的，应当依法裁定不予执行，必要时可以向仲裁机构或者公证机关发出司法建议。

十一、加强证据审查，查处虚假执行异议之诉。执行异议之诉是当前虚假诉讼增长较快的领域，要高度重视执行异议之诉中防范和惩治虚假诉讼的重要性、紧迫性。正确分配举证责任，无论是案外人执行异议之诉还是申请执行人执行异议之诉，均应当由案外人就其对执行标的享有足以排除强制执行的民事权益承担举证责任。严格审查全案证据的真实性、合法性、关联性，对涉嫌虚假诉讼的案件，可以通过传唤案外人到庭陈述、通知当事人提交原始证据、依职权调查核实等方式，严格审查案外人权益的真实性、合法性。

十二、厘清法律关系，防止恶意串通逃避执行。执行异议之诉涉及三方当事人之间多个法律关系，利益冲突主要发生在案外人与申请执行人之间，对于被执行人就涉案外人权益相关事实的自认，应当审慎认定。被执行人与案外人具有亲属关系、关联关系等利害关系，诉讼中相互支持，缺乏充分证据证明案外人享有足以排除强制执行的民事权益的，不应支持案外人主张。案外人依据执行标的被查封、扣押、冻结后作出的另案生效确权法律文书，提起执行异议之诉主张排除强制执行的，应当注意审查是否存在当事人恶意串通等事实。

十三、加强甄别查处，防范虚假民间借贷诉讼。民间借贷是虚假诉讼较为活跃的领域，要审慎审查民间借贷案件，依照《最高人民法院关于审理民间借贷案件适用法律若干问题的规定》的有关规定，准确甄别、严格防范、严厉惩治虚假民间借贷诉讼。对涉嫌虚假诉讼的民间借贷案件，当事人主张以现金方式支付大额借款的，应当对出借人现金来源、取款凭证、交付情况等细节事实进行审查，结合出借人经济能力、当地交易习惯、交易过程是否符合常理等事实对借贷关系作出认定。当事人主张通过转账方式支付大额借款的，应当对是否存在"闭环"转账、循环转账、明走账贷款暗现金还款等事实进行审查。负有举证责任的原告无正当理由拒不到庭，经审查现有证据无法确认借贷行为、借贷金额、支付方式等案件基本事实的，对原告主张的事实不予认定。

十四、严查借贷本息，依法整治违法民间借贷。对涉嫌虚假诉讼的民间借贷案件，应当重点审查借贷关系真实性、本金借贷数额和利息保护范围等问题。虚构民间借贷关系，逃避执行、逃废债务的，对原告主张不应支持。通过"断头息"、伪造证据等手段，虚增借贷本金的，应当依据出借人实际出借金额认定借款本金数额。以"罚息""违约金""服务费""中介费""保证金""延期费"等名义从事高利贷的，对于超过法定利率保护上限的利息，不予保护。

十五、严审合同效力，整治虚假房屋买卖诉讼。为逃废债务、逃避执行、获得非法拆迁利益、规避宏观调控政策等非法目的，虚构房屋买卖合同关系提起诉讼的，应当认定合同无效。买受人虚构购房资格参与司法拍卖房产活动且竞拍成功，当事人、利害关系人以违背公序良俗为由主张该拍卖行为无效的，应予支持。买受人虚构购房资格导致拍卖行为无效的，应当依法承担赔偿责任。

十六、坚持查假纠错，依法救济受害人的权利。对涉嫌虚假诉讼的案件，可以通知与案件裁判结果可能存在利害关系的人作为第三人参加诉讼。对查处的虚假诉讼案件，应当依法对虚假诉讼案件生效裁判进行纠错。对造成他人损失的虚假诉讼案件，受害人请求虚假诉讼行为人承担赔偿责任的，应予支持。虚假诉讼行为人赔偿责任大小可以根据其过错大小、情节轻重、受害人损失大小等因素作出认定。

十七、依法认定犯罪，从严追究虚假诉讼刑事责任。虚假诉讼行为符合刑法和司法解释规定的定罪标准的，要依法认定为虚假诉讼罪等罪名，从严追究行为人的刑事责任。实施虚假诉讼犯罪，非法占有他人财产或者逃避合法债务，又构成诈骗罪、职务侵占罪、拒不执行判决、裁定罪、贪污罪等犯罪的，依照处罚较重的罪名定罪并从重处罚。对于多人结伙实施的虚假诉讼共同犯罪中罪责最突出的主犯、有虚假诉讼违法犯罪前科再次实施虚假诉讼犯罪的被告人，要充分体现从严，控制缓刑、免予刑事处罚的适用范围。

十八、保持高压态势，严惩"套路贷"虚假诉讼犯罪。及时甄别、依法严厉打击"套路贷"中的虚假诉讼违法犯罪行为，符合黑恶势力认定标准的，应当依法认定。对于被告人实施"套路贷"违法所得的一切财物，应当予以追缴或者责令退赔，依法保护被害人的财产权利。保持对"套路贷"虚假诉讼违法犯罪的高压严打态势，将依法严厉打击"套路贷"虚假诉讼违法犯罪作为常态化开展扫黑除恶斗争的重要内容，切实维护司法秩序和人民群众合法权益，满足人民群众对公平正义的心理期待。

十九、做好程序衔接，保持刑民协同。经审理认为民事诉讼当事人的行为构成虚假诉讼犯罪的，作出生效刑事裁判的人民法院应当及时函告审理或者执行该民事案件的人民法院。生效刑事裁判认定构成虚假诉讼犯罪的，有关人民法院应当及时依法启动审判监督程序对相关民事判决、裁定、调解书予以纠正。当事人、案外人以生效刑事裁判认定构成虚假诉讼犯罪为由对生效民事判决、裁定、调解书申请再审的，应当依法及时进行审查。

二十、加强队伍建设，提升整治能力。各级人民法院要及时组织法院干警学习掌握中央和地方各项经济社会政策；将甄别和查处虚假诉讼纳入法官培训范围；通过典型案例分析、审判业务交流、庭审观摩等多种形式，提高法官甄别和查处虚假诉讼的司法能力；严格落实司法责任制，对参与虚假诉讼的法院工作人员依规依纪严肃处理，建设忠诚干净担当的人民法院队伍。法院工作人员利用职权与他人共同实施虚假诉讼行为，构成虚假诉讼罪的，依法从重处罚，同时构成其他犯罪的，依照处罚较重的规定定罪并从重处罚。法院工作人员不正确履行职责，玩忽职守，致使虚假诉讼案件进入诉讼程序，导致公共财产、国家和人民利益遭受重大损失，符合刑法规定的犯罪构成要件的，依照玩忽职守罪、执行判决、裁定失职罪等罪名定罪处罚。

二十一、强化配合协调，形成整治合力。各级人民法院要积极探索与人民检察院、公安机关、司法行政机关等职能部门建立完善虚假诉讼案件信息共享机制、虚假诉讼违法犯罪线索移送机制、虚假诉讼刑民交叉案件协调惩治机制、整治虚假诉讼联席会议机制等工作机制；与各政法单位既分工负责、又沟通配合，推动建立信息互联共享、程序有序衔接、整治协调配合、制度共商共建的虚假诉讼整治工作格局。

二十二、探索信用惩戒，助力诚信建设。各级人民法院要积极探索建立虚假诉讼"黑名单"制度。建立虚假诉讼失信人名单信息库，在"立、审、执"环节自动识别虚假诉讼人员信息，对办案人员进行自动提示、自动预警，提醒办案人员对相关案件进行重点审查。积极探索虚假诉讼人员名单向社会公开和信用惩戒机制，争取与征信机构的信息数据库对接，推动社会信用体系建设。通过信用惩戒增加虚假诉讼人员违法成本，积极在全社会营造不敢、不能、不愿虚假诉讼的法治环境，助力诚信社会建设，保障市场经济平稳、有序、高效发展。

二十三、开展普法宣传，弘扬诉讼诚信。各级人民法院要贯彻落实"谁执法谁普法"的普法责任制要求，充分发挥人民法院处于办案一线的优势，深入剖析虚假诉讼典型案例，及时向全社会公布，加大宣传力度，弘扬诚实信用民事诉讼原则，彰显人民法院严厉打击虚假诉讼的决心，增强全社会对虚假诉讼违法行为的防范意识，对虚假诉讼行为形成强大震慑。通过在诉讼服务大厅、诉讼服务网、12368 热线、移动微法院等平台和"人民法院民事诉讼风险提示书"等途径，告知诚信诉讼义务，释明虚假诉讼法律责任，引导当事人依法诚信诉讼，让公正司法、全民守法、诚实守信的理念深深植根于人民群众心中。

二十四、本意见自 2021 年 11 月 10 日起施行。

最高人民法院

2021 年 11 月 4 日

最高人民法院 司法部关于《关于充分发挥人民调解基础性作用推进诉源治理的意见》的通知

司发〔2023〕1 号

各省、自治区、直辖市高级人民法院、司法厅（局），解放军军事法院，新疆维吾尔自治区高级人民法院生产建设兵团分院、新疆生产建设兵团司法局：

现将《关于充分发挥人民调解基础性作用 推进诉源治理的意见》印发你们，请结合实际，抓好贯彻落实。

最高人民法院

司法部

2023 年 9 月 27 日

为深入贯彻落实习近平总书记关于调解工作的重要指示精神和党中央决策部署，坚持把非诉讼纠纷解决机制挺在前面，抓前端、治未病，充分发挥人民调解在矛盾纠纷预防化解中的基础性作用，深入推进诉源治理，从源头上减少诉讼增量，提出以下意见。

一、总体要求

（一）指导思想

坚持以习近平新时代中国特色社会主义思想为指导，全面贯彻落实党的二十大精神，深入学习贯彻习近平法治思想，认真贯彻落实习近平总书记关于调解工作的重要指示精神，坚持党的领导，坚持以人民为中心，坚持和发展新时代"枫桥经验"，进一步加强人民调解工作，健全完善诉调对接工作机制，强化工作保障，推动源头预防、就地实质化解纠纷，为建设更高水平的平安中国、法治中国作出积极贡献。

（二）工作原则

坚持党的领导。坚持党对人民调解工作的全面领导，牢牢把握人民调解工作正确政治方向，确保党中央决策部署得到全面贯彻落实。

坚持人民至上。坚持人民调解为了人民、依靠人民，以维护人民群众合法权益为出发点和落脚点，为人民群众提供更加优质高效智能的调解服务。

坚持预防为主。坚持抓早抓小抓苗头，引导基层群众优先选择人民调解等非诉讼方式，夯实诉源治理，切实把矛盾纠纷解决在基层、化解在诉前。

坚持协调联动。加强资源统筹，广泛引导和发动社会各方面力量参与矛盾纠纷化解，促进矛盾纠纷有效分流、及时调处、形成合力。

坚持实质化解。不断提升调解能力，提高调解协议自动履行率，保证调解协议效力，依法维护人民调解权威，促进矛盾纠纷就地实质化解。

坚持创新发展。总结有益经验，从实际出发，不断推进工作理念、平台载体、制度机制、方式方法创新，丰富和完善人民调解制度，提高诉源治理水平。

二、夯实人民调解"第一道防线"

（一）加强矛盾纠纷排查预防。切实把矛盾纠纷排查作为一项基础性、日常性工作，采取普遍排查与重点排查、日常排查与集中排查相结合等方式，不断提高矛盾纠纷排查的针对性、有效性。加强与网格员、平安志愿者等群防群治力量和派出所、综治中心等基层维稳单位的信息共享、联排联动，做到排查全覆盖、无盲区。聚焦矛盾纠纷易发多发的重点地区、重点领域、重点人群、重点时段，开展有针对性的重点排查。围绕服务乡村振兴等国家重大战略，围绕开展重大活动、应对重大事件等，组织开展形式多样的矛盾纠纷专项排查。对排查出的矛盾纠纷风险隐患，建立工作台账，分类梳理，采取相应的防范处置措施，努力做到早发现、早报告、早控制、早解决。

（二）加强基层矛盾纠纷化解。加强乡镇（街道）、村（社区）人民调解组织规范化建设，做到依法普遍设立、人员充实、制度健全、工作规范、保障有力。完善覆盖县乡村组的人民调解组织网络，推进形式多样的个人、特色调解工作室建设，探索创设更多契合需要的新型人民调解组织。加大对婚姻家事、邻里、房屋宅基地、山林土地等基层常见多发的矛盾纠纷调解力度，坚持抓早抓小、应调尽调、法理情相结合，防止因调解不及时、不到位引发"民转刑""刑转命"等恶性案件。对可能激化的矛盾纠纷，要在稳定事态的基础上及时报告，协助党委、政府和有关部门化解。

（三）加强重点领域矛盾纠纷化解。以社会需求为导向，对矛盾纠纷易发多发的重点领域，鼓励社会团体或其他组织依法设立行业性专业性人民调解组织。已经设立行业性专业性人民调解组织的，要在司法行政机关的指导下，全面加强规范化建设，确保中立性、公正性，防止商业化、行政化。进一步加强医疗、道路交通、劳动争议、物业等领域人民调解工作，积极向消费、旅游、金融、保险、知识产权等领域拓展。加强新业态领域矛盾纠纷化解，切实维护灵活就业和新就业形态劳动者合法权益。针对重点领域矛盾纠纷特点规律，建立完善人民调解咨询专家库，注重运用专业知识、借助专业力量化解矛盾纠纷，提高调解工作的权威性和公信力。

（四）加强重大疑难复杂矛盾纠纷化解。依托现有的公共法律服务中心，整合人民调解、律师调解、商事调解、行业调解、行政调解等力量，设立市、县两级"一站式"非诉讼纠纷化解中心（或矛盾纠纷调解中心），统筹律师、基层法律服务、公证、法律援助、司法鉴定等法律服务资源，联动仲裁、行政复议等非诉讼纠纷化解方式，合力化解市、县域范围内重大疑难复杂矛盾纠纷。

三、加强诉调对接工作

（一）加强诉前引导。在诉讼服务、法治宣传等工作中提供非诉讼纠纷解决方式指引，增强当事人及律师等法律服务工作者非诉讼纠纷解决意识。人民法院加强诉前引导，对诉至人民法院的案件，适宜通过人民调解解决的，向当事人释明人民调解的特点优势，引导当事人向属地或相关人民调解组织申请调解。经释明后当事人仍不同意调解的，及时登记立案。

（二）及时分流案件。人民法院对适宜通过人民调解方式解决的案件，在征得双方当事人同意后，可以先行在立案前委派或诉中委托人民调解。委派委托的人民调解组织，可以由当事人在司法行政机关公布的人民调解组织名册中选定，也可以由人民法院在特邀调解组织名册中指定。对基层矛盾纠纷，充分发挥村（社区）、乡镇（街道）人民调解委员会作用，及时就地予以化解。对行业专业领域矛盾纠纷，注重发挥相关行业性专业性人民调解组织优势，提升专业化解水平。鼓励非诉讼纠纷化解中心（或矛盾纠纷调解中心）与人民法院诉讼服务中心实行直接对接，统一接收人民法院委派委托调解的案件，组织、协调、督促辖区内人民调解组织开展调解。

（三）依法受理调解。人民调解组织收到委派委托调解的案件后，应当按照

《中华人民共和国人民调解法》和《全国人民调解工作规范》要求及时受理调解。经调解达成协议的，人民调解组织可以制作调解协议书，督促双方当事人按约履行，并向人民法院反馈调解结果。双方当事人认为有必要的，可以共同向有管辖权的人民法院申请司法确认。经调解不能达成调解协议的，人民调解组织应当及时办理调解终结手续，将案件材料退回委派委托的人民法院。人民法院接收案件材料后，应当及时登记立案或者恢复审理。对各方当事人同意用书面形式记载的调解过程中没有争议的事实，在诉讼程序中，除涉及国家利益、社会公共利益和他人合法权益的外，当事人无需举证。

四、强化调解工作保障

（一）加强人民调解员队伍建设。注重吸纳律师、公证员、仲裁员、基层法律服务工作者、心理咨询师、医生、教师、专家学者等社会专业人士和退休政法干警以及信访、工会、妇联等部门群众工作经验丰富的退休人员担任人民调解员，不断壮大人民调解员队伍，优化人员结构。大力加强专职人民调解员队伍建设，行业性专业性人民调解委员会应当配备3名以上专职人民调解员，乡镇（街道）人民调解委员会和派驻有关单位和部门的人民调解工作室应当配备2名以上专职人民调解员，有条件的村（社区）和企（事）业单位人民调解委员会可以配备1名以上专职人民调解员。建立青年律师参与人民调解机制，组织青年律师特别是新入职律师到司法所、公共法律服务中心等机构锻炼，充分发挥律师精通法律的专业优势，广泛参与矛盾纠纷排查预防、基层矛盾纠纷化解、行业专业领域矛盾纠纷化解等工作，提升矛盾纠纷化解专业化水平。落实以县级司法行政机关为主的培训制度，采取集中授课、交流研讨、案例评析、现场观摩、旁听庭审、实训演练等灵活多样、生动有效的形式，加强对人民调解员的培训，不断提高人民调解员化解新形势下矛盾纠纷的能力和水平。

（二）加强经费保障。推动落实将人民调解工作指导经费、人民调解委员会补助经费、人民调解员补贴经费、专职人民调解员聘用经费、人民调解办案补贴和专家咨询费等列入同级财政预算足额保障。加强与财政部门沟通协调，建立人民调解工作经费动态增长机制，加大政府购买人民调解服务力度，用足用好中央和省级转移支付资金，补充人民调解工作经费不足。人民调解组织的设立单位和相关行业主管部门应当提供场所、设施等办公条件和必要的工作经费。探索建立相关基金会，鼓励为人民调解组织提供捐赠资助等，多渠道保障人民调解工作有效开展。

（三）强化信息化平台对接。最高人民法院与司法部建立"总对总"对接机制，司法部加快推进矛盾纠纷非诉化解平台建设，实现与最高人民法院的业务协同和数据共享，确保纠纷案件网上流转顺畅，信息数据互通共享。人民调解信息化平台依托司法部矛盾纠纷非诉化解平台，实现与最高人民法院相关系统平台的对接，开展矛盾纠纷在线咨询、在线分流、在线调解、在线反馈、在线司法确认。积极运用大数据、云计算、人工智能等信息化手段，通过信息化平台对接汇聚纠纷数据，实现对矛盾风险的动态感知、精准分析，提高预测预警预防风险的能力，为党委、政府科学研判社会矛盾纠纷形势提供参考依据。

五、加强组织领导

（一）加强协作配合。各级人民法院和司法行政机关要积极争取党委、政府对人民调解工作的重视和支持，推进诉源治理，提高人民调解工作在平安建设考核中的比重。建立民间纠纷成诉情况通报机制和重大矛盾纠纷预警双向通报机制，定期分析辖区矛盾纠纷特点，共同做好纠纷预防化解工作。加强调查研究，共同研究解决工作中遇到的困难和问题。强化工作督导，确保各项工作落实到位。

（二）加强工作指导。司法行政机关要加强对人民调解工作的全面指导，提升人民调解工作规范化水平，建立健全人民调解组织和人民调解员名册，做好依法设立的人民调解组织备案工作，完善人民调解工作考核评价标准，并将考核情况与调解员等级评定、办案补贴挂钩。人民法院要加强对人民调解委员会调解民间纠纷的业务指导，会同司法行政机关做好人民调解宣传推广和业务培训等工作，完善委派委托人民调解和人民调解协议司法确认机制，优化工作流程。

（三）加强宣传表彰。要充分运用传统媒体和网络、微信、微博等新媒体，加大对人民调解工作的宣传力度，不断扩大人民群众对人民调解的知晓度和首选率。广泛宣传人民调解组织和人民调解员的先进事迹，联合发布相关典型案例，讲好"人民调解故事"，为人民调解工作开展营造良好社会环境。采取多种形式，加大对人民调解组织和人民调解员的表彰表扬力度，增强其职业荣誉感和自豪感，激发人民调解员的工作热情。

最高人民法院关于办理申请执行监督案件若干问题的意见

法发〔2023〕4 号

为进一步完善申请执行监督案件办理程序，推动法律正确统一适用，根据《中华人民共和国民事诉讼法》的规定和《最高人民法院关于进一步完善执行权制约机制加强执行监督的意见》的要求，结合执行工作实际，制定本意见。

第一条 当事人、利害关系人对于人民法院依照民事诉讼法第二百三十二条规定作出的执行复议裁定不服，向上一级人民法院申请执行监督，人民法院应当立案，但法律、司法解释或者本意见另有规定的除外。

申请人依法应当提出执行异议而未提出，直接向异议法院的上一级人民法院申请执行监督的，人民法院应当告知其向异议法院提出执行异议或者申请执行监督；申请人依法应当申请复议而未申请，直接向复议法院的上一级人民法院申请执行监督的，人民法院应当告知其向复议法院申请复议或者申请执行监督。

人民法院在办理执行申诉信访过程中，发现信访诉求符合前两款规定情形的，按照前两款规定处理。

第二条 申请执行人认为人民法院应当采取执行措施而未采取，向执行法院请求采取执行措施的，人民法院应当及时审查处理，一般不立执行异议案件。

执行法院在法定期限内未执行，申请执行人依照民事诉讼法第二百三十三条规定请求上一级人民法院提级执行、责令下级人民法院限期执行或者指令其他人民法院执行的，应当立案办理。

第三条 当事人对执行裁定不服，向人民法院申请复议或者申请执行监督，有下列情形之一的，人民法院应当以适当的方式向其释明法律规定或者法定救济途径，一般不作为执行复议或者执行监督案件受理：

（一）依照民事诉讼法第二百三十四条规定，对案外人异议裁定不服，依照审判监督程序办理或者向人民法院提起诉讼的；

（二）依照《最高人民法院关于民事执行中变更、追加当事人若干问题的规定》第三十二条规定，对处理变更、追加当事人申请的裁定不服，可以向人民法院提起执行异议之诉的；

（三）依照民事诉讼法第二百四十四条规定，仲裁裁决被人民法院裁定不予执行，当事人可以重新申请仲裁或者向人民法院起诉的；

（四）依照《最高人民法院关于公证债权文书执行若干问题的规定》第二十条规定，公证债权文书被裁定不予执行或者部分不予执行，当事人可以向人民法院提起诉讼的；

（五）法律或者司法解释规定不通过执行复议程序进行救济的其他情形。

第四条 申请人向人民法院申请执行监督，有下列情形之一的，不予受理：

（一）针对人民法院就复议裁定作出的执行监督裁定提出执行监督申请的；

（二）在人民检察院对申请人的申请作出不予提出检察建议后又提出执行监督申请的。

前款第一项规定情形，人民法院应当告知当事人可以向人民检察院申请检察建议，但因人民检察院提出检察建议而作出执行监督裁定的除外。

第五条 申请人对执行复议裁定不服向人民法院申请执行监督的，参照民事诉讼法第二百一十二条规定，应当在执行复议裁定发生法律效力后六个月内提出。

申请人因超过提出执行异议期限或者申请复议期限向人民法院申请执行监督的，应当在提出异议期限或者申请复议期限届满之日起六个月内提出。

申请人超过上述期限向人民法院申请执行监督的，人民法院不予受理；已经受理的，裁定终结审查。

第六条 申请人对高级人民法院作出的执行复议裁定不服的，应当向原审高级人民法院申请执行监督；申请人向最高人民法院申请执行监督，符合下列情形之一的，最高人民法院应当受理：

（一）申请人对执行复议裁定认定的基本事实和审查程序无异议，但认为适用法律有错误的；

（二）执行复议裁定经高级人民法院审判委员会讨论决定的。

第七条 向最高人民法院申请执行监督的，执行监督申请书除依法必须载明的事项外，还应当声明对原裁定认定的基本事实、适用的审查程序没有异议，同时载明案件所涉法律适用问题的争议焦点、论证裁定适用法律存在错误的理由和依据。

申请人提交的执行监督申请书不符合前款规定要求的，最高人民法院应当给予指导和释明，一次性全面告知其在十日内予以补正；申请人无正当理由逾期未予补正的，按撤回监督申请处理。

第八条　高级人民法院作出的执行复议裁定适用法律确有错误，且符合下列情形之一的，最高人民法院可以立执行监督案件：

（一）具有普遍法律适用指导意义的；

（二）最高人民法院或者不同高级人民法院之间近三年裁判生效的同类案件存在重大法律适用分歧，截至案件审查时仍未解决的；

（三）最高人民法院认为应当立执行监督案件的其他情形。

第九条　最高人民法院对地方各级人民法院、专门人民法院已经发生法律效力的执行裁定，发现确有错误，且符合前款所列情形之一的，可以立案监督。

第九条　向最高人民法院申请的执行监督案件符合下列情形之一的，最高人民法院可以决定由原审高级人民法院审查：

（一）案件可能存在基本事实不清、审查程序违法、遗漏异议请求情形的；

（二）原执行复议裁定适用法律可能存在错误，但不具有普遍法律适用指导意义的。

第十条　高级人民法院经审查，认为原裁定适用法律确有错误，且符合本意见第八条第一项、第二项规定情形之一，需要由最高人民法院审查的，经该院审判委员会讨论决定后，可以报请最高人民法院审查。

最高人民法院收到高级人民法院根据前款规定提出的报请后，认为有必要由本院审查的，应当立案审查；认为没有必要的，不予立案，并决定交高级人民法院立案审查。

第十一条　最高人民法院应当自收到执行监督申请书之日起三十日内，决定由本院或者作出执行复议裁定的高级人民法院立案审查。

最高人民法院决定由原审高级人民法院审查的，应当在作出决定之日起十日内将执行监督申请书和相关材料交原审高级人民法院立案审查，并及时通知申请人。

第十二条　除《最高人民法院关于执行案件立案、结案若干问题的意见》第二十六条规定的结案方式外，执行监督案件还可采用以下方式结案：

（一）撤销执行异议裁定和执行复议裁定，发回异议法院重新审查；或者撤销执行复议裁定，发回复议法院重新审查；

（二）按撤回执行监督申请处理；

（三）终结审查。

第十三条 人民法院审查执行监督案件，一般应当作出执行裁定，但不支持申诉请求的，可以根据案件具体情况作出驳回通知书。

第十四条 本意见自 2023 年 2 月 1 日起施行。本意见施行以后，最高人民法院之前有关意见的规定与本意见不一致的，按照本意见执行。

最高人民法院于本意见施行之前受理的申请执行监督案件，施行当日尚未审查完毕的，应当继续审查处理。

最高人民法院

2023 年 1 月 19 日

最高人民法院关于诉前调解中委托鉴定工作规程（试行）

法办〔2023〕275 号

为规范诉前调解中的委托鉴定工作，促使更多纠纷实质性解决在诉前，做深做实诉源治理，切实减轻当事人诉累，根据《中华人民共和国民事诉讼法》、《人民法院在线调解规则》等法律和司法解释的规定，结合人民法院工作实际，制定本规程。

第一条 在诉前调解过程中，人民法院可以根据当事人申请依托人民法院委托鉴定系统提供诉前委托鉴定服务。

第二条 诉前鉴定应当遵循当事人自愿原则。当事人可以共同申请诉前鉴定。一方当事人申请诉前鉴定的，应当征得其他当事人同意。

第三条 下列纠纷，人民法院可以根据当事人申请委托开展诉前鉴定：

（一）机动车交通事故责任纠纷；

（二）医疗损害责任纠纷；

（三）财产损害赔偿纠纷；

（四）建设工程合同纠纷；

（五）劳务合同纠纷；

（六）产品责任纠纷；

（七）买卖合同纠纷；

（八）生命权、身体权、健康权纠纷；

（九）其他适宜进行诉前鉴定的纠纷。

第四条 有下列情形之一的，人民法院不予接收当事人诉前鉴定申请：

（一）申请人与所涉纠纷没有直接利害关系；

（二）没有明确的鉴定事项、事实和理由；

（三）没有提交鉴定所需的相关材料；

（四）具有其他不适宜委托诉前鉴定情形的。

第五条 人民法院以及接受人民法院委派的调解组织在诉前调解过程中，认为纠纷适宜通过鉴定促成调解，但当事人没有申请的，可以向当事人进行释明，并指定提出诉前鉴定申请的期间。

第六条 诉前鉴定申请书以及相关鉴定材料可以通过人民法院调解平台在线提交。申请人在线提交确有困难的，人民法院以及接受人民法院委派的调解组织可以代为将鉴定申请以及相关材料录入扫描上传至人民法院调解平台。

诉前鉴定申请书应当写明申请人、被申请人的姓名、住所地等身份信息，申请鉴定事项、事实和理由以及有效联系方式。

第七条 主持调解的人员应当在收到诉前鉴定申请五个工作日内对鉴定材料是否齐全、申请事项是否明确进行审核，并组织当事人对鉴定材料进行协商确认。

审核过程中认为需要补充、补正的，应当一次性告知。申请人在指定期间内未补充、补正，或者补充、补正后仍不符合诉前鉴定条件的，予以退回并告知理由。

第八条 主持调解的人员经审核认为符合诉前鉴定条件的，应当报请人民法院同意。人民法院准许委托诉前鉴定的，由主持调解的人员通过人民法院调解平台将鉴定材料推送至人民法院委托鉴定系统。人民法院不予准许的，主持调解的人员应当向申请人进行释明并做好记录。

第九条 人民法院指派法官或者司法辅助人员指导接受委派的调解组织开展诉前鉴定工作，规范审核诉前鉴定申请、组织协商确认鉴定材料等行为。

第十条 人民法院组织当事人协商确定具备相应资格的鉴定机构。当事人协商不成的，通过人民法院委托鉴定系统随机确定。

第十一条 人民法院负责司法技术工作的部门以"诉前调"字号向鉴定机构出具委托书、移送鉴定材料、办理相关手续。

委托书上应当载明鉴定事项、鉴定范围、鉴定目的和鉴定期限。

第十二条 人民法院应当通知申请人在指定期间内向鉴定机构预交鉴定费用。逾期未交纳的，视为申请人放弃申请，由调解组织继续调解。

第十三条 人民法院负责司法技术工作的部门应当督促鉴定机构在诉前鉴定结束后及时将鉴定书上传至人民法院委托鉴定系统。人民法院以及主持调解的人员在线接收后，及时送交给当事人。

鉴定机构在线上传或者送交鉴定书确有困难的，人民法院可以通过线下方式接收。

第十四条 人民法院以及接受委派的调解组织应当督促鉴定机构及时办理诉前委托鉴定事项，并可以通过人民法院委托鉴定系统进行在线催办、督办。

鉴定机构无正当理由未按期提交鉴定书的，人民法院可以依当事人申请另行委托鉴定机构进行诉前鉴定。

第十五条 诉前鉴定过程中，有下列情形之一的，诉前鉴定终止：

（一）申请人逾期未补充鉴定所需的必要材料；

（二）申请人逾期未补交鉴定费用；

（三）申请人无正当理由拒不配合鉴定；

（四）被申请人明确表示不愿意继续进行鉴定；

（五）其他导致诉前鉴定不能进行的情形。

第十六条 当事人对鉴定书内容有异议，但同意诉前调解的，由调解组织继续调解；不同意继续调解并坚持起诉的，由人民法院依法登记立案。

第十七条 经诉前调解未达成调解协议的，调解组织应当将全部鉴定材料连同调解材料一并在线推送至人民法院，由人民法院依法登记立案。

第十八条 当事人无正当理由就同一事项重复提出诉前鉴定申请的，人民法院不予准许。

第十九条 人民法院对于当事人恶意利用诉前鉴定拖延诉前调解时间、影响正常诉讼秩序的行为，应当依法予以规制，并作为审查当事人在诉讼过程中再次提出委托鉴定申请的重要参考。

第二十条 本规程自 2023 年 8 月 1 日起施行。

其他未规定事宜，参照诉讼中鉴定相关规定执行。

主要参考文献

（一）中文原著

1. 毕玉谦：《民事证据法及其程序功能》，法律出版社 1997 年版。

2. 张卫平：《程序公正实现中的冲突与衡平——外国民事诉讼研究引论》，成都出版社 1992 年版。

3. 张卫平：《民事诉讼法》，法律出版社 2005 年版。

4. 王亚新：《对抗与判定——日本民事诉讼的基本结构》，清华大学出版社 2002 年版。

5. 王德胜、刘建和、李兆谊、李春秋等主编：《中国中学教学百科全书·政治卷》，沈阳出版社 1990 年版。

6. 刘学在：《民事诉讼辩论原则研究》，武汉大学出版社 2007 年版。

7. 唐德华：《民事诉讼理念与机制》，中国政法大学出版社 2005 年版。

8. 张力：《阐明权研究》，中国政法大学出版社 2006 年版。

9. 刘敏：《裁判请求权研究——民事诉讼的宪法理念》，中国人民大学出版社 2003 年版。

10. 占善刚：《证据协力义务之比较法研究》，中国社会科学出版社 2009 年版。

11. 翁岳生编：《行政诉讼法逐条释义》，台湾五南图书出版有限公司 2002 年版。

12. 杨建华主编：《民事诉讼法论文辑（上）》，台湾五南图书出版社公司 1984 年版。

13. 吴东都：《行政诉讼之举证责任——以德国法为中心》，台湾学林文化事业有限公司 2001 年版。

14. 李木贵：《民事诉讼法》（上），台湾元照出版有限公司 2010 全订版。

15. 林莉红：《行政诉讼法学》，武汉大学出版社 2020 年版。

16. 黄松有：《中国现代民事审判权论》，法律出版社 2003 年版。

17. 最高人民法院民事诉讼法调研小组编：《民事诉讼程序改革报告》，法律出版社 2003 年版。

18. 刘治斌：《法律方法论》，山东人民出版社 2007 年版。

19. 王甲乙：《民事暨行政诉讼研究》，司法周刊社 1996 年版。

20. 曹建明主编：《程序公正与诉讼制度改革》，人民法院出版社 2002 年版。

21. 林莉红主编：《行政法治的理想与现实——〈行政诉讼法〉实施状况研究报告》，北京大学出版社 2014 年版。

22. 马立群：《行政诉讼标的研究——以实体与程序连接为中心》，中国政法大学出版社 2013 年版。

23. 林莉红等：《行政诉讼问题专论》，武汉大学出版社 2010 年版。

24. 金炳华主编：《马克思主义哲学大辞典》，上海辞书出版社 2003 年版。

25. 韩红俊：《释明义务研究》，法律出版社 2008 年版。

26. 卢之超、赵穗明主编：《马克思主义大通源通源辞典》，中国和平出版社 1993 年版。

27. 薛刚凌：《行政诉权研究》，华文出版社 1999 年版。

28. 周叶中主编：《宪法》，高等教育出版社、北京大学出版社 2005 年版。

29. 许崇德主编：《中国宪法》，中国人民大学出版社 1989 年版。

30. 俞子清主编：《宪法学》，中国政法大学出版社 1999 年版。

31. 韩大元主编：《宪法学》，高等教育出版社 2006 年版。

32. 张文郁：《权利与救济（三）——实体与程序之交错》，台湾元照出版有限公司 2014 年版。

33. 翁岳生主编：《行政法》，中国法制出版社 2002 年版。

34. 龚祥瑞主编：《法治的理想与现实——〈中华人民共和国行政诉讼法〉实施现状与发展方向调查研究报告》，中国政法大学出版社 1993 年版。

35. 柴发邦主编：《体制改革与完善诉讼制度》，中国人民公安大学出版社

1990 年版。

36. 何海波：《实质法治——寻求行政判决的合法性》，法律出版社 2009 年版。

37. 江必新、梁凤云：《行政诉讼法理论与实务（上卷）》，北京大学出版社 2011 年版。

38. 张文郁：《权利与救济——以行政诉讼为中心》，台湾元照出版有限公司 2005 年版。

39. 王天华：《行政诉讼的构造：日本行政诉讼法研究》，法律出版社 2010 年版。

40. 奚晓明主编：《民事审判指导与参考》，法律出版社 2006 年版。

41. 张树义主编：《寻求行政诉讼制度发展的良性循环》，中国政法大学出版社 2000 年版。

42. 王甲乙、杨建华、郑建才：《民事诉讼法新论》，台湾三民书局 2000 年版。

43. 袁曙宏主编：《行政强制法教程》，中国法制出版社 2011 年版。

44. 邱联恭：《争点整理方法论》，台湾三民书局 2001 年版。

45. 陈光中、江伟主编：《诉讼法论丛（第 9 卷）》，法律出版社 2004 年版。

46. 谭宗泽：《行政诉讼结构研究：以相对人权益保障为中心》，法律出版社 2009 年版。

47. 姜世明：《民事证据法实例研习（二）暨判决评释》，台湾新学林出版股份有限公司（修订第二版）。

48. 刘家兴、王国枢、张若羽等主编：《北京大学法学百科全书》，北京大学出版社 2007 年版。

49. 齐树洁：《英国民事司法改革》，北京大学出版社 2004 年版。

50. 第六届学术讨论会论文评选委员会编：《中国司法制度改革纵横谈——全国法院系统第六届学术讨论会论文选》，人民法院出版社 1994 年版。

51. 杨海坤、黄学贤：《行政诉讼制基本原理与制度完善》，中国人事出版社 2005 年版。

52. 江必新、梁凤云：《行政诉讼法理论与实务》，北京大学出版社 2009

年版。

53. 闫庆霞：《当事人民事诉讼主张研究》，法律出版社 2013 年版。

54. 樊崇义主编：《刑事诉讼法学》，中国政法大学出版社 1999 年版。

55. 徐友军：《比较刑事程序结构》，现代出版社 1992 年版。

56. 李心鉴：《刑事诉讼构造论》，中国政法大学出版社 1992 年版。

57. 龙宗智：《相对合理主义》，中国政法大学出版社 1999 年版。

58. 徐静村主编：《刑事诉讼法学》（上），法律出版社 1998 年版。

59. 汤维建主编：《美国民事诉讼规则》，中国检察出版社 2003 年版。

60. 白绿铉：《美国民事诉讼法》，经济日报出版社 1998 年版。

61. 占善刚、刘显鹏：《证据法论》，武汉大学出版社 2009 年版。

62. 梁凤云：《行政诉讼法讲义》（上），人民法院出版社 2022 年版。

（二）中文译著及外文著作

1. ［意］莫诺·卡佩莱蒂等：《当事人基本程序保障与未来的民事诉讼》，徐昕译，法律出版社 2000 年版。

2. ［日］谷口安平：《程序的正义与诉讼》，王亚新、刘荣军译，中国政法大学出版社 2002 年版。

3. ［意］彼德罗·彭梵得：《罗马法教科书》，黄风译，中国政法大学出版社 1992 年版。

4. ［德］卡尔·奥古斯特·贝特尔曼：《民事诉讼法百年》，载米夏埃尔·施蒂尔纳主编，赵秀举译：《德国民事诉讼法学文萃》，中国政法大学出版社 2005 年版。

5. ［美］布莱克：《法律的动作行为》，唐越、苏力译，中国政法大学出版社 2004 年版。

6. ［英］布朗·贝尔、［法］加朗伯特：《法国行政法》，高秦伟、王锴译，中国人民大学出版社 2006 年版。

7. ［日］高桥宏志：《民事诉讼法——制度与理论的深层分析》，林剑锋译，法律出版社 2003 年版。

8. ［日］盐野宏：《行政法》，杨建顺译，法律出版社 1999 年版。

9. ［德］弗里德赫尔穆·胡芬：《行政诉讼法》（第 5 版），莫光华译，刘飞校，法律出版社 2003 年版。

10. ［日］中村英郎：《新日本民事诉讼法讲义》，陈刚、林剑锋、郭美松译，常怡审校，中国法律出版社 2001 年版。

11. ［英］卡罗尔·哈洛、理查德·罗林斯：《法律与行政》（下册），杨伟东等译，商务印书馆 2004 年版。

12. ［法］让·里韦罗、让·瓦利纳：《法国行政法》，鲁仁译，商务印书馆 2008 年版。

13. ［法］让·文森、塞尔日·金沙尔：《法国民事诉讼法要义（上册）》，罗结珍译，中国法制出版社 2001 年版。

14. ［日］新堂幸司：《新民事诉讼法》，林剑锋译，法律出版社 2008 年版。

15. ［日］高桥宏志：《重点民事诉讼法讲义》，张卫平译，有斐阁 2000 年版。

16. ［美］约翰·M. 康利、威廉·M. 欧巴尔：《法律、语言与权力》，程朝阳译，法律出版社 2007 年版。

17. ［美］约翰·亨利·梅利曼：《大陆法系》，顾培东、禄正平译，法律出版社 2004 年版。

18. ［美］韦斯利·霍霏尔德：《司法推理应用的基本法律概念》，张书友译，商务印书馆 2022 年版。

19. ［德］Harahl Geiger、Michael Happ 等：《德国行政法院法逐条释义》，陈敏等译，台湾"司法院"印行 2002 年版。

20. ［日］吉野正三郎：《民事诉讼中法官的作用》，成文堂 1990 年版。

21. ［日］兼子一等：《条解民事诉讼法》，弘文堂 1986 年版。

22. ［日］竹下守夫：《案例解说》，载新堂幸司、青山善充主编：《民事诉讼判例百选》，有斐阁 1996 年版。

23. ［日］伊藤真：《民事诉讼法》，有斐阁 2004 年版。

24. ［日］新堂幸司：《新民事诉讼法》（第 3 版补正版），弘文堂 2005 年版。

25. ［日］小林秀之编：《判例讲义民事诉讼法》，悠悠社 2001 年版。

26. ［日］林屋礼二、小野寺规夫主编:《民事诉讼法辞典》,信山社 2000 年版。

27. ［日］小林秀之:《美国民事诉讼法》,弘文堂 1985 年版。

28. ［日］高桥宏志:《重点民事诉讼法讲义》,有斐阁 2000 年版。

29. ［德］Kopp, Verwaltungsgerichtsordnung, 10. Aufl., 1994。

30. ［德］Redeker/v. Oertzen, Verwaltungsgerichtsordnung, 11. Aufl., 1994。

（三）期（集）刊论文

1. 姜世明:《释明之研究——以其证明度为中心》,载《东吴法律学报》第 20 卷第 1 期。

2. 杨钧、秦嬿:《论释明制度》,载《法学》2003 年第 9 期。

3. 骆永家:《释明权》,载杨建华主编:《民事诉讼法之研讨》第 4 册,台湾三民书局 1984 年版。

4. 奈良次郎:《诉讼资料收集中法院的权限与责任》,载《新堂幸司编集代表讲座民事诉讼（第四卷）》,弘文堂 1964 年版。

5. 邵明:《民事争讼程序基本原理论》,载《法学家》2008 年第 2 期。

6. 姜明安:《完善行政救济制度与构建和谐社会》,载《法学》2005 年第 5 期。

7. 方世荣、戚建刚:《论行政时效制度》,载《中国法学》2002 年第 2 期。

8. 刘欣琦:《对行政诉讼证据失权制度的理论探讨》,载《太原理工大学学报（社会科学版）》2015 年第 2 期。

9. ［日］矶村义利:《释明权》,载《民事诉讼法讲座第二卷》,有斐阁 1954 年版。转引自高桥宏志:《重点民事诉讼法讲义》,有斐阁 2000 年版。

10. 熊跃敏、周静:《诉讼程序运行中当事人与法院的作用分担论略》,载《江海学刊》2009 年第 3 期。

11. 张卫平:《民事诉讼"释明"概念的展开》,载《中外法学》2006 年第 2 期。

12. 马生安:《行政行为效力体系重构的"两质态伦"与"三效力说"》,载《重庆大学学报（社会科学版）》2015 年第 3 期。

13. 何海波：《公民对行政违法行为的藐视》，载《中国法学》2011 年第 6 期。

14. 宁波市中级人民法院课题组：《对非诉行政执行模式的分析》，载《人民司法·应用》2007 年第 13 期。

15. 叶自强：《论判决的既判力》，载《法学研究》1997 年第 19 卷第 2 期。

16. 江伟、肖建国：《论既判力的客观范围》，载《法学研究》1996 年第 18 卷第 4 期。

17. 李龙：《论民事判决的既判力》，载《法律科学》1999 年第 4 期。

18. 傅华、邢元振：《关于我国非诉行政执行制度的反思》，载《天府新论》2009 年第 2 期。

19. 北京市高级人民法院课题组：《关于行政非诉案件的情况分析》，载《人民司法》2007 年第 1 期。

20. 余东明：《浙法院拒受部分非诉行政执行案引震荡》，载《法制日报》2007 年 10 月 30 日。

21. 黄学贤：《非诉行政执行制度若干问题探讨》，载《行政法学研究》2014 年第 4 期。

22. 吕润进：《完善非诉行政执行案件的审查听证制度》，载《人民司法·应用》2010 年第 21 期。

23. 周利民：《试论阐明权》，载《政法论坛》2001 年第 3 期。

24. 章国峰：《法官释明权刍议》，载曹建明主编：《程序公正与诉讼制度改革》，人民法院出版社 2002 年版。

25. 蔡虹：《释明义务：基础透视与制度构建》，载《法学评论》2005 年第 1 期。

26. 廖克林：《国家权力、国家机关职权和公民权利刍议》，载《贵州社会科学》2001 年第 6 期。

27. 林莉红、宋国涛《中国行政审判法官的知与行——〈行政诉讼法〉实施状况调查报告·法官卷》，载《行政法学研究》2013 年第 2 期。

28. 孔繁华：《〈行政诉讼法〉实施状况调查报告：四类问卷的比较》，载林莉红主编：《行政法治的理想与现实——〈行政诉讼法〉实施状况研究报告》，北京大学出版社 2014 年版。

29. 邓陕峡：《完善我国司法救助制度的构想》，载《河北法学》2009 年第 2 期。

30. 吴从周：《民事法学与法学方法》（第三册），台湾一品文化出版社 2007 年版。

31. 江伟、刘敏：《论民事诉讼模式的转移与法官的释明权》，载《诉讼法论丛》（第 6 卷），法律出版社 2001 年版。

32. ［日］中野贞一郎：《过失の 推论》，第 220 页注 5。转引自李木贵：《民事诉讼法（上）》，元照出版有限公司 2010 年版。

33. 聂明根：《民事诉讼法上诚实信用原则研究》，载《诉讼法论丛》（第 4 卷），法律出版社 2000 年版。

34. 熊跃敏：《民事诉讼中法院的法律观点指出义务：法理、规则与判例——以德国民民事诉讼为中心的考察》，载《中国法学》2008 年第 4 期。

35. 参见高家伟：《论行政诉权》，《载政论坛（中国政法大学学报）》1998 年第 1 期。

36. 尹剑斌、赖中茂、江金峰：《论行政法上的平等原则》，载《广西政法管理干部学院学报》2003 年第 5 期。

37. 薛刚凌、杨 欣：《论我国行政诉讼构造："主观诉讼"抑或"客观诉讼"?》，载《行政法学研究》2013 年第 4 期。

38. 黄启辉：《行政诉讼一审审判状况研究——基于对 40 家法院 2767 份裁判文书的统计分析》，载《清华法学》2013 年第 4 期。

39. 何海波：《困顿的行政诉讼》，载《华东政法大学学报》2012 年第 2 期。

40. 王天华：《行政裁量过判断过程审查方式》，载《清华法学》2009 年第 3 期。

41. 陈国栋：《行政赔偿诉讼是行政诉讼吗——从比较的角度看我国行政赔

偿诉讼制度重构》，载《政治与法律》2009 年第 10 期。

42. 王琦琦：《论行政诉讼中的法官释明权》，载《江苏工业学院学报》2008 年第 5 期。

43. Laumen, aaO.（Fn. 3），S. 206. 转引自刘明生：《论补充处分权主义之法院阐明义务》，载《台北大学法学论丛》第 76 期。

44. Laumen, aaO.（Fn. 3），S. 206，207. 转引自刘明生：《论补充处分权主义之法院阐明义务》，载《台北大学法学论丛》第 76 期。

45. Leipold, aaO.（Fn. 10），§ 139 Rn. 49. 转引自明生：《论补充处分权主义之法院阐明义务》，载《台北大学法学论丛》第 76 期。

46. 刘飞：《行政诉讼类型制度研究——德国法视角》，载《法学》2004 年第 3 期。

47. 顾大松：《行政诉讼法律师卷调查报告》，载《行政法学研究》2013 年第 3 期。

48. 贺小荣、王松：《法院释明方法及合理限制》，载奚晓明主编：《民事审判指导与参考》，法律出版社 2006 年版。

49. 常晓云：《我国行政起诉制度之检讨》，载《聊城大学学报（社会科学版）》2013 年第 5 期。

50. 张旭勇：《"法律上利害关系"新表达——利害关系人原告资格生成模式探析》，载《华东政法学院学报》2001 年第 6 期。

51. 高家伟：《论行政诉讼原告资格》，载《法商研究》1997 年第 1 期。

52. 王万华：《行政诉讼原告资格》，载《行政法学研究》1997 年第 2 期。

53. 王学贤：《行政诉讼原告若干问题探讨》，载《法学》2006 年第 8 期。

54. 孟涛、潘水良：《论标罗诉讼要件理论的创立》，载《政治与法律》2008 年第 5 期。

55. 尹建国：《不确定法律概念具体化的说明理由》，载《中外法学》2010 年第 5 期。

56. 薛刚凌、杨欣：《论我国行政诉讼构造："主观诉讼"抑或"客观诉讼"?》，载《行政法学研究》2013 年第 4 期。

57. 黄松有：《诉讼指挥权：正当性基础与制度构建》，载《中国社会科学》2003 年第 6 期。

58. 谢可训：《论我国现行民事诉讼模式下的释明义务》，载陈光中、江伟主编《诉讼法论丛（第 9 卷）》，法律出版社 2004 年版。

59. 王鹏：《试论法官的"释明义务"及其行使》，载《经济与社会发展》2003 年第 6 期。

60. 江伟、刘荣军：《民事诉讼中当事人与法院的作用分担》，载《法学家》1999 年第 3 期。

61. 白绿铉：《论现代民事诉讼的基本法理》，载《中外法学》1999 年第 1 期。

62. 刘泉：《行政诉讼释明程度探析》，载《广东社会科学》2013 年第 3 期。

63. 仇慎齐：《行政诉讼中法官的举证释明义务》，载《人民法院报》2004 年 8 月 14 日。

64. 任重：《我国民事诉讼释明边界问题研究》，载《中国法学》2018 年第 6 期。

65. 梁君瑜：《我国行政诉讼立案登记制的实质意涵与应然面向》，载《行政法学研究》2016 年第 6 期。

66. 赵钢、朱建敏：《关于完善我国司法救助制度的几个基本问题——以修订〈民事诉讼法〉为背景所进行的探讨》，载《中国法学》2005 年第 3 期。

67. 林莉红：《论行政诉讼模式与举证责任原则的运用》，载《法学评论》1995 年第 5 期。

68. 梁潇：《试论"协同行政诉讼模式"在我国的建立》，载《河北法学》2013 年第 8 期。

69. 周佑勇：《行政行为的效力研究》，载《法学评论》1998 年第 3 期。

70. 王宗光：《职权主义——我国行政审判模式的必然选择》，载《政治与法律》2001 年第 4 期。

71. 李凯、何开元：《刑事诉讼视野下的释明制度探析——以法院改变罪名问题为视角》，载《西南民族大学学报》（人文社科版）2009 年第 10 期。

72. 过孟超、王磊、徐钰锋：《试论刑事诉讼中的检察释明》，载《法治研究》2007 年第 9 期。

73. 王聪、郑则川：《有序与效率：当事人主张的具体化义务研究——以民事诉讼为视角》，载《西南政法大学学报》2012 年第 1 期。

74. 闫庆霞：《论民事诉讼当事人的事实主张》，载《法治论坛》2012 年第 4 期。

75. 黄学贤：《对行政相对人的法律探讨》，载《河北法学》2000 年第 2 期。

76. 王克稳：《论行政诉讼中利害关系人的原告资格——以两案为例》，载《行政法学研究》2013 年第 1 期。

77. 李蕊：《因拒绝变更被告被驳回起诉后又起诉同一行政行业属重复起诉》，载《人民司法·案例》2012 年第 22 期。

78. 陈刚、翁晓斌：《论民事诉讼制度的目的》，载《南京大学法律评论》1997 年春季号。

79. 陈建军：《刑事诉讼的目的、价值及其关系》，载《法学研究》2003 年第 4 期。

80. 徐益初：《试析我国刑事诉讼结构的特点及其完善》，载《法学评论》1992 年第 3 期。

81. 谢佑平：《理想与现实：评修改后〈刑事诉讼法〉》，载《现代法学》1996 年第 2 期。

82. 李凯、何开元：《刑事诉讼视野下的释明制度初控——以法院改变罪名问题为视角》，载《西南民族大学学报》（人文社科版）2009 年第 10 期。

83. 陈源：《论美国民事诉讼程序中的"释明"制度及对我国的启示》，载《甘肃社会科学》2014 年第 2 期。

84. 王亚新：《民事诉讼准备程序研究》，载《中外法学》2000 年第 2 期。

85. 林念贺：《论行政诉讼审前程序及其运行机制之构建——从普通程序的

视角设计》，载《行政法学研究》2003 年第 3 期。

86. 李浩：《民事诉讼程序权利的保障：问题与对策》，载《法商研究》2007 年第 3 期。

87. 黄学贤、邹焕聪：《职权主义与当事人主义融合背景下我国行政审判模式的重构》，载《广东行政学院学报》2006 年第 10 期。

88. 李修琼：《论我国行政审判的职权主义特色》，载《行政与法》2002 年第 8 期。

89. 张显伟、蒙晓毅：《有限职权主义在行政诉讼中的确立及运用》，载《学术论坛》2007 年第 10 期。

90. 马立群：《主观诉讼与客观诉讼辨析：以法国、日本行政诉讼为中心的考察》，载《中山大学法律评论》第八卷第 2 辑。

91. 林莉红：《公益诉讼的含义和范围》，载《法学研究》2006 年第 6 期。

92. 邓刚宏：《论我国行政诉讼功能模式及其理论价值》，载《中国法学》2009 年第 5 期。

93. 于安：《行政诉讼的公益诉讼和诉讼问题》，载《法学》2001 年第 5 期。

94. 欧鹏父：《借鉴与建构：行政诉讼客观化对中国的启示》，载《求索》2004 年第 8 期。

95. 梁凤云：《行政诉讼法修改的若干理论前提——从客观诉讼与主观诉讼的角度》，载《法律适用》2006 年第 5 期。

96. 毕玉谦：《民事诉讼起诉要件与诉讼系属之间关系的定位》，载《华东政法学院学报》2006 年第 4 期。

97. 段文波：《起诉程序的理论基础与制度前景》，载《中外法学》2015 年第 4 期。

98. 骆永家：《法院的诉讼指挥权和当事人的声明权、异议权》，载《台湾民事诉讼法之研讨》（七）。

99. 姚瑞光：《阐明权之行使与行使不当》，载台湾《法令月刊》第 45 卷第 3 期。

100. 闫尔宝：《论实质性解决行政争议的规范主义进路》，载《法治研究》2023 年第 1 期。

101. 童之伟：《论法理学的更新》，载《法学研究》1998 年第 6 期。

102. 沈宗灵：《对霍菲尔德法律概念学说的比较研究》，载《中国社会科学》1990 年第 1 期。

103. 沈宗灵：《权利、义务、权力》，载《法学研究》1998 年第 3 期。

104. 张文显：《从义务本位到权利本位是法的发展规律》，载《社会科学战线》1990 年第 3 期。

105. 李琦：《职权：宪法学与法理学考察》，载《中外法学》1999 年第 3 期。